der Neuen Welt

der Wikinger mit den wichtigsten Schiffskursen

Harald Steinert

Tausend Jahre Neue Welt

Harald Steinert

Tausend Jahre Neue Welt

Auf den Spuren der Wikinger in Grönland und Amerika

Deutsche Verlags-Anstalt

Gewidmet meiner Mitarbeiterin –
meiner Frau.

CIP-Kurztitelaufnahme der Deutschen Bibliothek

Steinert, Harald:
Tausend Jahre Neue Welt: auf d. Spuren d. Wikinger
in Grönland u. Amerika / Harald Steinert. –
Stuttgart: Deutsche Verlags-Anstalt, 1982.
ISBN 3-421-06113-0

Gesamtherstellung: Friedrich Pustet, Regensburg
Printed in Germany

Inhalt

Vorwort

Abenteuerlust, Unternehmergeist und Landhunger treiben in den Jahrhunderten um die letzte Jahrtausendwende die Skandinavier über alle Meere um Europa – getragen von den ersten Hochseeschiffen der Alten Welt, den Wikingerschiffen, geleitet durch die erste Hochseenavigationstechnik. Als kriegerische Kaufleute oder handeltreibende Krieger errichten sie mächtige Wikinger-Reiche zwischen der Ostsee, Südrußland, Sizilien und Westeuropa. Diesen Hochseefahrern gelingt auch der große Sprung über den Nordatlantik in die Neue Welt: Vor einem Jahrtausend – 982 – setzt der erste Europäer, Erik der Rote aus Island, seinen Fuß auf die Vorposteninsel Nordamerikas: Grönland. Kurz darauf erscheinen seine Männer auch auf dem nordamerikanischen Kontinent selbst. Sie sind freilich keine Wikinger im engeren Sinn, diese Überquerer des Nordatlantik, sondern landsuchende Bauern, die mit ihren Kühen und Schafen auf See gehen und jenseits des Nordmeers auf der Rieseninsel Grönland im Schatten der Gletscher das kleinste, aber langlebigste Staatengebilde dieser bewegten Zeit gründen: Man kann es »Alt-Grönland« nennen. Es hat nie einen Namen besessen, dieses Land mit dreihundert Bauernhöfen und einem Dutzend Kirchen, das noch gerade die zweite Entdeckung Amerikas, durch Kolumbus, überlebt hat, bevor sein Leben in mysteriösem Dunkel verlischt.

In diesem halben Jahrtausend entwickeln die »Alt-Grönländer« eine eigentümliche Kultur und Zivilisation: Die Ruinen mächtiger Steinkirchen, die Spuren einer hochproduktiven und angepaßten Landwirtschaft, deren Ökotechnik teils erst heute von den Eskimo wiederentdeckt wird, die Spatenfunde eines hohen Lebensstandards zeugen davon. Aus den Ruinen, Funden, Sagas und Erinnerungen an diese verschollenen Europäersiedlungen auf Grönland soll in diesem Buch ein Bild jener Welt rekonstruiert werden.

Für diese Rückerinnerung an das Abenteuer und die Beständigkeit des winzigen Stücks Europa auf dem Boden Grönlands ist es hohe Zeit. Denn Wirtschaft, Bevölkerungsexpansion und Politik des »Neuen Grönland« der Eskimo zerstören manche Spuren. Deren Staat löst immer mehr die Verbindungen zu dem »Mutterland« Dänemark, die noch durch die »Alt-Grönländer« geknüpft wurden. Möglicherweise dauert es auch nicht mehr lange, bis selbst der Name, den einst der Großbauer und Seekapitän Erik der Rote der Rieseninsel gab – Grönland – von der Landkarte gelöscht wird, etwa zugunsten des Eskimonamens »Nunarput« – »Unser Land«.

Darum soll hier noch einmal dieses – fast paradoxe – Kapitel der Geschichte Europas auf dem Boden der Neuen Welt auferstehen.

Westwärts vor dem Wind

Die Alte Welt – der Festlandsblock Europa–Asien–Afrika – und die Neue Welt – die beiden Amerika – sind seit über hundert Jahrmillionen durch einen Riesenozean getrennt. Nur in der Nähe des Nordpols sind sie sich so nahe, daß immer einmal wieder Kontinentalbrücken aus Inseln oder Eis entstehen, über die Tiere hin und her wandern. Solcher Faunenaustausch ist bei den Beteiligten oft beliebt, betreten sie doch Neuland, in dem sie vielfach konkurrenzlos sind. So erobern vor etlichen Jahrmillionen die Kamele und, vor allem, in einem einzigartigen Siegeslauf durch Asiens Steppen die in Amerika entstandenen Pferde die Alte Welt, und die Elefanten die Neue Welt.

Auch die Menschen – ausschließlich Geschöpfe der Alten Welt – drängen in den menschenleeren Kontinent Amerika.

Für die Asiaten liegt er fast vor der Tür: Über die Beringstraße führt in den letzten Jahrhunderttausenden wiederholt ein trokkener Landweg oder ein Weg über Eisflächen. Spätestens vor etwa fünfzehntausend Jahren betreten ihn Asiaten und beginnen ihr Dasein in Amerika mit einer ungewöhnlichen Massenschlächterei unter der Großtierwelt der Prärien. Dann entwikkeln sie sich zu den Indianern, den menschlichen Ureinwohnern Amerikas.

Für die Europäer ist der Weg in die Neue Welt erheblich weiter. Er führt günstigstenfalls über mehrere hundert Kilometer Hochsee zwischen dem Vorposten Europas Island und dem Vorposten der Neuen Welt Grönland, und wieder (falls sie nicht dem Nordpol zu nahe geraten wollen) über mehrere hundert Kilometer von Grönland nach dem eigentlichen Kontinent Nordamerika. So kommen die Europäer im Wettlauf des Faunenaustauschs viel später in die Neue Welt als die Asiaten.

Denn die Europäer müssen – mangels Landbrücken – sich erst Brücken aus Holz und Segeltuch schaffen, hochseetüchtige Schiffe also, und eine Navigationstechnik, die das Risiko einer Entdeckungsreise über viele Hunderte von Kilometern Meer soweit einschränkt, daß eine Rückkehr kalkulierbar ist. Zu diesem Schritt in die Neue Welt gehört auch eine Portion Abenteuerlust und Wissensdrang und Wagemut.

Alle diese Voraussetzungen vereinigen erstmals in der Historie Europas die Nordvölker in sich, die stark vereinfachend oft »Wikinger« genannt werden. Sie sind die ersten Europäer, die sich auf lange Fahrten auf hoher See begeben, mit besseren Schiffen und besserer Navigationstechnik als die großen Seefahrervölker des Altertums.

Daß die Norweger, Dänen und Schweden dabei von ihrer Heimat aus die Inselwelt rings um die Nordsee, das Nordmeer und schließlich den Nordatlantik entdecken, ist in dieser Phase der Entwicklung der Seefahrt und des »Seebewußtseins« dieser Menschen so gut wie selbstverständlich.

Denn Hochseereisen mit einer Fahrtdauer von vier bis sieben Tagen ohne Landberührung – in früheren Jahrhunderten undenkbar – sind für die Nordeuropäer ab etwa 800 nichts Besonderes. Ihre Segelhandbücher sprechen davon. Ihre Schiffe können vor dem Wind – für solchen Kurs sind die nordeuropäischen »Klinkerboote« (mit übereinandergreifenden Planken) mit Einmast-Rahbesegelung optimal – an einem Tag zweihundert und mehr Kilometer zurücklegen. Der Seeweg zwischen Norwegen (Bergen) und den Shetlandinseln beträgt etwa vierhundert Kilometer, ebenso der von den Shetlands nach den Färöern, von dort nach Island sind es knapp sechshundert Kilometer und dann weiter nach Grönlands Ostküste, bis zur Neuen Welt, wieder ebensoviel.

Für diese ersten europäischen Hochseesegler liegt also die Neue Welt vor der Tür.

Daß sie auf dem Weg dorthin immer die kürzesten Strecken wählen, ist damit nicht gesagt: Ihre Navigationstechnik drängt sie eher dazu, möglichst entlang den Breitengraden zu segeln (breitengradsparallel), weil sich dann aus dem höchsten Sonnenstand zur Mittagszeit der Schiffsort besonders gut feststellen läßt. So können die Kapitäne der Hochseeschiffe zum Beispiel immer den 60. Breitengrad entlang von Bergen in Norwegen (dem späteren großen Abgangshafen nach Grönland) die Südspitze Grönlands ansteuern. Das ist der Segelanweisung des isländischen »Hauksbuchs« entsprechend eine Strecke von sieben Segeltagen.

Auf alle Fälle drängt dieser Zwang zum breitengradsparallelen Segeln die Wikingerschiffe fast automatisch von Norwegen aus nach Westen – nach Island, Grönland und zum amerikanischen Kontinent. Dessen Entdeckung liegt jetzt, vor dem ersten Jahrtausend nach der Zeitenwende, sozusagen in der Luft und wird Wirklichkeit.

Der vernünftige Weg dorthin führt über Grönland. Ist man erst dort – »dort« heißt: an der Westküste Grönlands, die Ostküste ist menschenfeindlich –, so führt der breitengradsparallele Kurs dann weiter nach Neufundland, Labrador oder Baffins-Island. Am günstigsten ist der Weg von Grönland westwärts in die Höhe des Polarkreises: dann landet man auf Baffins-Island in der Nähe von Kap Dyer nach einer Seestrecke von rund vierhundert Kilometern. Weiter nördlich auf dem 70. Breitengrad ist die Strecke westwärts auch nicht viel breiter, doch nach Norden zunehmend durch Eisberge erschwert. Aber das alles sind Entfernungen, die sich jetzt, zur Blütezeit der Wikingerseefahrt, ohne Schwierigkeiten überbrücken lassen.

Der Augenblick für die Europäer, ihrerseits nach den beiden Amerika vorzudringen, ist gekommen.

Für sie ist der natürliche Zwischenlandeplatz Grönland, und Grönland ist zu dieser Zeit für die Menschen aus Nordeuropa ein stellenweise fast ideales Land, gemessen an der Insel, von der aus die ersten Europäer Grönland erreichen, nämlich Island.

Zwar sind sechs Siebtel der von Nord nach Süd rund zweitausendsiebenhundert Kilometer langen Insel (Fläche: rund 2,2 Millionen Quadratkilometer, viermal so groß wie das Deutsche Reich bis 1918) von dem mächtigen Inlandeis bedeckt und absolute Öde. Doch an den Rändern gibt es überall eisfreie Flecken, oft Tausende von Quadratkilometern groß.

Im Südwesten dieser Insel sind die eisfreien Flecken weithin mit oft üppigen Wiesen begrünt. Die Wiesen sind fetter als die auf Island, das Klima in den »Wiesenwinkeln« im Innern der langen Fjorde der Südwestküste ist sommers mild. Große Seehundrudel an den Küsten und in den Fjorden, Fischschwärme überall, Rentierherden auf den Wiesen und den Grashängen der Höhen: Für Isländer, Neubewohner einer schon überbesiedelten Insel voll Gletschern und Vulkanen, mit weit knapperen Nahrungsquellen, muß dieses Land mit dem Gletscher-Hintergrund verheißungsvoll sein.

Vor allem: Grönland ist menschenleer, als die ersten Europäer im Jahr 982 dort eintreffen – jedenfalls scheint es menschenleer. Daß zweieinhalbtausend Kilometer weiter nördlich andere Menschen etwa zur gleichen Zeit auf Grönland eintreffen und es ebenfalls als verheißungsvoll und menschenleer befinden, und daß diese Ankömmlinge die später verhängnisvolle Konkurrenz von der asiatischen Einwanderungsroute in die Neue Welt sind, können die Europäer im Südwesten nicht ahnen.

Für sie bietet Grönland Chancen: Nahrung, Weidegründe, freien Raum, Land für ihre Tiere, Raum für die Höfe, die sie in Dutzenden von Gebäuden verstreut um sich ausbreiten. Hier können sie ein neues Leben beginnen. Zwar ist es im Anfang dem auf Island sehr ähnlich: das Leben eines viehzüchtenden Gutsherrn oder Kleinbauern, mit einer Prise Salz ausreichender Jagdabenteuer und Seereisen, ohne Obrigkeit, mit sowenig Staat wie möglich und ohne Steuern – doch in einem sicher atemraubend interessanten und neuen Land.

Grönland ist zu dieser Zeit nur eben einmal menschenleer, als europäische Viehzüchter-Bauern und asiatische Jägernomaden von Nord und Süd aus den Fuß darauf setzen. Schon seit rund fünftausend Jahren sind immer wieder Jägerhorden nach Grönland gezogen, meist über den kürzesten Seeweg nahe dem Nordpol über Ellesmere-Island, wo nur sechsundzwanzig Kilometer freies Wasser im Winter mit Eis überbrückt sind.

Mehrere Kulturen haben sich vorher abgelöst; die letzte war die sogenannte »Dorset-Kultur«: Jäger auf Seehund und Ren, nach altsteinzeitlicher Technik lebend mit Waffen und Werkzeug aus nur behauenem – nicht geschliffenem – Stein, Knochen und Holz. Diese Dorset-Leute (die moderne Forschung nennt sie »Paläo-Eskimo«, im Gegensatz zu den »Neo-Eskimo«, die zur selben Zeit wie die Isländer Grönland betreten) leben schon ähnlich wie die »Neo-Eskimo«, die wir später nur noch als »Eskimo« bezeichnen wollen, weil sie für unseren Begriff des Eskimo charakteristisch sind.

Die Paläo-Eskimo, den Indianern verwandt, sind in Alaska mit den Eskimo zusammengetroffen und von ihnen teilweise ausgerottet oder verdrängt worden. Eskimosagen enthalten noch Erinnerungen an seltsame Menschen, die mit bodenlangen Mänteln auf Seehundjagd gehen und auf dem Wintereis viele Stunden vor den Atemlöchern der Seehunde stehen, bis einer auftaucht und erlegt werden kann. Die Sage berichtet, diese merkwürdigen Männer, die »Torngit«, hätten unter ihren langen Mänteln kleine Feuer entzündet, um sich zu wärmen. Dies Feuer konnte dann den Fellmantel von innen entzünden und den Bauch versengen, so daß man die »Torngit« an der verbrannten Bauchhaut wiedererkannte. Die Eskimo gehen nicht mit so gefährlichem Spielzeug wie Feuer auf Seehundjagd: Sie haben bestens wärmeisolierte Kleidung und Spezialhocker, mit denen sie vor den Atemlöchern der Seehunde sitzen können. So fühlen sie sich den Primitiven mit den versengten Bäuchen hoch überlegen.

Die »Torngit« – die Paläo-Eskimo also – haben Grönland kurz vor der Jahrtausendwende verlassen: Ob sie ausgewandert, verhungert oder durch Krankheit ausgerottet sind, ist vorläufig unbekannt. Als die ersten Europäer in Südgrönland ankommen, finden sie noch die Spuren dieser Besiedlungswelle vor: Hütten, Bootsreste, Steinwaffen – doch keine Lebenden mehr.

Das Tor zur Neuen Welt ist also gerade jetzt, zu dieser Zeit des Westwärts-Drangs der Wikingernachkommen auf den Wikingerschiffen, weit geöffnet: Grönland lädt, menschenleer, ein.

Erik der Rote, Entdecker Grönlands, in der Vorstellung des 17. Jahrhunderts (Matthias Schacht).

Erik der Rote durchschreitet das Tor zur Neuen Welt

Der Nordländer, der als erster diese Neue Welt betritt – auf ihrer Vorposteninsel Grönland –, ist der Isländer »Erik der Rote«, Sohn des Norwegers Thorvald, der ein Sohn des Oswald war, der wieder Sohn des Ulf war (so genau nehmen isländische Sagas, denen diese Darstellung der Abkunft des »Roten Erik« entstammt, die Genealogie ihrer Helden).

Erik der Rote, wegen seiner auffallenden Haar- und Bartfarbe so genannt, ist als Kind oder junger Mann mit seinem Vater aus Norwegen nach Island gegangen – wegen einiger Tötungen, wie es heißt, an denen vermutlich der Sohn des Thorvald noch nicht beteiligt war.

Da Erik der Rote die Schlüsselfigur des gesamten mittelalterlichen Vorstoßes der Europäer in die Neue Welt ist, haben sich viele Wissenschaftler und Schriftsteller mit ihm beschäftigt, ohne allzuviel von ihm zu wissen. Erik der Rote ist auf Island mehrfach wieder in schwere blutige Auseinandersetzungen geraten, die zur Folge hatten, daß er Island wieder verlassen mußte ... und dabei Grönland entdeckte.

Man hat dem »Roten« die etwas dunkle Familienvergangenheit in Norwegen und seine Taten auf Island oft angekreidet und ihn als einen streitsüchtigen Raufbold dargestellt. Das ist sicher falsch. Von den Vorgängen in Norwegen wissen wir wie gesagt nichts, müssen sie also bei der Beurteilung streichen. Auf Island kommt er in Streit, wenn er von irgendwelchen Gegnern herausgefordert wird, die möglicherweise den Zugewanderten etwas von oben herab ansehen. Einmal werden Eriks Leibeigene getötet, weil sie versehentlich einen Bergrutsch verursacht haben, ein anderes Mal will ein Bauer nicht die Pfosten von Eriks Hochsitz zurückgeben, die Erik ihm geliehen hat und eines Tages zurückfordert. Jedesmal hat Erik erst nach ihm angetaner Schmach zur Waffe gegriffen und ist dann Sieger geblieben.

Man kann sich vorstellen, daß eine herausragende Persönlichkeit wie Erik der Rote – als die er sich später entpuppt – schon von vornherein in hohem Grad Antipathien und Sympathien erweckt und so ohne besondere Aggressivität in Streit geraten kann. Ebenso gewinnt er aber treue Freunde.

Von beidem ist in den Sagas aus Island die Rede: In seinen Fehden findet Erik auch zahlreiche Helfer. Er kann erfolgreich um Tjodhild werben, die aus einer angesehenen und begüterten Familie des Landes stammt. Und die Historie der Entdeckung Grönlands läßt erkennen, daß Erik der Rote umsichtig plant, die Seefahrt beherrscht und nach der Besiedelung Grönlands dort als »Erster unter Gleichen« ein geachteter Mann ist, von dem man nichts Negatives mehr erfährt und der seine alten Freunde aus Island mit offenen Armen aufnimmt.

Anlaß für die Entdeckung Grönlands wird ein Gerichtsverfahren gegen Erik den Roten auf dem »Thing« (dem Treffen aller freien Männer eines Bezirks) Nordwestislands wegen der Tötungen bei der letzten von Eriks Fehden (bei der es um die Pfosten seines Hochsitzes ging). Auf dem Thing entscheidet die Mehrheit gegen Erik. Er wird für drei Jahre geächtet, eine Zeitspanne, deren Kürze zeigt, daß man Eriks Taten nicht als allzuschwer einschätzt. In diesen drei Jahren aber ist er gewissermaßen rechtlos und vogelfrei; jeder darf ihn ungestraft töten.

Acht oder Geldbuße sind in jenen spätgermanischen Staaten die nahezu einzig möglichen Strafen für Vergehen, denn diese Staaten haben zwar im Thing eine Legislative, doch keine Exekutive, die Strafen vollstrecken könnte. Wird jemand geächtet und darf mithin getötet werden, so ist es Sache der Anklagepartei, sich seiner zu bemächtigen und ihre Rache an ihm zu vollstrecken.

Erik hat jedoch diesen Ausgang des Things vorhergesehen und bereits ein Schiff ausgerüstet. Nach der Urteilsverkündung steht jedem Verurteilten eine Schonfrist zu, innerhalb derer er sein Heim erreichen kann. Von dort flüchtet Erik sofort zu seinem segelbereiten Schiff, das zwischen den Basaltklippen des Breidafjords auf ihn wartet, und sticht in See – begleitet von Schiffen seiner Freunde, die ihm bis auf die hohe See Geleit geben.

Eriks Ziel ist ein neues Land, das er selbst noch nicht kennt – ein Land, das er vielleicht kolonisieren kann wie seine Vorfahren das menschenleere Island. (Genaugenommen war Island zum Zeitpunkt seiner Besiedelung durch norwegische Wikinger im 9. Jahrhundert nicht ganz menschenleer, sondern von kleinen Gruppen irischer Mönche bewohnt, die jedoch schnell flüchteten.) Neues Land kann nur weiter westlich liegen, irgendwo im weiten Meer, auf dem gleichen Kurs, auf dem seit ein paar Jahrhunderten die Wikinger ihre Schiffe immer weiter in den Nordatlantik gelenkt haben, auf dem sie England und Irland zeitweise eroberten und die Shetlands, die Färöer und dann Island besiedelten. Weiter nördlich droht das Polareis, nach Süden geht es in dichtbevölkerte Gebiete und dann in einen ganz unbekannten Atlantik. Neues Land kann für die Wikingerschiffe nur weiter im Westen liegen.

Daß dort die Welt nicht zu Ende ist, daß also die damals noch herrschenden Vorstellungen nicht stimmen, denen zufolge die feste Erde (Europa–Afrika–Asien) eine Scheibe ist mit einem endlosen Ozean drum herum, dies weiß man in Island. Einige Jahre vor den Fehden Eriks des Roten war ein isländisches Schiff nach Westen verschlagen worden, und dort hatte man einige kahle Felsinseln gesichtet, nach ihrem Entdecker Gunnbjörn Ulf-Krakason die Gunnbjörn-Schären genannt. Gunnbjörn mußte aber umkehren, ohne die Inseln untersucht zu haben. Erik der Geächtete weiß, daß er nicht in eine blaue Endlosigkeit steuert, wenn er das Ruder seines Schiffes weiter als seine Vorfahren auf Westkurs legt. Eriks Hoffnungen trügen ihn nicht: Er findet neues Land – mehr und besseres Land, als er es sich vermutlich hatte träumen lassen.

Über diese Entdeckung gibt es mehrere Berichte. Der verläßlichste und nüchternste findet sich im sogenannten »Isländerbuch«. Es wurde um 1122 auf Island von einem Mann aus vornehmer Familie geschrieben, dem späteren Priester »Ari Frode«, was soviel wie »Ari der Gelehrte« heißt. Er wohnte in jenem Teil Islands, von dem aus Erik der Rote nach Westen segelte, und war vermutlich mit Erik weitläufig verwandt. Mit dem »Isländerbuch« verfaßte Ari Frode eine Historie Islands für die Zeit seit dessen Besiedelung um 870 bis etwa um 1130. Ein Kapitel daraus erzählt folgendes:

»Das Land, das Grönland genannt wird, wurde von Island aus entdeckt und besiedelt. ›Eirik Rauda‹ (Erik der Rote) war der Name eines Mannes vom Breidafjord, der von hier auszog und sich in einem Gebiet ansiedelte, das seither für immer ›Eriksfjord‹ genannt wird. Er gab diesem ganzen neuen Land einen Namen und nannte es ›Grönland‹, weil er meinte, daß die Menschen Lust hätten, dorthin zu gehen, wenn das Land einen guten Namen hätte. Im östlichen und westlichen Teil dieses Landes fanden sie noch Reste von menschlichen Siedlungen, Bruchstücke von Fellbooten und Steingerät; daraus ist zu schließen, daß hier die gleichen Menschen durchgezogen waren wie die Bewohner von Vinland, welche die Grönländer ›Skraelinge‹ nennen. Nach dem, was ein Mann, der selbst mit Eirik Rauda ausgezogen war, in Grönland Thorkell Gellison erzählte, begann die Besiedelung 14 oder 15 Jahre bevor das Christentum nach Island kam.«

Diese kurzgefaßte Geschichte von der Entdeckung der Neuen Welt enthält geballte Information.

Zum einen zitiert sie die Quelle des Berichtes: Thorkell (ein Onkel Aris des Gelehrten) war selbst in Grönland gewesen und hatte dort mit den ersten »Landnahmemännern« gesprochen – solch ausführliches Zitat findet man in der Literatur jener Jahrhunderte nicht häufig. Es wird auch nicht dadurch entscheidend entwertet, daß dieser Onkel Thorkell starb, als Ari der Gelehrte erst sieben Jahre alt war: Bei der Intensität der mündlichen Überlieferung in jener schriftarmen Zeit ist es durchaus denkbar, daß Ari als Junge zu den Füßen dieses weitgereisten Onkels saß und aus dessen Erzählungen von seinen abenteuerlichen Reisen sich diese kurze Grönlandhistorie einprägte.

Zum andern wird hier berichtet, was zu Lebzeiten Aris schon fast Vergangenheit ist: der Vorstoß der in Grönland angesiedelten Isländer (sie werden jetzt bereits »Grönländer« genannt) von ihrer neuen Heimat aus nach Westen auf den nordamerikanischen Kontinent, nach »Vinland«, das dort irgendwo zu suchen ist, wo sie mit einer ihnen fremden Menschenrasse zusammentreffen, deren Spuren auch auf Grönland zu finden sind. Als Besitzer von Fellbooten und Steingeräten sind diese Menschen ethnologisch gut charakterisiert: Beweis für die Qualität nicht nur der Beobachtungen der Grönländer, sondern auch der Quelle und ihrer Wiedergabe durch »Ari den Gelehrten«.

Hier taucht auch schon der Name dieser »Fremden« auf: Es sind die »Skraelinge«. Über diese Bezeichnung ist oft gerätselt worden. Die wohl beste Erklärung lieferte der dänische Archäologe Henrik Jansen mit dem Hinweis auf die altdeutsche Bezeichnung »Schraehelin« für zwergenhafte Menschen, die versteckt oder unterirdisch in den Bergen leben. Solche »Trollgestalten« waren die Menschen (vermutlich Indianer), die die Grönländer bei ihrem Vorstoß nach Amerika antrafen, wohl tatsächlich – verglichen mit den hochgewachsenen und hellhäutigen Grönländern. Im Hochdeutschen erinnert noch das Wort »Waldschrat« an die altdeutsche und sicher gemeingermanische Wurzel dieses Namens der dunkelhäutigen, kleinwüchsigen Fremdlinge in der Neuen Welt.

Daß Ari den »Skraelingen« so auffallend viel Platz in seinem konzisen Grönlandbericht widmet, dafür hat H. Jansen folgende Erklärung bereit: Die sonstigen Lebensverhältnisse in Grönland hätten denen in Island wohl so sehr geglichen, daß sich ihre Wiedergabe nach Meinung Aris nicht lohnte. Man könnte sich aber zum Beispiel auch vorstellen, Ari habe von den Berichten seines Onkels Thorkell gerade die Hinweise auf diese fremdartigen und etwas geheimnisvollen Menschen besonders gut im Gedächtnis behalten.

Vielleicht auch hat der isländische Autor schon die später so entscheidende und verhängnisvolle Rolle der Skraelinge für die in die Neue Welt vorgestoßenen Europäer irgendwie geahnt und diese Menschen deshalb so ausführlich dargestellt?

Schließlich läßt sich – nach diesen Argumenten für die Qualität der Aufzeichnungen »Aris des Gelehrten« – auch das Jahr fixieren, in dem die Neue Welt an ihrem Ostrand durch Erik den Roten entdeckt wurde: »14 oder 15 Jahre bevor das Christentum nach Island kam« bedeutet, daß Erik der Rote entweder 982 oder 983 von Island abfuhr und in Grönland ankam. Man hat sich heute, mehr per Konvention und ohne weitere Beweise, darauf geeinigt, 982 als das Entdeckungsjahr festzuhalten.

Mit diesem Jahr beginnt ein spannendes und dramatisches Kapitel der Welthistorie in der Einsamkeit des Nordens.

Die große Landnahme

Erik findet sein neues Land, und es ist größer und schöner, als er es wohl je ahnte.

Die isländischen Berichte und Sagas lassen erkennen, daß er von Islands nordwestlichem Vorgebirge Snaefellsnes zur Ostküste Grönlands vorstößt und von dort südwärts weitersegelt, um zu erkunden, ob dieses Land bewohnbar ist. Dann umrundet er die Südspitze Grönlands – Kap Farewell – und gelangt so von der kahlen und gletscherreichen Ostküste mit ihren zahlreichen Treibeisfeldern zur Westküste. Dort überwintert er erstmals auf einer Insel, die er »Eriksinsel« nennt – sie liegt im Zentrum der späteren Hauptsiedlung »Österbygd« rings um das heutige Julianehaab in Südwestgrönland –, sucht im Frühjahr schon einen Platz für seinen Hof und wendet den Bug seines Schiffes wieder nach Nordwesten, um entlang der Küste segelnd weiteres Siedlungsland zu suchen. Seinen zweiten Winter verbringt er auf diesem Fahrtabschnitt, bei dem er »vielen Plätzen einen Namen gab«. Er kehrt wieder zu »seiner« Insel nahe seinem zukünftigen Hof zurück, überwintert ein drittes Mal. Seine Verbannungszeit ist abgelaufen, er kehrt nach Island zurück und berichtet.

Seine Darstellungen des »grünen Landes« in Südsüdwest von Island müssen Furore gemacht haben. Als Erik der Rote im nächsten Sommer Island verläßt, um sich in dem menschenleeren Grönland anzusiedeln, haben sich ihm fünfundzwanzig Schiffe angeschlossen (andere Quellen berichten von fünfunddreißig Schiffen), die jedoch lange nicht alle in Grönland ankommen. Immerhin landet im Sommer 986 eine Flotte von vierzehn

Schiffen in dem neuen Land. Die übrigen sind entweder wieder zurückgetrieben worden oder aber verlorengegangen. Wir wissen nichts über ihr Schicksal. Daß die echten Verluste dieser Auswandererflotte so enorm hoch gewesen sind, also etwa (nach ungünstigster Rechnung) einundzwanzig Schiffe mit Menschen total verlorengingen, ist nicht anzunehmen. Das hätte spätere Grönland-Auswanderer wohl abgeschreckt – diese kommen jedoch sehr bald danach und in großer Zahl dort an. Während der nächsten Jahrzehnte herrscht ein lebhafter Verkehr zwischen Island, Norwegen und Grönland, wie man den zahlreichen Sagaberichten entnehmen kann.

Zusammen mit Frau und Kindern, Knechten und Mägden, dem gesamten Viehbestand, mit Waffen und Gerät siedeln viele Dutzende von Großbauern mit vielen Hunderten Leibeigener sowie Hunderte von freien Bauern aus dem überfüllten und im

»Knarr«, Frachtschiff der Wikinger-Seefahrt, auf Landnahmefahrt mit Vieh und Vorräten. So wurde Grönland besiedelt.

Norden so kargen Island in die Neue Welt über. Die angesehensten und mächtigsten von ihnen etablieren sich als Großgrundbesitzer in den fruchtbarsten Landgebieten entlang der tief ins Land greifenden Fjorde. Fünfhundert Jahre hindurch tragen diese Fjorde die Namen der prominentesten Erstsiedler: »Eriksfjord«, »Herjolfsfjord«, »Ketilsfjord«, »Hrafnsfjord«, »Einarsfjord«, »Hafgrimsfjord« oder »Arnlaugsfjord« sind den Isländern und Skandinaviern bis lange nach dem Tod der letzten Grönländer selbstverständliche geographische Begriffe. Als im 18. Jahrhundert die Neubesiedelung Grönlands durch Europäer beginnt, sind diese Namen freilich vergessen. Die Eskimobezeichnungen für Fjorde, Täler und Ortschaften beherrschen die modernen Landkarten, und die Archäologen bemühen sich noch, die Geographie jenes Grönlands der skandinavischen Grönländer Schritt für Schritt zu rekonstruieren.

Mit dieser Auswandererflotte, die sich Erik dem Roten anschließt, beginnt die weitaus größte Kolonisationsreise dieser Art, von der wir wissen. Die erste große Kolonisation, mit der Island um etwa 860 erstmalig besiedelt worden war, hatten vermutlich zahlreiche kleinere Verbände oder Einzelschiffe unternommen – jedenfalls ist nichts berichtet, was jenem Auszug der Isländer nach Grönland im Jahr 986 vergleichbar wäre.

Daß eine komplette Umsiedlung des Hausstands eines Bauern mit einem offenen Schiff, wie es alle Wikingerfahrzeuge waren, überhaupt möglich ist, muß erstaunen: Es geht ja um Seereisen von mindestens acht Tagen, meistens mehr, unter Umständen von vielen Wochen. Härte und Ausdauer werden auch den Frauen und Kindern abverlangt. Viele dieser Unternehmen enden in einer Katastrophe. Immer wieder wird von Schiffen erzählt, die an der Ostküste Grönlands in Eis geraten, deren Besatzungen überwintern müssen und dann vielfach verhungern.

Eines der ergreifendsten Zeugnisse vom Tod während solcher Seereisen nach Grönland auf dem Nordmeer ist ein kleiner

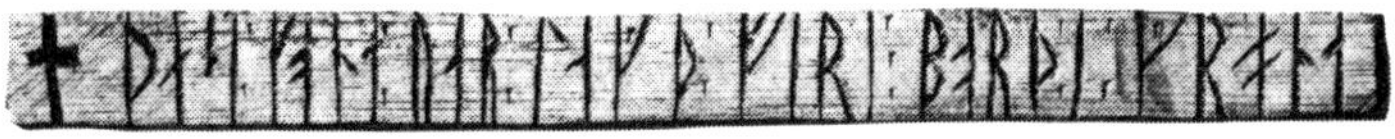

Runenstab, der statt Gudveigs beerdigt wurde.

Runenstab aus einem Grab bei der Kirche von Herjolfsnes in der Ostsiedlung Österbygd. Seine Beschriftung:

»Diese Frau wurde im Grönlandmeer über Bord gesenkt. Sie hieß Gudveig.«

Ob Gudveig an einer Krankheit oder durch Seeunfall starb, werden wir nie erfahren. Offenbar war man zu weit vom Land, als daß man ihr ein christliches Begräbnis auf einem Friedhof hätte geben können; doch begrub ihr Mann – oder ein anderer Verwandter – wenigstens den Runenstab als einen Teil von ihr, um ihr Seelenheil soweit wie möglich zu sichern.

Hölzerne Hochseebrücken

Die Skandinavier jener Jahrhunderte verfügen jedoch über Hochseeschiffe, denen sie sich anvertrauen können und die den Verkehr über Strecken von maximal fast dreitausend Kilometern (die Direktreise von Bergen, dem üblichen Abgangshafen in Norwegen, bis nach Südgrönland) abwickeln. Diese Hochseeschiffe sind mit dem Generalbegriff »Wikingerschiffe« nur unvollständig gekennzeichnet. Der Wikingerschiffbau ist hochspezialisiert und produziert in der allgemein verwendeten Klinkerbautechnik (übereinandergreifende Planken, im Gegensatz zu der »Kraweeltechnik«, bei der die Planken glatt nebeneinanderliegen) und in »Schalenbauweise« (die Außenhaut wird mit Nieten zusammengefügt, danach werden die Spanten eingepaßt) zahlreiche Typen:

(1) Das »Langschiff« – das eigentliche Kriegsschiff der Wikinger, ein beschränkt hochseefähiges Schiff von dreißig Meter Länge und darüber. Es wird im Gefechtseinsatz gerudert, und seine wichtigste Bedeutung ist die eines sehr schnellen Landungsbootes, das die Kämpfer in kürzester Zeit flußaufwärts oder an flachen Stränden an Land bringt und wieder abfahren läßt.

(2) Die kleine und schnelle Luxusjacht für den Reise- und Repräsentationsverkehr der Häuptlinge, Fürsten und Könige. Sie ist elegant dekoriert mit schnitzereiverzierten Planken, Vorder- und Achtersteven.

(3) Das breite und massive Arbeits- und Fischerboot.

(4) Das Hochseeschiff, »Knarr« oder »Knorr« genannt. Es ist wesentlich kürzer als die Langschiffe, massiver konstruiert und breiter, bis vielleicht achtzehn Meter lang, fünf Meter breit, relativ hochbordig und mit tieferem Kiel als die übrigen Typen.

Alle diese Schiffe, am meisten aber die Hochseeausführung des Knarr, profitieren von der Klinker-Schalenbautechnik und einer elastischen Binde-Befestigung zwischen Klinkerschale und Spantengerippe.

Diese Konstruktion verleiht den Schiffen im Seegang Festigkeit und zugleich Elastizität. Sie sind deformierbar, ohne zu zerbrechen – bei dem extrem hohen Wellengang und der Häufigkeit von Schlechtwetter im Nordatlantik von höchster Bedeutung. Der dänische Schiffsarchäologe Dipl.-Ing. Ole Crumlin-Pedersen vermutet sogar, daß die Bezeichnung »Seedrachen« für die Wikingerschiffe nicht von den Drachenköpfen herzuleiten ist, die die »Langschiffe« oft im Gefecht auf dem Steven führen, sondern davon, daß sich diese Schiffe im Seegang wie drachenähnliche Reptilien winden und bewegen können.

Allen Wikingerschiffen gemeinsam ist auch der Hauptantrieb: durch einen einzigen Mast mit »Querbesegelung«, d. h. einer Rah (Querstange) mit einem einzigen Segel.

Während man über die Konstruktion des Rumpfes der Wikingerschiffe relativ gut informiert ist, weiß man über ihre Besegelung, ihre Segeltechnik und erzielbare Geschwindigkeit bis heute nur wenig. Segel sind nicht erhalten, lediglich zahlreiche Tauwerkstücke mit den heute auch bekannten »Seemannsknoten«. Wie wenig man weiß, zeigt die Tatsache, daß zum Beispiel für die Segelfläche des Gokstad-Schiffes – eines bei Oslo ausgegrabenen Fürstenschiffs, in dem sein Besitzer beigesetzt worden war – begründete Schätzungen vorliegen, die zwischen 40 und 146 Quadratmetern schwanken.

Diese Wissenslücke erklärt, warum den Wikingerschiffen in vielen wissenschaftlichen Veröffentlichungen nur mangelhafte Segeleigenschaften zugeschrieben werden: zwar hohe Geschwindigkeit »vor dem Wind«, d. h. mit Wind direkt von achtern, doch minimale Fähigkeiten zum »Kreuzen«, d. h. bei einem Kurs gegen die Windrichtung, bei dem das Schiff zum Vorwärtskommen möglichst »hoch am Wind« (soweit wie möglich auf die Windrichtung hin fahrend) segelt und ab und zu »den

Bug nach der anderen Seite« legen, also den Wind von der anderen Seite nehmen muß, um gegen den Wind voranzukommen.

Falls die Wikingerschiffe wirklich so schlechte Segeleigenschaften hatten, ist es schwer verständlich, wie sie jahrhundertelang die Meere um Europa beherrschen und den Atlantik queren konnten. Eine schwedische Forscherin, Sybille Haasum, vermutet sogar, daß die Wikingerschiffe wegen dieser mangelhaften Segeleigenschaften vom 14. Jahrhundert ab durch die »Koggen« und »Hulke« der Hanseflotte verdrängt wurden. Das muß man stark bezweifeln. Mit Sicherheit sind die hochbordigen Hanseschiffe nicht besser, sondern eher schlechter »am Wind« gesegelt als die Wikingerschiffe und »vor dem Wind« weit langsamer. Überlegen waren sie im Gefecht durch ihre Hochbordigkeit sowie beim Warentransport durch höhere Ladefähigkeit und einfachere Stauarbeit: Die Hanseschiffe hatten ein durchgehendes Deck, das ihre Ladung gut schützte, während die Ladung der Wikingerschiffe stets nur bescheiden sein konnte und obendrein sicher sehr mühsam mit Häuten wasserdicht verpackt werden mußte.

Man beginnt heute die Segeltechnik der Wikingerschiffe experimentell zu klären: An der Nordküste Norwegens haben diese Typen – Klinkerboote mit Einmast-Rahbesegelung – bis ins 20. Jahrhundert überlebt, und zwar als Fischerfahrzeuge, sogenannte Nordlandboote. Ein derartiges Nordlandboot – »Rana« genannt – wurde 1971 der »Wikingerschiffshalle« des dänischen Nationalmuseums in Roskilde auf der Insel Seeland (wo eine ganze Flotte von aus dem Roskildefjord geborgenen Wikingerschiffen ausgestellt ist) zum Geschenk gemacht und von einer Gruppe Amateur-Schiffsarchäologen rekonstruiert und probegesegelt.

Dabei erwies es sich, daß die »Rana« fast unglaublich schnell vor dem Wind segelt und obendrein auch beim Kreuzen höher an den Wind gehen kann, als man das je einem Wikingerschiff zutraute. Die »Rana« – etwa zehn Meter lang – ist sozusagen gesetzwidrig schnell: Man kann mit ihr bei gutem Wind eine Geschwindigkeit von fast zwölf Knoten (21 Stundenkilometer) erzielen.

Nach den dem Schiffbau zugrundeliegenden physikalischen

Gesetzen hängt die maximal erzielbare Geschwindigkeit eines Schiffes von seiner Länge ab. Je länger es ist, um so schneller kann es fahren (unter Segel oder mit Motorantrieb), und zwar wegen der von ihm im Wasser erzeugten »turbulenten« Strömung und Bug- und Heckwellen. Nach diesen Berechnungen dürfte die »Rana« äußerstenfalls neun Knoten oder knapp sechzehn Stundenkilometer erzielen; soweit das »Froudesche Gesetz«. Daß dieses Modell-Wikingerschiff weit mehr Fahrt machen kann, läßt sich nur dadurch erklären, daß sein Rumpf nicht wie ein normales Schiff das Wasser verdrängt, sondern wegen seiner relativ hohen Breite und des relativ geringen Tiefgangs weitgehend über das Wasser gleitet. Ein solches gleitendes Schiff kann Geschwindigkeiten erzielen, die hoch über den auf Grund der »Froude-Zahl« errechneten liegen.

Aus historischen Berichten über die Nordlandboote – noch im vorigen Jahrhundert fuhren sie in Norwegen Regatten und konkurrierten dabei erfolgreich mit modern getakelten Booten – geht hervor, daß auch größere Typen als die erprobte »Rana« vor dem Wind verblüffend schnell waren und bis zu sechzehn Knoten (29 Stundenkilometer) erzielten. Überlieferungen zufolge unternahmen Nordnorwegens Fischer mit ihren Nordlandbooten gern lange und schnelle Seereisen; vermutlich empfanden sie dabei eine Art Geschwindigkeitsrausch wie heute manche Fahrer schneller Autos.

Daß auf solchen offenen Booten mit den Eigenschaften der Wikingerboote eine Besatzung von seegewohnten Leuten lange Seereisen unternehmen kann, ist durch mehrere historische Berichte aus Nordnorwegen belegt. So segelte die »Victoria« (kleiner als ein Hochseeknarr der Jahrtausendwende) im Jahre 1895 ohne Zwischenlandung rund sechshundertvierzig Kilometer entlang der nordnorwegischen Küste: eine Strecke, wie sie die Seestrecke zwischen Island und Grönland (kürzester Weg) noch übertrifft.

Die Navigation auf hoher See außerhalb der »Landsicht« beherrschen die Wikinger-Seefahrer soweit, daß sie eine grobe Positionsbestimmung ermöglicht.

Bei Tage wird die geographische Breite durch die Messung des höchsten Sonnenstands zur Mittagszeit bestimmt, und zwar zum Beispiel anhand der Länge des Schattens, den etwa die

Bordwand wirft. Es gibt sogar Zitate aus Sagas über diese Methode. Ist der Himmel bedeckt, so benützt man möglicherweise »doppelbrechende« Kristalle wie den Cordierit dazu, die Herkunft des Sonnenlichtes und damit den ungefähren Kurs festzulegen. In klaren Nächten läßt sich der Schiffskurs nach dem Polarstern ausrichten, am einfachsten mit einer »Peilscheibe«, auf der der Rand nach Winkelgraden eingeteilt ist und über die man den Polarstern anvisieren kann. In den Jahrhunderten der Wikinger vor Entdeckung des Kompasses nimmt der Polarstern für die nordgermanischen Seefahrer eine herausragende Stellung unter den Gestirnen ein: als »Leitstern« oder – bei den Angelsachsen – »Schiffsstern«.

Daß bei der Grönlandfahrt schon mit einer Peilscheibe navigiert wird, beweist ein einzigartiger archäologischer Fund, den der Kopenhagener Forscher Mag. C. L. Vebaek im Jahre 1949 machte: Er fand in den Ruinen des (einzigen) Nonnenklosters der Grönländer eine solche Peilscheibe – genauer gesagt die Hälfte einer Scheibe, aus Eichenholz geschnitzt, auf der mit Randkerben die Einteilung des Himmelsrunds markiert ist. Diese mit Sicherheit älteste bekannte Peilscheibe – für die Historie der Schiffsnavigation von höchster Bedeutung – kann etwa von 1200 stammen, aber auch wesentlich älter sein. Sie wurde gefunden in der Vorratskammer des Klosters, mit anderem Müll in den Fußboden eingestampft.

Wie ausgerechnet ein solches modernes Navigationsinstrument jener Zeit in das Nonnenkloster gelangt, darüber darf man sich den Kopf zerbrechen. Die frommen Frauen werden kaum Instrumente zur Kursfindung auf hoher See benötigt haben. Es könnte sein, daß die Peilscheibe in den Trümmern eines älteren Hauses lag, über dem das Klostergebäude errichtet wurde (die Hausreste sind erkennbar).

Die Navigatoren der Schiffe, die den Nordatlantik mit Kurs auf Grönland oder gar Amerika kreuzen, sind also schon gut ausgerüstet. Ab 1200 etwa wird auch der Magnetkompaß in Nordeuropa eingeführt. Eine andere Frage ist es, ob für die Reisen nach West-Grönland dieser Magnetkompaß wirklich eine große Hilfe bietet: Dieses Fahrtziel führt schon so nahe an den magnetischen Nordpol, daß die »Mißweisung« sehr groß wird und irreführen kann. In diesen Breiten ist vermutlich die

»astronomische« Navigation nach Polarstern und Sonne nützlicher als der Magnetkompaß.

Jedenfalls: Nach allem, was man heute weiß, ist diese große Umsiedlungsaktion, die Erik der Rote in Gang bringt, zwar mit Risiko behaftet, doch weder verantwortungslos noch etwa ein Spiel mit dem Leben. Das Risiko ist kalkulierbar, und die Seefahrt bei achterlichem Wind mit einem schnellen Schiff (auch wenn ein Knarr sicher nie die erstaunlichen Geschwindigkeiten erreicht wie die leichteren und schlankeren Kriegsschiffe ihrer Zeit und später die norwegischen »Nordlandboote«) mag zeitweilig wohl ein gewisses Hochgefühl vermittelt haben.

Mit Sicherheit hat man das Risiko dadurch einzugrenzen versucht, daß man im Blick auf problemlosere Navigation Hochdruckwetterlagen mit günstiger Windrichtung, beständigem Wind und klaren Tagen und Nächten abwartete. Diese Voraussetzung für eine vieltägige Hochseereise findet sich in keinem Bericht direkt erwähnt, dürfte also für einen verantwortungsbewußten Kapitän selbstverständlich gewesen sein. Indirekt erschließt sie sich aus dem, was immer wieder berichtet wird: Oft ist im Jahr nur *eine* Abfahrt von Island nach Grönland möglich; Schiffe mit der Fahrtroute Norwegen–Island–Grönland können von Island erst ein Jahr nach ihrer Ankunft wieder weiterreisen, und Kauffahrer, die Grönland ansteuern, richten sich normalerweise darauf ein, daß sie dort überwintern und im nächsten Jahr heimsegeln. (Dabei ist allerdings einzurechnen: Diese Hochseekauffahrer brauchen in Grönland viel Zeit, um die einzelnen Siedlungen der Grönländer abzufahren.) Ein norwegischer Erzbischof, vom Papst etwa um 1270 beauftragt, persönlich nach Grönland zu fahren, um dort den Zehnten – eine spezielle Kreuzzugssteuer – einzuziehen (der grönländische Bischof war wohl nicht aktiv genug), entschuldigt sich damit, daß dies eine fünfjährige Abwesenheit von seinem Amtssitz in Norwegen bedeuten würde. Das mag leicht übertrieben sein, doch ist es zu jener Zeit allbekannt, daß diese Grönlandreisen langwierig sind, was die Behauptung, mit der jener hohe Würdenträger seine Ablehnung begründet, nicht als Lüge erscheinen läßt, eher als eine einigermaßen vertretbare Ausrede.

Für eine Fahrt nach Grönland von dem nach Westen weisenden Landausläufer Islands, dem Snaefellsnes, aus brauchen die

Schiffe oft nur weniger als eine Woche, und dennoch gibt es im Sommer unter Umständen lediglich *einen* günstigen Abfahrtstermin? Das kann nur zweierlei bedeuten: Dieser Termin wird sehr sorgfältig, auf Grund einer langfristigen Wetterprognose gewählt, und die optimale Wetterlage ist eine Seltenheit. Zwar fehlt den Wikingerkapitänen der weiträumige Überblick über die Großwetterlage, wie er dem Meteorologen heute aus Radiomeldungen der ganzen Welt, von Wetterschiffen und Satelliten für lang- und mittelfristige Wetterprognosen zur Verfügung steht (sie mögen zutreffen oder nicht). Aber die Wikinger, für die von der Richtigkeit ihrer Wetterprognose das eigene Leben und das der Mitreisenden abhing, werden sicherlich mit Hilfe eines enormen Schatzes an überlieferten Erfahrungen, durch örtliche Wetterbeobachtungen aller Art und durch das Beobachten des Verhaltens von Tieren und Pflanzen zu für sie vielleicht noch brauchbareren Resultaten gelangt sein. Eine unerwartete Tiefdruckfront mit Windwechsel von Ost nach West oder umgekehrt, die das Schiff aus dem Kurs wirft und jede Navigation unmöglich macht, hatte dann jedoch oft verheerende Folgen, wie wir später lesen werden.

Das grüne Land

Als die Umsiedler das Ziel ihrer strapazenreichen großen Ausreise des Jahres 986 endlich erreicht haben und an der Westküste Grönlands an Land gehen (strapazenreich muß die Ausreise gewesen sein, denn sehr viele der Schiffe kamen nicht an), sind sie sicher nicht enttäuscht. Sie treffen ja noch im Sommer ein – vielleicht im August –, und da ist es in ihren Siedlungsgebieten tagsüber warm, alles grünt und blüht.

Das Grönland Eriks des Roten sind nicht die Küstenränder und Außenfjorde, die in unseren Tagen für den Grönlandbesucher das Bild von dieser Welt des hohen Nordens prägen. Die modernen Siedlungen sind dort angelegt, wo nach den Grönländern die Eskimo sich niederlassen, die von Seehundsjagd, von Fisch- und Walfang leben und die offene Davis-Straße möglichst vor sich haben wollen. Dort wehen auch im Sommer heftige und feuchte Winde, dort ist es kühl, und nackte oder flechtenbewachsene Felsen zwischen dem eisblauen oder eisgrünen Wasser beherrschen die Landschaft.

Ein ganz anderes Bild zeigt sich im Innern der Fjorde, die von der Küste aus hundert und mehr Kilometer in das Land hineinschneiden.

Zwar münden in die meisten dieser Fjorde Gletscherzungen, mit denen das Inlandeis der Rieseninsel die Überschüsse seiner jährlichen Eisbilanz abstößt. Doch vor diesen Gletschern sind die Fjordufer im Sommer oft Dutzende von Kilometern weit üppig grün. Dort gibt es Wälder mit Birken, deren Stämme bis zwanzig Zentimeter Durchmesser erreichen können und die bis sechs Meter hoch werden, dort wachsen Weiden als Bäume. Zur Zeit der Grönländer bedecken die Wälder viel mehr Land als heute. So wird um 1350 von einer Kirche berichtet, die auf der anderen Seite eines Fjords Wald besitzt an einer Stelle, wo heute von Wald keine Spur mehr zu finden ist. Dort, wo die Gletscher in vergangenen Jahrtausenden, als sie noch direkt bis ins heutige Meer reichten, ihren feingemahlenen Schutt als nährstoffreichen Boden ausgebreitet haben, blühen auf der Südseite der Fjorde blaue Glockenblumen, rosa Thymian und gelber Löwenzahn. Auf kargeren Felshängen recken sich Wacholdersträuche zwischen Heidekraut, kann man in Massen die schwarze Krähenbeere und die Einbeere sammeln.

Das Klima innen in den warmen Fjordtälern ist so ausgesprochen kontinental, wie es außen am Meer maritim ist. Die Sommertage sind weit wärmer als an der Küste – noch wärmer als in Island, schließlich liegt der Süden Grönlands mehrere hundert Kilometer südlicher als der Süden Islands. (Freilich fällt die Temperatur nachts in den Fjorden wegen der kalten Winde von den Gletscherzungen auch im Sommer stark ab.) Dafür sind die Winter in diesem »kontinentalen« Grönland viel kälter als an der Küste.

Es gibt bis heute allerdings keine exakten meteorologischen Daten, die diesen Unterschied zwischen Küste und Innerfjordgebiet verdeutlichen. Als Beispiele seien Vergleichszahlen angeführt zwischen der Küstenstadt Julianehaab im südwestlichen Teil Grönlands (im Siedlungsgebiet Österbygd) und dem auf halbem Weg in den Fjord hinein liegenden Ort Ivigtut: Mitteltemperatur im Juni in Julianehaab 6,6 Grad, in Ivigtut 8,0 Grad;

im Juli in Julianehaab 7,4 Grad, in Ivigtut 9,9 Grad; im August in Julianehaab 7,4 Grad, in Ivigtut 8,6 Grad. Die Tagestemperaturen (im Gegensatz zu den Nachttemperaturen) sind sicherlich in Ivigtut noch relativ weit höher, da die Mitteltemperaturen durch die nächtlichen Gletscherwinde gedrückt werden. Extrapoliert man die Temperaturunterschiede zwischen Küste und »halbwegs Innenfjord« auf die anzunehmenden Temperaturen im Kern der Innenfjorde, also dort, wo die Grönländer ab 986 ihre Siedlungen anlegen, so läßt sich vermuten, daß die Sommertemperaturen in den Innenfjorden noch viel höher liegen als die auf »halbem Weg« gemessenen Temperaturen und daß es in diesen neuen Siedlungsgebieten sommers bedeutend wärmer ist als zum Beispiel in Südisland (Mitteltemperatur in Reykjavik im Juni 9,2 Grad, im Juli 10,9 Grad, im August 10,3 Grad).

Der dänische Archäologe Aage Roussel hat in einer Untersuchung aus dem Jahr 1941 die Klimadaten der Grönländersiedlungen diskutiert. Er stellt fest, daß in diesen Gebieten die Reise von der Außenküste in den Innenfjord so etwas wie die Reise von einem Land in ein ganz anderes ist, vor allem im Juni, wenn an der Küste noch vielerorts Schnee liegt, während die Ufer der Fjorde schon von dickem frischen Grün bedeckt sind.

Diesen warmen Frühsommer- und Sommertagen mit den langen Nächten des Juni und Juli, in denen es nie dunkel wird, stehen freilich rund sieben Monate Winter mit extremen Tieftemperaturen und viel Schnee gegenüber. Erst Ende April oder Anfang Mai bricht der Frühling an – mit Vehemenz, mit heißtrockenen Föhnstürmen, die vom Inlandeis herunterstürzen und sehr schnell den Schnee schmelzen lassen. Ende September droht schon wieder der Wintereinbruch.

Die grünen Wiesen der Innenfjordgebiete lassen sich von den ankommenden isländischen Bauern schnell als hervorragende Viehweiden erkennen. Die Wälder versprechen Holz, doch viel mehr Holz liegt auf dem Strand oder in den Buchten aller Fjorde, die bei der Ankunft der Siedler geradezu mit Fichten- und Lärchenstämmen aller Größen übersät gewesen sein müssen: Treibholz aus Sibirien, das auf oft jahrhundertelanger Drift durch das Nordmeer um die Südspitze Grönlands herum den Grönländern zugeliefert wird und sich für den Häuserbau und für Ofen und Herd anbietet.

Herden der nordamerikanischen Rentier-Varietät, des Karibus, versprechen reiche Jagd, in den Lüften ziehen kostbare weiße Jagdfalken ihre Kreise, die Flüsse sind voller Lachse, die Fjorde voller Fische und Seehunde: Hier ist Nahrung im Überfluß in Sicht. Erik der Rote hat also nicht übertrieben, als er seinen Landsleuten dieses Neuland schilderte.

Man darf aber sicher sein, daß es nicht nur größere Freiheit und die ökonomischen Chancen sind, von denen die Isländer und alle späteren Siedler (die zum Teil aus Norwegen gekommen sein mögen, vielleicht auch von irgendwelchen schottischen Inseln) sich anlocken lassen. Diese Menschen – damit sind allerdings nur die Besitzenden gemeint, vor allem Großbauern, d. h. lediglich ein kleiner Teil der jeweiligen Schiffspassagiere – suchen und finden in ihrer neuen Heimat noch andere »Lebensqualitäten«. Denn sie gehören zu den Gebildeten ihrer Zeit, von denen viele lesen und schreiben können (was in dieser Epoche des Mittelalters in Mitteleuropa viele Adlige noch nicht konnten), denen die Dichtkunst vertraut ist, die ihre Schafe nicht selbst hüten, ihr Holz nicht selbst schlagen, deren (übrigens erstaunlich emanzipierte) Frauen nicht selbst melken und heizen müssen und wollen. Sie sehen in ihrer Umwelt nicht nur das Nahrungs- und Erwerbspotential, sondern eine Landschaft, die einen Teil des Lebens darstellt.

Sie bauen ihre Herrenhäuser – so darf man die Wohnhäuser der größeren Höfe wohl nennen, die mit Fronten bis zu fast 40 Metern Breite dem Ankömmling entgegenblicken – nie verborgen hinter Hügeln oder Felsvorsprüngen, wettergeschützt, sondern repräsentativ auf Höhen, von denen aus sie auf die Verkehrsstraßen, also die Fjorde, herunterschauen. Sie bauen sie mit möglichst grandiosem Fernblick: auf viele Kilometer weite Wasserzüge oder gar auf einen weißen Gletscher, der den Sommer über immer wieder kalbt und unter Donnern neue Eisberge gebiert, die dann über das eisblaue Wasser davonsegeln. Wer sich nicht an der »Straße« ansiedeln kann, weil die Zahl guter Plätze beschränkt ist, oder wer sich in einem der Flußtäler oder an einem See niederläßt, wo gute Weidegründe fürs Vieh und Karibuweiden in der Nähe liegen, der wählt auch hier eine Stelle mit Fernblick oder die Nachbarschaft rauschender Wasserfälle.

Zwar muß ein klarer Bach mit Trinkwasser erreichbar sein, doch ist das nicht primär. Das Wasserholen ist Sache der Leibeigenen, und die »ästhetischen Anforderungen an die Lage des Hofs rangieren erkennbar vor den praktischen Vorzügen«, so der erwähnte Aage Roussel.

Die neue Landschaft ist zwar der Islands verwandt, doch noch viel großzügiger, fast heroisch, man kann sie dramatisch nennen. Sie kommt ganz deutlich dem Lebensgefühl dieser Menschen der Wikingerepoche entgegen, die in ihrem eigenen Dasein bis zur letzten Konsequenz dramatisch leben oder zumindest diese Haltung anstreben, wie die isländischen Sagas ausweisen: Sie sind ja die Essenz dieses Lebensgefühls. Nicht nur in der Zeit der allmählich absterbenden Religion, des germanischen Götterglaubens – der das Weltende als einen alles vernichtenden Kampf zwischen Göttern und Riesen mit Gelassenheit erwartet –, lebt man so, sondern auch nach der Christianisierung: ohne Schonung des Lebens anderer oder des eigenen auf dem Weg einer Pflicht, die aus dem Sittenkodex der Zeit erwächst.

Die eindrucksvollste Darstellung dieser Haltung bietet die um 1280 geschriebene »Njaals-Saga«, das wohl schönste Werk isländischer Literatur:

In ihr wird einer der Helden, Gunnar Hlidarendi, geächtet, nachdem er, nicht zuletzt durch Intrigen seiner schönen Frau Hallgärd, in zahlreiche blutige Fehden verwickelt worden war. Als er fliehen will, strauchelt sein Pferd, er hält an, erblickt die Schönheit der Landschaft ringsum und beschließt zu bleiben, obwohl er weiß, daß man ihn töten wird. Sein Haus wird belagert, nur seine Frau und seine Mutter sind bei ihm. Er verteidigt sich mit seinem Bogen, bis die Bogensehne springt. Jetzt bittet er seine Frau – sie ist berühmt durch ihr bis zum Boden reichendes Haar – um zwei Haarsträhnen, mit denen er die Bogensehne reparieren will. Sie jedoch verweigert ihm diese Hilfe: Er hat sie einmal in einem Wutanfall geschlagen, das hat sie ihm nie verziehen. Gunnar wird getötet.

Der Hauptheld, der »weise Njaal«, wird mit seinen Söhnen in seinem Haus belagert von Gegnern, die Blutrache an einem der Söhne zu üben haben – nicht aus Blutdurst, sondern weil es die Ehre erfordert. Der Anführer der Belagerer, Flosi, fordert alle

Leibeigenen, Frauen und Kinder in dem belagerten Haus auf, ins Freie zu gehen, damit sie überleben können. Denn das Haus soll mit den Insassen verbrannt werden. Sie gehen. Dann ruft er auch den Vater Njaal, einen für seine Weisheit und Gerechtigkeit weithin bekannten älteren Mann, auf, sich ins Freie zu retten. Doch Njaal . . . bleibt: Er sei zu alt, um seine Söhne später zu rächen, und könne kein Leben in Schande weiterführen. Als Njaals Frau Bergthora das Angebot erhält, aus dem Haus zu flüchten, bleibt auch sie: Sie sei ihrem Mann angetraut worden, um das Schicksal mit ihm zu teilen.

Njaals Familie stirbt. Mit dieser neuen Bluttat ist nichts gewonnen, die Pflicht zur Blutrache liegt jetzt auf seiten der Njaal-Familie. Kari, einer der Schwiegersöhne, übernimmt diese heilige Pflicht und jagt die Feinde, die seine Familie verbrannt haben. Ihr Anführer Flosi entgeht ihm. Kari erleidet in einem schweren Sturm Schiffbruch an der Küste Islands nahe dem Hof Flosis. Als ein Rettung suchender, hilfloser Mann betritt er den Hof und wird von Flosi erkannt. Er könnte Kari töten und sich damit vor allen Nachstellungen sichern. Doch Flosi geht dem Schiffbrüchigen entgegen, küßt ihn, bittet ihn neben sich auf den Hochsitz, und diese neue Geste der Großherzigkeit versöhnt die beiden: Die Blutrache endet.

Zu solchem Fühlen und Denken paßt die Weite der grönländischen Landschaft mit ihren Felsen, ihren Gletschern und Gewässern in klaren Farben, mit ein paar versöhnlichen Tupfern grünsten Grases. Man darf sich vorstellen, daß die neuen Bewohner Grönlands sich dort keineswegs als Ausgestoßene der europäischen Kulturwelt vorkommen, nicht als die Menschen am Ende der Welt, wie sie einige Jahrhunderte hindurch tituliert werden, sondern sich diesem Land zugehörig fühlen, weil es zu ihnen paßt. Stürme, Eis und Kälte schrecken sie nicht. Sie bedichten ihr Land sogar.

Auf Grönland selbst ist nichts von der einheimischen Dichtung erhalten. In der nach 1220 entstandenen »Edda« (»Snorra-Edda«) des Isländers Snorri Sturluson findet sich aber ein Bruchstück zitiert, aus dem der Geist dieser Dichtung aufleuchtet: Es stammt aus den »Nordrsetur«-Oden eines uns sonst unbekannten Skalden Swein, der an den sommerlichen Jagdzügen der Grönländer nach dem Norden ihrer Insel teilnimmt, wo es kein

Grün mehr gibt, sondern nur Gletscher, Felsen und Meer. Dort fängt man Walrosse, das sind die »Nordrsetur«.

»... als die sturmfrohen Töchter Ägirs die vom Frost gezeugten harten Eisgeflechte der fahlen Bergkette webten und zerzupften ...«, so dichtet Swein. (Übersetzung durch Professor Dr. Dietrich Hofmann, Kiel. Versmaß und Stabreim lassen sich nicht befriedigend übertragen. Die »Töchter Ägirs« sind die Meereswellen, Töchter des Meergotts. Wegen dieser poetischen Umschreibung hat Snorri den Vers in sein Werk aufgenommen.)

Dieses Land ihrer Bestimmung besetzen die europäischen Erstsiedler sehr schnell, erschließen es, passen ihre Technologie der neuen Umwelt an.

Sie werden »Grönländer«.

Häuser und Glaube der Ahnen

Die große Landnahme – so der isländische »Fachausdruck« jener Zeit für die Besiedelung neuen Landes – durch die Kolonistenflotte des Jahres 986 mag etwa vierhundert Menschen ins Land gebracht haben. Exakte Zahlen darüber gibt es nicht. Die Forscher haben sich stillschweigend auf diese Größenordnung geeinigt: pro Schiff etwa rund fünfundzwanzig bis dreißig Menschen. Nur von späteren Übersiedlungen kennen wir genauere Zahlen der Menschen an Bord eines Schiffes, zum Beispiel als der Isländer Thorgils Örrebeinsfostri, ehemals Kommandant eines Wikingerschiffs, Grönland ansteuert. Er bringt mit: seine Frau Thorey, seinen Gutsverwalter, zehn Leibeigene, seinen Schwiegervater mit Frau und Sohn sowie zehn oder zwölf Männer – insgesamt etwa fünfundzwanzig bis siebenundzwanzig Menschen.

In den Jahren nach der großen Überfahrt füllt sich Grönland sehr schnell. Man weiß zwar nichts Genaueres über den Verlauf der Besiedelung, doch wird sie um die Jahrtausendwende im wesentlichen beendet gewesen sein. Die landwirtschaftlich nutzbaren Gebiete sind dann in den Innenfjorden und in den in die Fjorde mündenden Tälern etliche Kilometer talaufwärts mit Höfen besetzt.

Die Siedlungen verteilen sich auf zwei Regionen:

Die »Österbygd«, im Südwesten Grönlands von der Südspitze aufwärts (im heutigen Bezirk Julianehaab), und die vom Nordwestende der »Österbygd« runde vierhundert Kilometer weiter nach Nordwesten gelegene »Vesterbygd«. In der Österbygd sind zehn größere Fjorde besiedelt, in der Vesterbygd zwei größere Fjorde mit zahlreichen Nebenarmen.

Wie viele Menschen in diesen beiden weit ausgedehnten Siedlungskernen leben (allein die Fjorde der Österbygd verteilen sich über eine Küstenlänge von weit mehr als dreihundert Kilometern und stoßen teilweise über hundert Kilometer tief ins Land), ist kaum abzuschätzen. Man kennt heute in der Österbygd schon die Ruinen von über zweihundert Höfen, in der Vesterbygd von knapp achtzig. Nach schriftlichen Quellen aus Island aus der Zeit sind damit so ziemlich alle einst vorhandenen Höfe archäologisch erfaßt. Aber man hat nicht die mindeste Vorstellung davon, wieviel Menschen auf jedem Hof wohnen.

Zwar läßt sich der Bestand an Kühen in der Österbygd ziemlich genau errechnen: Die Winterställe sind relativ massiv gebaut, jeder Standplatz ist von dem nächsten durch große Steinplatten getrennt. Danach schätzt Dr. Knud Krogh, Kopenhagen, daß in der gesamten Österbygd rund viertausend Kühe in den Ställen stehen.

Paradoxerweise weiß man hingegen von der Größe des »Menschenbestandes« so gut wie nichts. Zwar ließe sich noch abschätzen, aus wieviel Personen die einzelne Bauernfamilie besteht, doch jeder größere Bauer hat leibeigene Knechte und Mägde, und deren Anzahl entzieht sich einer Schätzung. Es ist ja selten festzustellen, wo die Leibeigenen schliefen, und wenn man eine Vermutung über die Lage des Schlafraums hat, weiß man noch immer nicht, wie dicht der Raum belegt war.

Zur Errechnung der Einwohnerzahl kann man die Zahl der Höfe mit irgendeiner völlig theoretischen Bewohnerzahl multiplizieren und dazu ein paar Wahrscheinlichkeitskorrekturen machen: Genaueres gibt es nicht.

So erklärt es sich, daß von den verschiedenen Forschern Zahlen angegeben werden, die zwischen dreitausend und achttausend liegen. Nimmt man den Mittelwert dieser Angaben, so kommt man auf eine Einwohnerzahl dieses ganzen

Landes von vier- bis fünftausend Menschen: Das sind soviel, wie heute in einer Kleinstadt leben, und ist ein Bruchteil der Bevölkerungszahl Islands. (Dies »Mutterland« der grönländischen Siedler hat damals rund achtzigtausend Einwohner.) Mit dieser Vorstellung sind wir der Wahrheit am nächsten.

Diese vier- bis fünftausend Menschen, die jetzt beginnen, eine Art von Staat zu bilden, verteilen sich wohlgemerkt über eine Küstenstrecke von nahezu tausend Kilometern, und dort in die Tiefe gestaffelt!

Die Österbygd entwickelt sich zu einer Art politischen Zentrums der Grönländer. Denn dort hat Erik der Rote am Eriksfjord seinen Hof errichtet. Dort wird zunächst das alljährliche Thing in der Nähe des Erik-Hofes »Brattahlid« abgehalten, auf dem die »Vollversammlung« der freien Männer Recht spricht. Dort entsteht, knapp einhundertvierzig Jahre nach der »Landnahme«, der Bischofssitz »Gardar« und damit das höchst einflußreiche religiöse Machtzentrum, sozusagen einen Fjord weiter südlich vom Eriksfjord am Einarsfjord gelegen. Schließlich gehört zur Österbygd auch der Ansteuerungsplatz der Grönländersiedlungen im äußersten Süden der Insel am Herjolfsfjord, gewissermaßen gleich um die Ecke von Kap Farewell nach Westen, wenn das Schiff aus den eisfreien Gewässern vor Ostgrönland in die weit geschütztere und eisärmere Davis-Straße einbiegt. Am Herjolfsfjord hat der Seekapitän und Kauffahrer Herjolf seinen Hof erbaut, obwohl dort die Weidegebiete nur klein und wenig fruchtbar sind. Doch kann man mit einigem geschäftlichem Weitblick erkennen, daß hier für den gesamten Überseeverkehr der Grönländer ein Schlüsselpunkt liegt, denn hier gehen alle Ankömmlinge erst einmal an Land, um sich von den Strapazen auszuruhen, um Informationen zu sammeln, Waren zu lagern und dann nach Norden in die beiden Siedlungsgebiete weiterzureisen. Deshalb gehören zu dem Hof Herjolfs nicht nur ein geschützter Hafen, sondern auch mehrere große Speicher.

Nirgends liegen die Höfe so dicht beieinander, daß man von einem auch noch so kleinen »Ort« innerhalb der Siedlungen sprechen könnte. Jeder Hof hat gehörigen Abstand vom Nachbarn, normalerweise ein bis fünf Kilometer. Das ist betriebswirtschaftlich sehr vorteilhaft: Die Wege für den Viehtrieb über die

Weiden und für den Transport von Heu bleiben so kurz wie möglich. Das verschafft Ellbogenfreiheit, individuelle Entfaltungsmöglichkeit, wie man sie von Island und Norwegen kennt und schätzt: Jeder Hof kann sich mit Nebengebäuden ringsumher beliebig ausbreiten und sich die Landschaft gewissermaßen einverleiben. Es entstehen mit der Zeit Höfe, um die bis zu dreißig Nebengebäude verstreut liegen.

Diese Siedlungsform ist allerdings nur dort möglich, wo (wie auf Island) keinerlei äußere Feinde zu befürchten sind. Und das scheint auf Grönland anfangs ja auch der Fall zu sein.

Die Besiedelung Grönlands geht nach der »Landnahme« des Jahres 986 sehr schnell weiter. Es hat den Anschein, als sei schon um die Jahrtausendwende das meiste für die europäischen Viehzüchter brauchbare Land um die Fjorde der Österbygd und Vesterbygd besetzt. Und sicherlich herrscht in diesen Jahrzehnten viel Leben und Unruhe in den Siedlungen.

Man muß sich erst in der neuen Umwelt umschauen, ihre Möglichkeiten erkunden, sich anpassen – und sie sich allmählich untertan machen.

Zunächst sucht man Weidegründe ringsumher, denn das mitgebrachte Vieh will gefüttert werden und soll Milch geben. Wo man Weiden findet, werden sie erst einmal abgebrannt, damit frisches Grün zwischen dem alten Gras und den überjährigen Kräutern und überalterten Büschen sprießt. Die Spuren dieser »Meliorationsfeuer« sind noch heute stellenweise unter der Pflanzendecke erkennbar. (In Island wurde bei der »Landnahme« sogar das Abbrennen des Wildgraswuchses als Maß für die Landinbesitznahme gewertet: Ein Bauer durfte soviel Land in Besitz nehmen, wie er mit seiner Schiffsbesatzung während eines ganzen Tages abbrennen konnte.) So rauchen die »Landnahmefeuer« sicherlich nicht nur im Jahr 986, sondern auch noch jahrzehntelang, solange der Kolonistenstrom anhält. Man streift durch die Wildmark und erkundet die Jagdreviere für Karibus und Hasen, entdeckt immer neue Flüsse mit großen Lachsen darin. In den Bergen werden die ersten Lagerstätten von schönstem Speckstein gefunden, jenem »schnitzbaren« Stein für feuerfestes Geschirr; Baumaterialien in den Wäldern und an den Felskliffen werden entdeckt, im Herzen der Österbygd nahe dem Hof Eriks des Roten sogar schönste plattige

Sandsteine für Qualitätstrockenmauerwerk (ohne Mörtel). Selbst Raseneisenerz findet sich, aus dem man wie in der Heimat Eisen extrahieren kann.

Man beginnt zu bauen. Möglicherweise werden die allerersten einfachen Häuser schon gleich nach der Ankunft errichtet, für den ersten Winter. Auf keinen Fall hat man lange gewartet damit. Die Überwinterungen bringen schnell ganz neue Erfahrungen mit der Härte der neuen Heimat, in der eben noch die Spätsommertage in den Innenfjorden verlockend weich und mild erschienen. Für die Menschen in den ersten primitiven neuen Häusern dürften die Winter oft furchtbar gewesen sein, wenn sie sich nicht ausreichend mit Feuerholz eindeckten, bevor Wälder und Treibholzfelder an der Küste von Eis und Schnee begraben wurden. Und wieviel Vieh, vor allem die empfindlichen Kühe, in den ersten Wintern verhungerte, weil der Bauer nicht für sieben Monate Heu eingebracht hatte, weiß niemand. Diese ersten Jahre müssen eine Zeit größter Bewegung und Unrast gewesen sein, eine Periode des Lernens und der Anpassung an eine neue Umwelt, der ständigen Unruhe durch Neuankömmlinge und Besucher. Die Unruhe geht auch vom geistigen Leben aus: Gerade diese Zeit bis kurz nach der Jahrtausendwende ist die Zeit der Einführung des Christentums, der Ablösung des alten heidnischen Götterglaubens.

Diese Epoche der Unruhe, der schnellen Entwicklung und des Umbruchs ist archäologisch bisher noch kaum identifiziert worden. Die Ausgrabungen haben überall nur die Siedlungen aus jüngerer Zeit freigelegt, in denen man schon gelernt hatte, »grönländisch« zu leben.

Bekannt sind bis jetzt nur die Ruinen eines (unter Ö 17 registrierten) Hauses, das mit Sicherheit aus der Zeit der ersten Landnahme stammt, also vielleicht sehr bald nach 986 errichtet wurde, und zwar dort, wo heute am ehemaligen Eriksfjord der Ort Narssaq liegt. Es ist aus Rasensoden gebaut, dem gewöhnlichsten Baumaterial aller grönländischen Bauten jener Zeit: eine Technik, die die Siedler aus Island mitgebracht haben. Die Wand aus Rasensoden steht auf einem Steinfundament und ist zur Verstärkung mit Steinen durchsetzt. Das Dach – völlig verschwunden – dürfte eine Holzkonstruktion mit Sodenabdekkung gewesen sein.

Das Haus Ö 17 besteht aus vier nebeneinanderliegenden Räumen, von denen am interessantesten der größte und älteste ist, der erste Bau der Pionierzeit: eine langgestreckte Halle von etwa 11 Metern Länge und 5,5 Metern Breite, in der sich alles Leben abspielt. Dort wird gearbeitet, gekocht, gegessen und geschlafen. Dort wird Wolle gesponnen und verwebt (die Reste eines hölzernen Schwertes dürften von einem »Webschwert« stammen, mit dem auf dem Webstuhl die Schußfäden niedergedrückt werden). Ein Knochenkamm verkörpert ein kleines Stück »Privatleben«.

Diese Halle ist ganz typisch noch isländische Architektur. Sie wird geheizt durch ein »Langfeuer«: ein offener Feuerstreifen von in diesem Fall vielleicht zwei Metern Länge, auf Steinplatten brennend, der wohl, wie heute noch in isländischen Bauten zu sehen, einen Abzug durch das Dach hat, der geschlossen werden kann (und das einzige Tageslicht liefert). Dieses Haus hat schon in seiner ersten Anlage – als es nur aus einem Raum besteht – eine eingebaute Wasserversorgung: Ein kleiner durch Steinplatten abgedeckter Quellbach fließt in einer Fassung mitten durch den Raum und sammelt sich in einer im Boden eingelassenen Tonne. Auch ein Abfluß dazu ist vorhanden.

Man braucht diese Anlage nicht als fortschrittlichste Hygienetechnik im mittelalterlichen Grönland zu bestaunen. Sie ist erstens aus Island häufiger bekannt und zweitens vermutlich gar nicht so fortschrittlich, am wenigsten im grönländischen Klima. Denn das durch das Haus rinnende Wasser bringt bestimmt im Winter, wenn draußen 25 oder 35 Grad Kälte herrschen, soviel Kühle und Feuchtigkeit in diesen Wohnraum, daß er nur mit enormem Holzaufwand einigermaßen behaglich wird.

Diese Wasserversorgung dient auch nicht primär der Bequemlichkeit der Hausfrau oder ihrer Mägde, sondern der Sicherheit. In den endlosen Fehden und Blutrachekämpfen innerhalb der isländischen Familien versucht man immer wieder den Gegner in seinem Haus einzuschließen und zu verbrennen (die obenerwähnte Njaals-Saga ist ein Beispiel dafür). Die aus Rasensoden und Holz errichteten Häuser brennen ohne Schwierigkeiten. Die Eingeschlossenen können sich retten, wenn sie über eine Wasserzufuhr oder Quelle im Haus verfügen. Ein Bericht erzählt, wie es ihnen – unter Leitung der Hausherrin – gelingt, das Wasser im Haus so hoch aufzustauen, daß die Wände durchnäßt werden und nicht mehr brennen. Njaals Familie versucht mit Milch und Sauermilch aus der Vorratskammer zu löschen, allerdings vergeblich. Jedenfalls ist diese Hauswasserversorgung mehr eine taktische als eine versorgungstechnische Konstruktion und eine Art Relikt isländischer Vergangenheit. Von all den bisher bekanntgewordenen grönländischen Häusern hat nur noch eines, nämlich die große Halle des Erikshofes Brattahlid, die gleiche Anlage. Auch dieses Gebäude ist recht bald nach der »Landnahme« gebaut worden und seine Architektur daher noch »isländisch«.

Diese Brandschutzanlagen werden dann in Grönland nicht mehr in die Häuser eingebaut; sie sind offensichtlich überflüssig, weil die alten Blutrachefehden nicht weitergeführt werden, zum Teil vielleicht als Folge der Christianisierung.

Das Haus Ö 17 von Narssaq hat ein noch viel bedeutsameres Dokument aus dieser Zeit des Umbruchs der Jahrtausendwende geliefert: einen 43 Zentimeter langen Runenstab, der – verloren oder absichtlich vergraben – unter dem Fußboden lag. Seine Inschriften sind nur bruchstückweise erhalten. Weitaus am interessantesten ist ein Zauberspruch, den der Kopenhagener Runologe Erich Moltke deutete. Er ist in Runen geritzt, die im skandinavischen Norden nur bis etwa zur Jahrtausendwende benutzt und dann durch ein moderneres Runenalphabet ersetzt wurden. Dieser bisher einzigartige Fund so altertümlicher Runen auf Grönland ist schon für sich ein Ereignis und erlaubt eine Datierung dieses bemerkenswert frühen Hauses als »sehr früh«. Aber noch faszinierender ist der Zauberspruch; er lautet:

»Auf dem Meer, Meer, Meer lauern die Asen. Bifrau heißt die Jungfrau, die oben im Himmelsblau sitzt.«

Hier gehen zwei Geisteswelten durcheinander. Der Runenmeister anerkennt zwar die Asen noch, die Götterwesen des Germanenglaubens, doch sie sind bereits in böse Mächte verzerrt, die auf dem Meer mit Sturm und Wogen lauern. Gegen sie soll eine Frauengestalt helfen, die aus der germanischen Mythologie völlig unbekannt ist – sie mag ein personifiziertes Sternbild sein, sie mag verwandt sein mit der Jungfrau Maria der Christenwelt, einer neu auftauchenden Schutzmacht. Eine völlig überzeugende Deutung dieser Runen fehlt noch. Klar scheint aber, daß diese Magie auf dem Runenstab nur in einer Zeit geritzt sein kann, in der das Bild der germanischen Götterwelt schon stark getrübt ist und man nach neuen höheren Mächten sucht.

Dieser Seefahrtszauber paßt in die Übergangszeit, in der das Gros der Neuansiedler, noch als Heiden, ankommt. Zwei Hügelgräber sind in der Vesterbygd bekannt, die »greifbar« diese Reste des alten Glaubens verkörpern. Doch unter den Übersiedelnden befinden sich auch die ersten Christen – ohne daß es zu ernsten Reibereien zwischen den jeweils Andersgläubigen zu kommen scheint.

Wie sich hier in den ersten Jahren auf Grönland die Religionen mischen und nebeneinanderher leben, zeigt ein Sagabericht, bei dem es primär um die Übersiedlung eines Isländers geht, Thorbjörn, der sich mit seiner Familie bei seinem alten Freund Erik dem Roten niederlassen will. Er fühlt sich auf Island entehrt: Der reiche Sohn eines freigelassenen Leibeigenen hat es gewagt, um die Hand seiner ungewöhnlich schönen Tochter Gudrid anzuhalten. Thorbjörn und Tochter sind schon Christen.

Thorbjörns Schiff, mit dreißig Menschen an Bord, erreicht nach sehr schwieriger Fahrt den südlichsten Ansteuerungspunkt der Grönländersiedlungen, Herjolfsnes. Dort wird man von dem Großbauern Thorkell gastfrei aufgenommen und bleibt den ganzen Winter bei ihm, obwohl Grönland ein Hungerjahr erlebt, weil der Fischfang erfolglos war.

In dieser Siedlung lebt auch eine Seherin, eine »Völva«, namens Thorbjörg, und offenbar hängen die Bewohner noch alle dem alten Glauben an. Solche »Völvas« (sie sind auch aus Norwegen bekannt) wandern von Haus zu Haus und wahrsagen. Auch Thorkell lädt die »Völva« ein, um zu erfahren, wie dieses böse Jahr weitergehen werde. Sie wird höflichst empfangen, man errichtet einen Thron für sie und legt ein mit Federn gefülltes Kissen darauf. Sie erscheint in einem blauen Kleid, auf dem Kopf eine Kappe aus schwarzem Lammpelz, mit weißem Katzenfell eingefaßt. Man serviert ihr zunächst ein Festessen: Grütze in Ziegenmilch gekocht und die Herzen aller Tiere, die man finden konnte.

Als am andern Tag die Wahrsagerin im Kreis der versammelten Menge mit der spiritistischen Sitzung beginnen will, sucht sie vergeblich eine Frau, die die magischen Gesänge (Vardlökkur = das Anlocken der Geister) beherrscht, mit denen jene Wesen in den Zirkel gerufen werden sollen, damit sie der Völva die Zukunft berichten. Niemand kennt diese Lieder – bis Gudrid erklärt, ihre Ziehmutter habe sie sie noch gelehrt: »Doch ich bin eine Christin und möchte nicht bei solchen Dingen helfen.« Nun, der Gastgeber überredet sie doch dazu, und:

»Gudrid sang die Strophen so schön, daß alle Anwesenden meinten, noch nie jemand so schön singen gehört zu haben. Die Prophetin dankte ihr und sagte, daß viele der Geister, die sonst geflüchtet wären, nun erschienen seien, weil sie glaubten, daß sie dieses so schön gesungene Lied hätten hören müssen. ›Und ich sehe jetzt viele Dinge sehr deutlich, die mir verborgen waren. Ich kann jetzt zu dir, Thorkell, sagen, daß dieses böse Jahr nur noch den Winter über andauern wird und im Frühling alles besser werden wird . . .‹.«

Man sieht, die beiden Religionen mischen sich hier in Grönland (wie auch in Island) und leben durchaus liberal miteinander – auch wenn Gudrids Vater Thorbjörn während der Wahrsagezeremonie das Haus verläßt, weil er nicht anwesend sein will, wenn Hexerei getrieben wird.

Letztlich ist es auch diese um die Jahrtausendwende in Grönland herrschende Atmosphäre der allgemeinen Unrast und des Aufbruchs zu neuen Ufern, die die Grönländer weitertreibt nach Westen, auf dem alten Kurs der Wikinger in den Atlantik hinein, zum nächsten neuen Land: Sie entdecken die Neue Welt hinter dem Vorposten Grönland, die Neue Welt Amerika. Diese Entdecker drängt nicht mehr der Wunsch nach Siedlungsland und Freiheit, der die Norweger nach Island und die Isländer nach Grönland geführt hatte. Sie haben jetzt in Grönland Raum genug um sich. Doch hat während der »Landnahme« auf Grönland einer von ihnen – Bjarne Herjolfsson, Sohn jenes Herjolf, der sich auf Herjolfsnes ansiedelt, um dort den Verkehr von und nach Grönland in den Händen zu halten – zufällig ein ganz unbekanntes und sehr fernes Land viel weiter im Westen gesehen, aber nicht betreten. Diese Ferne lockt und zieht, man spricht viel in den langen Winternächten am Langfeuer von jenem mysteriösen Land – und setzt die Segel dorthin, ohne hier schon seßhaft geworden zu sein.

Vinland in Sicht

Als Kolumbus im Jahr 1492 die westindischen Inseln entdeckte, erschien er der Öffentlichkeit in Europa als der erste Europäer, der jenseits des Atlantik die »Neue Welt« erschloß. Daß mit Grönland schon fünfhundert Jahre vorher dieser amerikanische Kontinentalblock an seinem Westrand besiedelt worden war, wußte man höchstens in Nordeuropa und in mitteleuropäischen Seefahrerkreisen. Außerdem wurde die Rieseninsel nie so recht als ein Stück Amerikas betrachtet (was sie geographisch und geologisch gesehen jedoch einwandfrei ist). Daß von Grönland aus das nordamerikanische Festland betreten worden war, auch lange vor Kolumbus, dessen war man sich nur in Skandinavien bewußt. Dort fand diese Tatsache sogar politisches Interesse. Der gelehrte Isländer und Hofhistoriograph in Kopenhagen »Thormodus Torfaeus« – Thormodur Torfason auf schlicht dänisch – schrieb 1705 eine ausführliche Darstellung dieser Erstbesiedelung Amerikas und leitete daraus politische Ansprüche der dänischen Könige auf Kanada ab. Freilich wurden diese Anregungen der »Historia Vinlandiae Antiquae« nie in eine Tat umgesetzt. Sie blieben Literatur.

Die Frage der präkolumbischen Entdeckung Amerikas durch die Nordeuropäer war aber mindestens seit Beginn des 19. Jahrhunderts ein faszinierendes Thema. Sie wurde es besonders in den USA, wohin im vorigen Jahrhundert eine Einwandererwelle aus (unter anderem) Skandinavien und Italien über den großen Teich rollte. Dort entstanden zahlreiche miteinander konkurrierende nationale Vereine. Und als eines Tages der »Kolumbustag« (12. Oktober), jener Tag, an dem Kolumbus den

Boden der westlichen Hemisphäre betrat, zum nationalen Feiertag erklärt wurde, war das geradezu eine Herausforderung für die nordamerikanischen Skandinavier, ihr Erstrecht auf diese Leistung zu betonen. Der dänische Gesandte in den USA verfaßte 1883 ein Buch mit dem Titel »Amerika nicht durch Kolumbus entdeckt«, und ein Wikingerschiff, nach dem Modell des bei Oslo gefundenen Gokstad-Schiffes rekonstruiert, segelte über den Atlantik, wo es 1893 auf der Weltausstellung in Chicago präsentiert wurde – als Konkurrenz für eine italienische Kolumbus-Ausstellung dort.

In diese Zeit fällt die Entdeckung zahlreicher »wikingischer« Fundstücke vor allem in Nordamerika, die sich mit der Zeit alle als Fälschungen oder nachträglich aus europäischen Sammlungen eingeschleppte Originale herausgestellt haben. Den ersten Höhepunkt dieser Fälschungswelle bildete der 1898 von Bauern mit Hilfe eines (wegen Trunkenheit aus dem Kirchendienst entlassenen) schwedischen Geistlichen gefundene »Kensington-Stein« aus Kensington in Minnesota. Er war bedeckt mit einem in Runen geschriebenen Bericht über eine Wikingerreise von Europa zu einer Farm (der Farm des Fälschers) in Minnesota. Erst 1963, als der letzte überzeugte Verfechter der Echtheit des Kensington-Steines starb, entschwand dieser »Beweis« aus dem Gedächtnis der Öffentlichkeit.

Ein Spätling jener Fälschungswelle ist die »Vinlandkarte« von 1440. Diese tauchte 1957 in Europa auf und war angeblich die älteste Landkarte, die Amerika – den von Wikingern entdeckten Landesteil Vinland – zeigt. Ein reicher Spender kaufte sie für rund eine Million Dollar und schenkte sie der Yale-Universität. 1966 tauchten die ersten schweren Zweifel an der Echtheit dieser Karte auf, und 1974 wurde die Fälschung endgültig entlarvt: Die Tinte, mit der die Karte gezeichnet und geschrieben ist, enthält eine synthetische Titanverbindung (Anatas), und die wird erst im 20. Jahrhundert benutzt.

Geradezu dramatisch wird die Historie der präkolumbischen Entdeckungen jedoch erst neuerdings, seit gewisse Schriftsteller erkannt haben, welch grandioses Geschäft sich mit einer als Wissenschaft getarnten Phantasie machen läßt, wenn man mit ihr wißbegierige, aber kritikarme, Laien anspricht. Bücher über Themen, die für das öffentliche Interesse irgendwie faszinierend sind, werden dann zu Bestsellern. Das Problem für den Autor liegt lediglich darin, möglichst viel unsinnige und »attraktive« Behauptungen aus möglichst viel verschiedenen Wissensgebieten zugleich aufzustellen, so daß *ein* verantwortungsbewußter Wissenschaftler sie nicht alle widerlegen kann, weil einige über sein Fachgebiet zu weit hinausgehen. Eine Kooperation zur Widerlegung solcher Phantasieprodukte ist bisher nicht zustande gekommen. Und der Autor ist stets in der Lage, die Anwürfe aus einem Fachbereich mit leichter Hand abzutun, indem er einräumt, daß in seinem Werk möglicherweise auf diesem Gebiet Irrtümer vorliegen, zugleich aber betont, mit seinen Behauptungen aus den anderen Gebieten habe es natürlich seine Richtigkeit.

Der Klassiker in dieser Sparte der Pseudo-Sachbuchliteratur ist Erich von Däniken, der mit seinen »Außerirdischen« einen Wunschtraum der in die Raumfahrt einsteigenden Generation erfüllt. Ein fast ebenso gut gelungenes Beispiel sind die Phantasien über das Bermuda-Dreieck.

Die Entdeckung Amerikas ließ einen US-Autor nicht schlafen – kurioserweise einen Professor der Meereszoologie, Barry Fell –, und er schuf mit der »Saga America« ein den Schöpfungen Erich von Dänikens durchaus kongeniales Werk. Fell »beweist« an Hand von Ortsnamen und einigen Münzfunden folgende Zeittafel der europäischen Kontakte mit der Neuen Welt:

325 bis 250 v. Chr.:	Karthagischer Handel mit Amerika.
100 bis 400 n. Chr.:	Römisch-iberische Händler in Amerika; dort wird das römische Münzwesen übernommen.
69 und 132 n. Chr.:	Zwei Wellen jüdischer Flüchtlinge nach Amerika.
450 bis 500 n. Chr.:	Nordafrikanische Christen fliehen nach Amerika, um den Vandalen zu entgehen.
Von 700 an:	Die westlichen USA werden durch Byzantiner, Kelten und Mohammedaner kolonisiert.
1000 bis 1362:	Die Nordleute durchstreifen die USA bis zum Wilden Westen.

Ein kommentierender Archäologe nennt dieses Bild von der Entdeckung Amerikas eine »neue Schöpfung«. der Prähistorie«. Eine der ernsthaften Kritiken beschäftigt sich mit einem Hauptargument Fells, den angeblich keltischen Ortsnamen. Von ihnen weiß man seit langem, daß sie aus der indianischen Algonkin-Sprache stammen. Die Kritik endet mit dem Hinweis, Barry Fell habe insoweit, als er eine Anwesenheit von Kelten in Neuengland an Hand der Ortsnamen belegen will, keinerlei Beweise. Dieser Kritiker, Professor Dr. M. McKusick von der renommierten englischen Vorgeschichtszeitschrift »Antiquity«, schließt seine Darstellung wie folgt:

»Verantwortungsbewußte Forscher suchen nach der Wahrheit, nach meiner Meinung gehört Professor Fell nicht zu ihnen, sondern er zieht es vor, sein Publikum in eine Wüste von irrtümlichen, naiven und unbegründeten Schlüssen zu führen.«

Daß irgendwann in der Vorzeit oder Frühgeschichte einmal ein Schiff, und sei es ein keltisches Ruderboot, über den Atlantik nach der Westküste Amerikas verschlagen wurde, ist nicht undenkbar. Daß dieses selbe Schiff auch wieder zurückkehrte – was die Voraussetzung einer Entdeckung gewesen wäre –, ist ausgeschlossen. Wer sich den Hochstand von Seemannschaft, Schiffbautechnik und Navigation vor Augen hält, der den wikingerzeitlichen Seefahrern die transatlantischen Reisen bewältigen half, dem ist klar, daß für karthagische oder römische Schiffe eine solche Fahrt in die Neue Welt über die volle Breite des mittleren Atlantik nicht möglich war.

Man weiß also trotz Professor Fell mit Sicherheit, wer die Neue Welt vor Kolumbus *nicht* entdeckte. Und man weiß auch, wer sie entdeckte, denn dies geht aus den isländischen Sagas hervor und neuerdings unwiderleglich auch aus »Hardware«-Ausgrabungsfunden, die in Neufundland gemacht worden sind.

Folgt man isländischen Sagaberichten, so wird die Küste Amerikas schon im gleichen Jahr gesichtet, in dem die Landnahmeflotte von Island nach Grönland steuert, und zwar durch Zufall, nämlich von einem aus dem Kurs verschlagenen Schiff, d. h. ebenso, wie etliche Jahre vorher Grönland von Ferne durch den verdrifteten Gunnbjörn gesichtet wurde. Diesmal ist es ein Sohn eines der mit Erik nach Grönland gegangenen »Landnahmeleute«, der als erster Europäer mit seiner Besatzung einige Blicke auf die »Neue Welt« im engeren Sinn wirft.

Er heißt Bjarne, Sohn des Herjolf, dieser unfreiwillige Pionier der europäischen Invasion Amerikas späterer Jahrhunderte. Von Herjolf war schon die Rede – er ist jener weitsichtige Überseekaufmann, der sich an der Südspitze Grönlands, dem »Empfangshafen«, niederläßt. Sein Sohn, ein ebenso tüchtiger Seefahrer und Kaufmann wie der Vater, kommt schon in jungen Jahren weit in der Welt herum und besitzt ein eigenes »Knarr«. Als der Vater sich entschließt, nach Grönland umzusiedeln, befindet sich der Sohn gerade in Norwegen. Bjarne ist es gewohnt, den Winter abwechselnd in Übersee und bei seinem Vater zuzubringen. Er steuert Island an – und findet den elterlichen Hof verkauft, die Eltern sind gerade einige sechshundert Kilometer weiter nach Westen »umgezogen«. Bjarne scheint ein Mann mit festem Willen: Er hat sich in den Kopf gesetzt, bei seinem Vater zu überwintern, folglich fährt er ihm nach Grönland hinterher, wiewohl er sich des Risikos bewußt ist: »Unsere Fahrt mag töricht erscheinen, denn keiner von uns ist je im Grönlandmeer gewesen.«

Sie segeln drei Tage, Islands letzte Höhen versinken im Meer. Dann flaut der günstige Wind ab, Nordwind und Nebel setzen ein, und sie wissen nicht mehr, wohin sie fahren. Als die Sonne wiederkommt, segeln sie noch einen Tag und eine Nacht. Dann sehen sie Land.

Dies Land ist bewaldet und hat nur niedrige Bergketten. Es kann nicht Grönland sein – dort gibt es keine Wälder. (Die ausgedehnten Birkenwälder Südgrönlands sind von der Küste aus nicht zu sehen, sondern wachsen in den Innenfjorden.) Zudem liegt das Land im Westen, während die grönländische Küste von Südosten her angesteuert werden muß. Nun lassen sie das Land auf der Backbordseite des Schiffes liegen (sie lassen es »links liegen«) und segeln zwei Tage weiter.

Jetzt sichten sie abermals Land – bewaldet und niedrig. Doch auch dies kann nach Bjarnes Meinung nicht Grönland sein. Grönland muß sich an hohen Bergen und Gletschern erkennen lassen. Aber die Mannschaft will hier landen, um Trinkwasser und Feuerholz zu holen. Bjarne jedoch läßt trotz böser Worte aus seiner Besatzung wieder von Land abdrehen, denn sie hätten Wasser und Holz genug. Und sie segeln vor einem guten Südwest wieder drei Tage, bis sie erneut Land sehen und ansteuern.

Dies Land weist zwar Gebirge und Gletscher auf, doch auch hier hat Bjarne seine Zweifel – mit Recht, wie sich zeigt, denn als sie wieder auf See hinaus gehen, zeigt sich bald, daß das Land eine Insel ist. Jetzt haben sie den gleichen Südwestwind, und vor ihm fahren sie vier Tage, bis sie wieder Land sehen. Dieses vierte Mal ist Bjarne zufriedener: »Das ähnelt am meisten den Berichten über Grönland, und hier werden wir landen«, befiehlt er. Sie kommen gegen Abend an eine Landzunge. Dort liegt ein Boot, und oben auf Land wohnt Herjolf, Bjarnes Vater. Der Amerikaentdecker wider Willen hat seinen Willen durchgesetzt: Er ist daheim.

Dieser Bericht über den ersten Kontakt Europas mit Amerika ist äußerst undramatisch. Daß die bewaldeten Küsten weit westlich von Island und Grönland irgendwelche Küstenstriche der Neuen Welt sein müssen, daran besteht kein Zweifel. Was Bjarne mit seiner Besatzung gesehen hat, könnten zum Beispiel Neufundland, Labrador und zuletzt Resolution-Island vor der Südspitze von Baffins-Island gewesen sein. Das wird man nie genauer erfahren.

Die moderne Skandinavistik und Archäologie betrachten die Sagaberichte, vor allem die über Grönland und Vinland, auch mit einiger Skepsis. Die erhaltenen Aufzeichnungen entstanden zwei- bis dreihundert Jahre später als die Ereignisse und sind oft stark zurechtgestutzt. Der Bericht über die Irrfahrt Bjarne Herjolfssons klingt jedoch ungewöhnlich wahrheitsnah. Es wird niemand verherrlicht, es werden keinerlei Phantasiegestalten und Fabelwesen präsentiert; der konsequent seine neue Heimat ansteuernde Seekapitän Bjarne (seine Autorität an Bord ist bemerkenswert hoch: Trotz des lockenden Waldlandes folgt die Mannschaft mit einigem Schimpfen und Murren seinen Befehlen) wird eher leicht kritisiert wegen seines fehlenden Unternehmungsgeistes. Dieser Bericht klingt wie ein Schiffslogbuch (»Man segelt soviel Tage vor dem und dem Wind und segelt dann wieder soundsoviel Tage vor dem und dem Wind ...«). Alles in allem kann man diese Überlieferung akzeptieren – auch wenn es etwas merkwürdig erscheint, daß Bjarne gleich nach dem Erreichen der Küste Grönlands ausgerechnet beim Hof seines Vaters landet.

Demnach wird schon im Herbst 986 nicht nur Grönland von Europäern besiedelt, sondern auch Amerika von ihnen gesichtet.

Wie es dann weitergeht, wer wann wo als erster den Boden Amerikas betritt, wie oft und wie lange die Nordländer dann dorthin fahren, sich vorübergehend ansiedeln, und wann und weshalb sie dieses Land wieder aufgeben, das erzählen mehrere Sagas aus Island – doch recht verschieden.

Ein Wort über Sagas

Es gibt außer Sagas Quellen genug, in denen als Nebensatz ein Hinweis auf »Vinland« oder »Markland« (von den Nordländern entdeckte Küstenstriche Kanadas) enthalten ist mit einer solchen Selbstverständlichkeit und ohne alle Verwunderung, daß man daraus entnehmen kann: Die Nordatlantikküste Amerikas gehört zum Weltbild der Grönländer, Isländer und Norweger. (Auch in dem Bericht des gelehrten Isländers Ari Frode über die Entdeckung Grönlands taucht ethnographisches Wissen hinsichtlich Nordamerikas auf.) Und es gibt zwei ausführliche Sagaberichte über die Entdeckung der Neuen Welt: die »Grönländersaga« und die »Saga von Erik dem Roten«. Sie widersprechen einander jedoch in so vielem, was die Amerikareisen angeht, daß man keiner von ihnen unbeschränkt Glauben schenken kann.

Dies macht die Sagas nicht im Prinzip unglaubwürdig. Es wurden oben schon wiederholt Partien aus ihnen benutzt und zitiert, die entweder den Stempel der Glaubwürdigkeit tragen oder nicht als historische Ereignisse gesehen werden wollen, sondern als Schilderungen aus Milieu und Denkweise jener Jahrhunderte. Die beiden großen Sagas, die ihrerseits teils wieder in verschiedenen Versionen vorliegen, enthalten soviel Gemeinsamkeiten, zeugen von soviel Lokalkenntnis und sind durch die anderen Dokumente so abgestützt, daß sie als verzerrte Historie gelten dürfen, die mit Vorsicht und dem Bewußtsein der Problematik ihrer Aussagen akzeptiert werden kann.

Schließlich sind die Sagas keine Originalpublikationen, die wie ein modernes Druckwerk in Massen verbreitet wurden und damit einen historischen Tatbestand ein für allemal fixierten. Vor der Erfindung der Druckkunst mußte jede Publikation durch Abschreiben verbreitet werden, und die Sagas waren ursprünglich nicht einmal schriftlich niedergelegt, sondern mündliche Berichte von Menschen und deren Taten. Diese Berichte wurden von fahrenden Sängern, den Skalden, verbreitet und sicher immer wieder je nach Publikum abgewandelt. In Island, einem extrem »literarischen« Land, wurden sie dann irgendwann aufgezeichnet und vervielfältigt, d. h. abgeschrieben, wobei der Abschreiber oft umschrieb. Diese Pergamente waren aktuelle Unterhaltungsliteratur der Insel: Sie wurden auf den Höfen an den langen Winterabenden vorgelesen, wenn die Familie um das Feuer versammelt war, wenn man schnitzte, webte oder spann. Diese Literatur hat übrigens noch bis in das 19. Jahrhundert überlebt – erst dann wurden auf Island weltliche Unterhaltungswerke gedruckt.

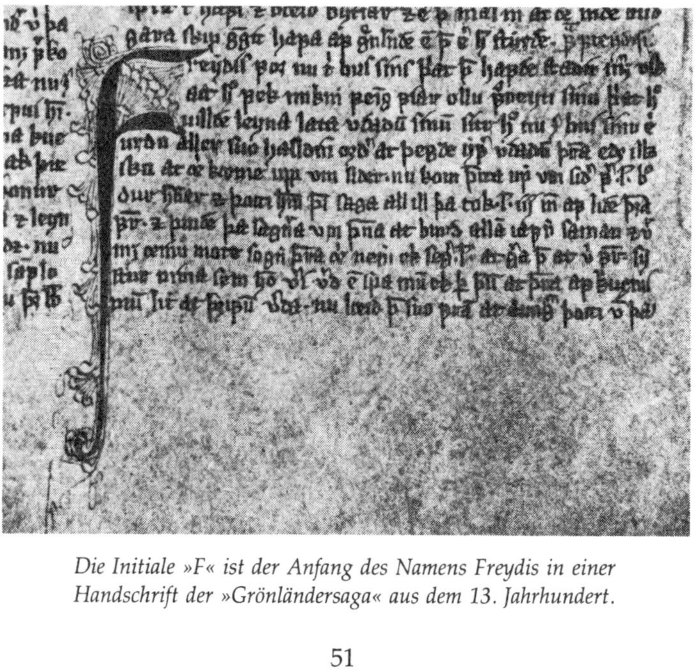

Die Initiale »F« ist der Anfang des Namens Freydis in einer Handschrift der »Grönländersaga« aus dem 13. Jahrhundert.

Die frühen, zeitnahen Berichte sind verloren; daß noch Älteres auftaucht als das bisher Vorliegende, ist wenig wahrscheinlich. Bei dem riesigen Schatz an mittelalterlicher Literatur, mit dem Island die Weltliteratur bereichert hat, handelt es sich nur um einen Bruchteil des einst Vorhandenen. Schon in der Frühneuzeit, als die Achtung vor dieser Überlieferung schwand und Island völlig verarmte, wurden die Pergamente als Rohstoff für Kleider und Schuhwerk verwertet, ja sogar Saugröhrchen für die Kleinkinder aus ihnen verfertigt. Im 17. Jahrhundert erkannte man die Bedeutung der isländischen Handschriften in Schweden und Dänemark (dem damals neben Island auch Norwegen gehörte). Danach begannen erneut Verluste großen Stils.

Für diese Quellen scheint man sich zuerst in Schweden interessiert zu haben, der Ostseegroßmacht jener Tage, die eine nationalistische Geschichtsschreibung entwickelte. Dieser galten die Isländer als die aus Italien heimgekehrten Westgoten, d. h. ehemalige Bewohner Gotlands. So reisten Abgesandte des schwedischen Königs auf Handschriftenjagd nach Island. Das ließ den dänischen König nicht ruhen, und er entsandte seinerseits Aufkäufer der alten Pergamente.

Dabei ging zum Beispiel 1682 ein Schiff mit Mann und Maus unter, das den dänischen Handschriftensammler zurück in die Heimat bringen sollte. Sein schwedischer Konkurrent hatte die Abreise dieses Schiffes gerade verpaßt. Um die literarischen Schätze im Lande zu halten, verbot der dänische König 1685 den Export aus Island, und es sammelte sich immer mehr Material der isländischen Sagaliteratur in Kopenhagen an – vor allem in der Sammlung des großen isländischen Gelehrten, Professors der Universität und Bibliothekars Arne Magnusson. Diese einzigartige Sammlung verbrannte am 20. Oktober 1728 in dem großen Feuer, das den Stadtkern Kopenhagens in Schutt und Asche legte: für die nordische Literatur der größte Verlust aller Zeiten. Was dabei verlorenging an historischem Material zur Entdeckung der Neuen Welt durch die Skandinavier, wissen wir nicht. Die heute bekannten Quellen hatte damals schon jener Thormodus Torfaeus ausgewertet, der seinem König empfahl, seine Ansprüche auf Kanada anzumelden.

Wie unterschiedlich die beiden Sagas die Entdeckung Amerikas darstellen, zeigt folgender Vergleich:

Nach der »Grönländersaga« sichtet zuerst Bjarne Herjolfsson die Küste Amerikas. Dann unternimmt der älteste Sohn Eriks des Roten, Leif Eriksson, die erste Entdeckungsreise. Ihr folgen noch fünf weitere Reisen, deren größte die vorletzte ist, unternommen von einem Isländer namens Thorfinn Karlsevne, der eine planmäßige »Landnahme« durchführt.

Nach der »Saga von Erik dem Roten« findet Leif Eriksson als erster Amerika durch Zufall (und nicht Bjarne Herjolfsson), dann folgen zwei Amerikareisen, die größere wird von Thorfinn Karlsevne ausgeführt.

Nach beiden Darstellungen ist die Familie Eriks des Roten überall und immer wieder die treibende Kraft bei der versuchten Erschließung der neuen Küsten. Alle Reisen werden von Söhnen oder der Tochter Eriks geleitet, mit Ausnahme der Reise Karlsevnes. Dieser gehört jedoch mit zur Familie, denn er hat die Witwe des jüngsten Sohnes Eriks geheiratet: Gudrid – jene ungewöhnliche Frau, die uns schon, noch unverheiratet, als christliche Assistentin der »Völva« auf Herjolfsnes begegnete.

Beide Sagas, vor allem jedoch die »Saga von Erik dem Roten«, sind mit Vorsicht zu handhaben, denn sie enthalten eine Fülle von Zudichtungen, Phantasieprodukten (so begegnet Karlsevnes Expedition an der Küste Amerikas einem »Einfüßler«, der einen Pfeil auf die Fremden abschießt und dann in einem Fluß versinkt), von dichterischer Verklärung des christlichen Glaubens – auf Kosten des heidnischen – und anderen späten Zutaten (so immer wieder der direkten Rede, die ja bestimmt nicht überliefert wurde). Die »Saga von Erik dem Roten« ist besonders deutlich zugunsten der isländischen Familie des Amerikafahrers Karlsevne ausgeweitet und abgeändert, vor allem in dem einen als »Hauksbuch« bekannten Pergament. Wenn man sich vor Augen hält, daß dieses »Hauksbuch« nach einem reichen Isländer benannt ist, der es aufzeichnen ließ und selber ein Nachkomme Karlsevnes war (Hauk Erlendson, 1265 geboren, in seinen späteren Jahren Richter in Bergen und Mitglied des norwegischen Reichsrats), so erklärt sich, weshalb diese isländischen Sagas oft subjektiv mit der historischen Wahrheit umgegangen sind. Deren wahrer Kern ist bis heute von der Forschung noch nicht näher herauspräpariert.

Es ist objektiverweise auch hier nicht möglich, aus den beiden

Sagas eine verläßliche Darstellung der historischen Entdeckung Amerikas zu komponieren. Man kann nur die eine oder die andere Saga als Grundlage wählen.

Uns scheint die »Grönländersaga« dafür näherzuliegen: Erstens stammt aus ihr die vernünftig klingende »Erstsichtung« der neuen Welt durch Bjarne Herjolfsson. Zweitens sind die Helden dieser Saga jene Grönländer, von denen das vorliegende Buch handelt, die uns hier also primär interessieren. Drittens wird vermutet, daß diese Saga auf eine grönländische Quelle zurückgeht (siehe das zweite Argument). Viertens schließlich sind die von den Skalden oder Abschreibern stammenden dichterischen Zutaten nicht ganz so phantastisch wie die bei der »Saga von Erik dem Roten«. Letzteres mag damit zusammenhängen, daß die »Grönländersaga« zunächst auf Grönland weitergegeben worden ist, wo man mit Übertreibungen vorsichtiger sein mußte, weil vielleicht etliche der Zuhörer persönlich die gegenüberliegende Küste Kanadas kannten.

Leif der Glückliche auf Vinlands Boden

Ein Teil der »Grönländersaga« beginnt mit einem Bericht über eine Norwegenfahrt Bjarnes – der als erster Amerika sichtete – nach dem Tod König Olaf Tryggvasons. Dort in Norwegen nimmt ihn ein Fürst (Jarl) Erik auf. Bjarne erzählt von seinen Neulandbeobachtungen. Bjarne segelt im Sommer darauf nach Grönland zurück. Diese Norwegenreise belebt die Diskussion um das gesichtete Land im Westen neu, und daraufhin beschließt der älteste Sohn Eriks des Roten, Leif, dies geheimnisvolle Land zu suchen, das dem Weltbild der Jahrtausendwende so sehr widerspricht. Denn eigentlich sollte jenseits der Inseln, die wie Island der Landmasse Europa vorgeschoben sind, der Weltozean beginnen. Schon Grönland paßt nicht in dieses Konzept, erst recht nicht Bjarnes Land.

Es muß kurz nach der Jahrtausendwende sein, als Leif startet, denn König Olaf Tryggvason starb im Jahre 1000. Leif fährt mit Bjarnes Schiff, das er gekauft hat, mit fünfunddreißig Mann. Darunter befindet sich ein »Ausländer«, vermutlich ein Deutscher, »Tyrker« genannt, der weit im Süden herumgekommen war. Leifs berühmter Vater, den Leif gerne zu der Expedition ins Unbekannte mitgenommen hätte, weil er bisher in der Familie am meisten Glück hatte, gibt das Unternehmen im letzten Augenblick auf: Eriks Pferd strauchelt auf dem Weg zum Schiff, der »Rote« verletzt sich den Fuß und kehrt um. Dann berichtet die Saga:

»... sie erreichten zuerst das Land, das Bjarne zuletzt gefunden hatte. Sie segelten an das Ufer, warfen Anker und ruderten mit dem Beiboot an Land. Doch es gab dort kein Gras. Das ganze Land bestand aus großen Gletschern, und zwischen Gletschern und Meer war alles wie eine einzige Steinplatte *(helle)*. Das Land sah aus, als hätte es keine Reichtümer. Da sagte Leif: ›Ich will diesem Land einen Namen geben, es soll *Helluland* heißen.‹ Dann gingen sie wieder an Bord.

»Sie segelten nun auf das Meer hinaus und fanden das zweite Land. Sie liefen auf die Küste zu, warfen Anker, setzten das Beiboot aus und gingen an Land. Dieses Land war flach und bewaldet, und so weit sie sehen konnten, erstreckte sich ein weißer Sandstrand, der zum Meer hin flach abfiel. Da sagte Leif: ›Wir wollen auch diesem Land einen Namen geben, der es charakterisiert, und werden es *Markland* (d. h. Waldland) nennen.‹ Danach eilten sie wieder an Bord.

»Jetzt segelten sie vor gutem nordöstlichem Wind auf das Meer und sahen nach zwei Tagen Land. Als sie näher kamen, trafen sie eine Insel, die nördlich des eigentlichen Landes lag. Sie betraten die Insel bei gutem Wetter. Sie sahen, daß das Gras betaut war, und wenn sie die Hände zum Tau hin und dann zum Munde führten, meinten sie, sie hätten noch nie zuvor etwas so Süßes geschmeckt.

»Sie ruderten zu ihrem Schiff zurück und segelten durch die Meerenge zwischen der Insel und einer Landzunge, die vom Festland nach Norden wies. Sie segelten westwärts an der Landzunge vorbei, dorthin, wo es bei Ebbe sehr seicht war. Das Schiff lief auf Grund, und es war weit bis zum Meer. Doch sie waren so begierig darauf, an Land zu kommen, daß sie nicht warteten, bis das Schiff wieder schwimmfähig wurde, und sie betraten an einer Stelle dann das Land, wo ein Fluß sich aus einem See ergoß.

»Sobald das Schiff flott wurde, nahmen sie das Boot, ruderten hinaus und zogen das Schiff den Fluß hinauf und weiter bis in den See. Dort verankerten sie ihr Schiff, trugen ihre Schlafsäcke aus Fell an Land und bauten Unterkünfte. Sie beschlossen, später dort zu überwintern, und bauten große Häuser.

»Es mangelte nicht an Lachsen, weder im Fluß noch im See, und die Lachse waren größer, als sie sie je zuvor gesehen hatten. Die Natur war hier so günstig, daß sie meinten, das Vieh könne im Winter sich selbst auf den Wiesen ernähren. Im Winter gab es keinen Frost, und das Gras welkte nur wenig. Die Tag- und Nachtlänge war weniger unterschiedlich als auf Grönland oder Island, und am kürzesten Tag des Jahres (dem ›Schandtag‹) stand die Sonne sowohl zur Frückstückszeit als auch zur Vesperzeit am Himmel.

»Als sie mit dem Hausbau fertig waren, sagte Leif zu seinen Männern: ›Jetzt will ich die Mannschaft in zwei Trupps einteilen und das Land erforschen lassen. Der eine Trupp soll bei den Häusern bleiben, der andere sich in dem Land umsehen, doch sich nicht weiter entfernen, als daß er zum Abend zu Hause sein kann.‹ So wurde es eine Zeitlang durchgeführt, und Leif blieb abwechselnd bei den Häusern oder zog mit den Männern, die das Land erkundeten.

»Leif war ein großer, kräftiger Mann und sehr stattlich anzusehen, mäßig und gerecht.

»Eines Abends zeigte sich, daß ein Mann einer Gruppe fehlte, und das war Tyrker, der Deutsche. Das ging Leif sehr nahe, denn Tyrker hatte lange Zeit bei seinem Vater gelebt und hatte Leif als Kind liebgewonnen. Leif ›zeigte seinen Männern die scharfe Seite seiner Zunge‹ und zog aus, um mit zwölf Mann Tyrker zu suchen. Doch sie waren nicht weit gekommen, als Tyrker ihnen schon entgegenkam. Sie waren sehr froh, ihn zu sehen. Leif merkte gleich, daß Tyrker sich merkwürdig gebärdete. Tyrker hatte eine hohe Stirn, doch ein unbedeutendes kleines Gesicht, er war in allen handwerklichen Dingen sehr geschickt. Tyrker rollte mit den Augen.

»Leif fragte: ›Warum kommst du so spät, Ziehvater, und warum bliebst du nicht bei den anderen?‹ Darauf redete Tyrker erst lange deutsch, rollte wieder mit den Augen und zog Gesichter, doch niemand verstand, was er sagte. Dann erst sprach er norwegisch: ›Ich war nicht sehr weit von euch fort, doch ich habe Neuigkeiten: Ich habe Weinstöcke und Trauben gefunden.‹ ›Ist das wahr, Ziehvater?‹ fragte Leif. ›Natürlich‹, antwortete der andere, ›wo ich geboren bin, fehlt es weder an Weinstöcken noch an Trauben.‹

»Sie schliefen die Nacht über, und am Morgen sagte Leif zu seinen Männern: ›Von nun an werden wir zweierlei Arbeit tun und uns so abwechseln, daß wir eine davon jeden zweiten Tag tun. Wir wollen Trauben ernten, und wir wollen Weinstöcke und Bäume fällen, um das Schiff damit zu beladen.‹ Als das Schiff voll war, machten sie sich im Frühjahr segelfertig und steuerten heimwärts. Leif gab auch diesem Land einen Namen nach seinen Vorzügen, er nannte es *Vinland.*«

Auf der Rückreise begegnete Leifs Schiff schon unter Grönland noch einer Gruppe Schiffbrüchiger auf einer Klippe – fünfzehn Menschen, die er an Land mitnahm und bei seinem Vater unterbrachte. Danach wurde Leif »Leif der Glückliche« genannt.

Das ist der Bericht von der ersten Entdeckung Amerikas. Er liest sich weit nüchterner als etwa der Bericht des Zweitentdekkers Kolumbus knapp fünfhundert Jahre später. Doch der mußte ja auch bei seinen königlichen Auftraggebern in Spanien, für die er segelte, Eindruck machen.

Dieser Teil der »Grönländersaga« wirkt wie der sachliche Bericht eines Seemanns für andere seebefahrene Leute in der Heimat. Die Informationen über die Landemanöver und die Sicherung des Schiffes nehmen in ihm einen sehr großen Raum ein. Sie durften auch nicht fehlen, denn sonst hätte, wenn der Bericht von den Entdeckern oder später von Skalden und Nacherzählern vorgetragen wurde, sicherlich einer der Zuhörer gefragt: »Ja – und euer Schiff? Wo blieb denn euer Schiff inzwischen ...?«

Doch dieser Bericht ist nicht nur ein Logbuch des Kapitäns. Er atmet etwas von dem Hochgefühl der Entdecker neuer Welten, auch wenn diese Entdecker die Dimensionen ihrer Entdeckung nicht ahnen können. Aber sie eilen von einer Landschaft und einer Klimazone zur nächsten – lassen sich nur Zeit, diese zu taufen –, mit einem Sprung von einer Welt in die andere. Sie sind sich irgendwie klar, daß sie etwas Unerwartetes, Bedeutendes erleben. Sie kommen erst zur Ruhe und zum Überwintern, als sie auf das südlichste und schönste Land gestoßen sind. Dort ist das Land so reich, daß der Tau der Gräser süß schmeckt – das mag ein wenig Selbsttäuschung sein –, und vor allem: Dort ist es so erstaunlich warm, daß das Gras im Winter kaum welkt und das Vieh im Freien laufen und sich selbst ernähren kann: gemessen an Grönland, Island oder Norwegen also das Paradies.

Diese Klimasituation ist die eine Sensation des Berichtes. Die zweite Sensation wäre die Entdeckung der Weintrauben – falls es dort wirklich welche gegeben hat. Denn Leif und seine Männer können niemals so weit nach Süden gelangt sein, daß sie an die Nordgrenze der wilden Weinrebe in Nordamerika gestoßen wären.

Wo sie wirklich gelandet sind, überwintert und Häuser gebaut haben, läßt sich ungefähr abschätzen: Da sie hoch im Norden der amerikanischen Atlantikküste auf das erste Land stoßen, das nur aus Gletschern und Felsen besteht, sind sie die Route der unfreiwilligen Reise Bjarnes in umgekehrter Richtung gesegelt: von Südgrönland aus nordwärts und dann über die Davis-Straße nach Westen vorstoßend. Die Davis-Straße wird nach Norden zu immer schmaler; in der Höhe der grönländischen Disko-Bucht ist sie dann mit nur rund vierhundert Seekilometern am schmalsten und kann von einem Knarr auch bei mäßigem achterlichem Wind in zwei Tagen überquert werden. Diese Überquerungsroute ist deshalb naheliegend, weil um die Disko-Bucht wichtige Jagdgründe der Grönländer liegen, die im Zeitpunkt von Leifs Amerikafahrt schon bekannt gewesen sein werden und von denen aus man vielleicht schon Hinweise und Anhaltspunkte für mögliches Land auf der Westseite der Davis-Straße beobachtet hat.

Nach der Überquerung sind sie getreu Bjarnes Kurs (umgekehrt) entlang dem »Gletscherland« (Helluland = Baffins-Island) südwärts vorgestoßen und haben dabei die Küste von Labrador (Markland) gestreift. Von dort sind sie mit gutem achterlichem Wind zwei Tage gesegelt, und schließlich kommen sie in ihrem »Vinland« an. Um tatsächlich die Nordgrenze der Weintrauben zu erreichen, hätten sie mindestens zwölf bis fünfzehn Tage von Markland aus auf Südkurs entlang der Küste weitersegeln müssen. Davon ist nicht die Rede, und die Zeitdifferenz zwischen der Saga-Angabe und der für die Entdeckung von wildem Wein notwendigen Segelzeit (bis zum 42. Breitengrad, in die Gegend von Massachusetts) ist so enorm, daß sie nicht mit Überlieferungsfehler, Gedächtnisfehler oder anderen Irrtümern erklärt werden kann: Zwei Tage oder zwölf bis fünfzehn Tage Segelzeit – das sind absolut verschiedene Größenordnungen.

Der Bericht über die Entdeckung von Weintrauben wirkt auch etwas seltsam. Nach der Saga hat sie ein vermutlich deutscher älterer Mann Eriks des Roten gefunden, der dann, ekstatisch und leicht berauscht von seiner Entdeckung, zu den anderen stößt. Er rollt mit den Augen und stammelt eine Zeitlang unverständliches Zeug, bis er auf gut Norwegisch von seinem Fund berichtet. Er wird also als trunken vom Weingenuß dargestellt. Demnach müssen die Weintrauben Vinlands nicht erst vergoren werden, sondern liefern sofort fertigen Wein, falls man diesem Intermezzo mit »Tyrker« Glauben schenken will. Noch absurder fast: Nach der Entdeckung werden die Weinstöcke abgeholzt und auf das heimkehrende Schiff verladen. Offenbar wollen die Grönländer sich die Weinstöcke für die Heimat sichern, um sie dort einzupflanzen (oder zu verfeuern?).

Diese beiden absurden Behauptungen lassen vermuten, daß Leif der Glückliche keinen Wein gefunden hat – was er geographisch gesehen auch gar nicht konnte – und daß die Story von »Tyrker« und seinem Fund schlicht erfunden wurde, um die Saga interessanter zu machen und um den Namen »Vinland« zu deuten. Erfinder dieser Story war wohl irgendein Nacherzähler, der nicht mehr bei Leif nachfragen konnte, warum dieser den Namen »Vinland« wählte, und der »Weinbau« und »Wein« nur als fernen exotischen Klang in den Ohren hatte. Sonst wäre dieser Mann bei seiner Bereicherung des Sagatextes nicht so ungeschickt gewesen zu unterstellen, daß Weinstöcke fertigen Wein liefern und man sie zu diesem Zweck abholzen und nach Grönland mitnehmen kann. (Als Brennholz wäre solche Fracht ausgesprochen unrationell.)

Der Name »Vinland« für das Land, wo die Häuser der Besatzung von Leifs des Glücklichen Schiff stehen, ist jedoch irgendwie von dieser ersten Expedition zur Entdeckung Amerikas in die Welt gesetzt worden. Er taucht jahrhundertelang immer wieder in der nordischen Kulturwelt auf. Man hat immer wieder versucht, ihn zu interpretieren, da kaum ein ernsthafter Forscher annahm, Leifs Schiff sei bis zum 42. Breitengrad nach Süden vorgestoßen. Immer wieder wird darauf hingewiesen, daß es nördlich der Weinwuchsgrenze in Nordamerika zahlreiche Beeren gibt, aus denen Wein bereitet werden kann: wilde Johannisbeeren, Preiselbeeren, Himbeeren und andere mehr. Von keiner dieser Sorten ist jedoch bekannt, daß sie am Strauch zu Wein vergärt oder daß man sie abholzen kann, um sie anderswo einzupflanzen. Alle diese Umwege zur Lösung des Problems der Weinfunde und des Namens »Vinland« werden überflüssig, wenn man die Absurdität der Darstellung um »Tyrker« anerkennt, die ganze Passage beim Ausdeuten des Berichtes von der Erstentdeckung Amerikas einklammert oder sie einfach als dichterische Freiheit verbucht.

Nur die Namensfrage »Vinland« ist damit nicht aus der Welt geschafft.

Schon zu Beginn unseres Jahrhunderts weist der schwedische Sprachforscher Sven Söderberg darauf hin, daß das »Vin« in »Vinland« keineswegs mit »Wein« zu tun haben muß, sondern altnordisch auch für »Weideland« oder »Wiesenland« verwendet worden ist. Allerdings wird es dann mit kurzem »i« gesprochen und nicht mit langem wie in der »Wein« bedeutenden Silbe. Das spricht jedoch nicht gegen diese Erklärung: Niemand weiß, wie Leif Eriksson den Namen »Vinland« ausgesprochen hat. »Vin« als »Weideland« oder »Wiesenland« enthalten zahlreiche Ortsnamen in Schweden, Norwegen und auf den Shetlands, wo niemand je das Vorkommen von Wein vermutet hat.

Und ein Wiesen- und Weideland ist das »Vinland« ja unbedingt, ein Land, in dem das Vieh das ganze Jahr über weiden kann: für Leif und seine Mannschaft eine unglaubliche Entdekkung. Daß er dieses Land auch entsprechend tauft (wie man Baffins-Island nach seinen Felsen und Labrador nach seinem Wald getauft hat), ist völlig einleuchtend.

Die Richtigkeit dieser Deutung wird schließlich noch dadurch unterstrichen, daß ein Norweger, der auf Grund von Söderbergs Hypothese in der Neuen Welt nach den Hinterlassenschaften der grönländischen Amerikaentdecker sucht, sie bei dieser gezielten Exploration auch findet!

Doch davon weiter unten. Die Frage ist zunächst: Wo liegt dieses Vinland?

Schon bei der Schilderung der folgenreichen Irrfahrt Bjarne Herjolfssons in den Nordwestatlantik fiel oben das Stichwort »Neufundland«. Es muß jetzt näher begründet werden; denn immerhin sprechen wir von einer Entdeckungsreise ersten Ranges in der Historie der geographischen Entdeckungen.

Für die Unterstellung, daß das »Vinland« mit Neufundland identisch ist, gibt es zwei Argumente.

Das wichtigste Argument: Zwei Tage Segelfahrt vor Nordostwind von irgendeinem Punkt des »Marklands« Labrador aus können nur entweder wieder in Labrador enden, also in der gleichen Landschaft, wovon aber in dem Bericht nicht die Rede ist, oder in einer neuen Landschaft: Das ist Neufundland.

Das zweitwichtigste Argument: In Neufundland können die Winter so mild sein, daß das Vieh (dabei geht es immer um Kühe) im Freien weiden kann. Sie sind nicht immer so freundlich – doch Leif hat mit seinen Männern gerade einen solchen milden Winter erlebt.

Man könnte diese Frage ganz eindeutig anhand der Tageslängenangaben der Vinlandfahrt »Leifs des Glücklichen« erklären: In Vinland sind die Tage und Nächte in der Länge viel ähnlicher als auf Grönland oder Island, das heißt, »Vinland« muß auf einem erheblich »südlicheren« Breitengrad liegen als zum Beispiel die Südspitze Grönlands (60. Breitengrad, Island liegt mehrere Breitengrade nördlicher). Neufundland liegt um den 50. Breitengrad herum: Dieser Teil der Angaben paßt ausgezeichnet. Darüber hinaus wird noch konkreter angegeben, wie lange am kürzesten Tag des Jahres die Sonne am Himmel steht. Nur kennen wir fatalerweise die Frühstücks- und Vespertermine der Grönländer aus jener Zeit nicht, nach denen die Sonnenposition bestimmt wird, und können deshalb diese höchst wertvolle und objektiv nachmeßbare Information nicht auswerten.

Aus ihr geht nebenbei gesagt aber auch hervor, daß Leifs Expedition wirklich in Vinland überwintert hat, denn andernfalls hätte sie keine Sonnenbeobachtungen vom »Schandtag«, dem kürzesten Tag des Jahres, von dort mitbringen können.

Auf alle Fälle endet Leifs des Glücklichen Expedition nach Amerika recht eindeutig in Neufundland. Man schreibt etwa das Jahr 1001: Amerika ist entdeckt.

Amerikareisen kommen in Mode

Nach dieser Entdeckungsreise Leifs des Glücklichen wird der europäische Besucherverkehr in Amerika relativ lebhaft. Alle anderen Kinder Eriks des Roten sowie ein angeheirateter Schwiegersohn unternehmen jeweils »ihre« Amerikareise, und es wird sogar eine Ansiedelung dort versucht.

Erik hat drei Söhne: Leif den Glücklichen, Thorvald, Thorstein, sowie eine Tochter, Freydis, die möglicherweise außerehelich ist: Die in den verschiedenen Texten der Sagas enthaltenen Nachrichten über ihre Herkunft widersprechen sich.

Zunächst fährt Thorvald, der Zweitälteste. Sein Vater, der große alte Mann der Grönländer, ist zu dieser Zeit schon tot, Grönland christianisiert. Thorvald erklärt seinem Bruder Leif, seiner Meinung nach habe dieser Vinland noch nicht ausreichend erforscht. Leif, jetzt Herr auf dem Hof Brattahlid und damit der »Erste unter den Gleichen«, den Bauern Grönlands, ist großzügig und fair wie immer. Er gibt seinem Bruder sein Schiff (das schon mit Bjarne und dann mit Leif selbst Amerikas Küsten kennenlernte). Thorvald fährt mit dreißig Mann los, erreicht planmäßig Vinland und findet die Häuser, die Leif dort einst baute. Er überwintert und fährt im Frühjahr auf Entdekkungsreisen entlang der nördlichen Küste Vinlands. Nachdem sie einen Bruch des Kiels repariert haben, vertäuen sie ihr Schiff an einer ganz mit Wald bedeckten Landzunge, legen den Laufsteg aus und gehen alle an Land. Dort ist es so schön, daß Thorvald ausruft: »Hier würde ich gerne mein Heim errichten!«

Nun wechselt der Bericht ins leicht Übersinnliche.

Die Grönländer finden dicht neben ihrem Schiff drei umgedrehte Boote, unter denen je drei Mann schlafen (die Drei ist eine magische Zahl). Sie töten ohne weiteres alle bis auf einen, der fliehen kann. Als er geflohen ist, erblicken sie in der Ferne Erhöhungen, die sie als menschliche Siedlungen identifizieren. Auf einmal überkommt sie alle eine tiefe Müdigkeit, sie schlafen ein, ohne Wachen auszustellen – trotz der schon gesichteten Feinde! Geweckt werden sie von einer lauten Stimme unbekannter Herkunft, die sie aufruft, zum Schiff zu eilen und zu fliehen, wenn ihnen das Leben lieb ist. Auf dem Fjord naht auch schon eine ganze Schar von Fellbooten, aus denen heraus sie mit Pfeilen beschossen werden. Die Männer entkommen, obwohl die »Skraelinge« ihnen viele Pfeile hinterherschießen.

Der einzige Verwundete ist Thorvald, dem ein Pfeil unter den Arm gedrungen ist. Er erkennt, daß er sterben wird, befiehlt seiner Besatzung baldige Heimreise und bittet, ihn an dem Platz zu begraben, wo er vielleicht aus Ahnungen heraus sein Heim errichten wollte und wo er jetzt eine Weile ruhen werde. Der Platz solle »Korsnes« genannt werden.

Die Schiffsbesatzung überwintert noch einmal, nun ohne den Kapitän, dann kehrt sie heim, nicht ohne Holz und »Weinstökke« gefällt zu haben.

Diese Darstellung der Amerikareise Thorvalds ist wegen ihrer Anreicherung mit Aberglauben, Mystifikationen und Übersinnlichem nur von bescheidenem historischen Wert.

Wichtig ist: Zum ersten Mal kommen die Grönländer mit den »Skraelingen« in Berührung, jenen kleinen, dunkelhäutigen, steinzeitlich lebenden »Schraten«, von denen sie bald wieder aus der Neuen Welt verdrängt und die später ihr Schicksal auf Grönland werden. Wenn wir die Grönland-Vinland-Literatur chronologisch zu ordnen versuchen, finden wir diese »Skraelinge« hier erstmals benannt.

Der dritte Sohn Eriks des Roten, Thorstein, hat in der Zwischenzeit die schon öfters erwähnte schöne Gudrid aus Island geheiratet, und Thorstein fühlt die Pflicht, die Leiche seines Bruders aus Vinland heimzuholen. Wieder rüstet er das Schiff aus, das bisher alle Vinlandfahrer in die »Neue Welt« getragen hat, nimmt fünfundzwanzig Mann und seine Frau Gudrid mit an Bord und legt ab mit Kurs auf die hohe See. Doch diesmal sind Wind und Wellen gegenan, sie werden lange umhergetrieben und landen zu Winterseinbruch wieder in Südgrönland, in der Siedlung »Vesterbygd«, nur gute vierhundert Kilometer vom väterlichen Hof entfernt. Dort erkrankt Thorstein Eriksson und stirbt, mit ihm viele Männer seiner Besatzung. Thorvald ruht also weiterhin in seinem Grab auf Korsnes. Gudrid kehrt zum Hof des Schwiegervaters zurück, wo Leif, ihr Schwager, jetzt Hausherr ist.

Gudrid bleibt nicht lange allein. Aus Norwegen kommt der Überseekaufmann und Kapitän Thorfinn Karlsevne, Sohn des Tord Pferdekopf, ein sehr wohlhabender Mann. Er überwintert auf Brattahlid, wirft mehr als ein Auge auf die schöne Witwe, und Gudrid ist auch nicht abgeneigt. So gibt ihr Schwager und Familienoberhaupt Leif sie dem Freier zur Frau, und im gleichen Winter wird geheiratet.

Die Gespräche am Langfeuer in der großen Halle auf Brattahlid kreisen immer wieder um Vinlandfahrten, und alle – Gudrid voran – drängen Karlsevne zu solcher Expedition. Er nimmt sechzig Männer und fünf Frauen mit, darunter seine eigene, und diesmal will man sich in Amerika, im »Vinland«, niederlassen. Alle Arten von Vieh werden an Bord gebracht, und Karlsevne bittet Leif um Überlassung seiner Häuser, die als »Leifsbudir« (Leifshütten) durch die Sagas geistern. Leif will sie nicht verschenken – doch gerne ausleihen.

»Dann stachen sie in See und erreichten alle heil und gesund die Leifsbudir, dort trugen sie ihre Schlafsäcke an Land. Bald machten sie einen großen und ausgezeichneten Fang, denn ein feiner großer Wal war gestrandet. Sie gingen hin und zerlegten ihn, und so hatten sie keine Probleme mit der Verpflegung. Die Haustiere wurden an Land gebracht, doch bald zeigte sich, daß die männlichen Tiere wild umherzutoben begannen. Sie hatten auch einen Bullen mitgebracht. Karlsevne ließ Bäume fällen als Rückfracht, die schiffsgerecht zugehauen und auf die Felsen zum Trocknen gelegt wurden. Sie nutzten alle Möglichkeiten aus, die das Land für die Versorgung bot, sowohl an Weintrauben als auch beim Fischfang, bei der Jagd und an anderen guten Dingen.

»Nach dem Winter kam der Sommer. Jetzt machte man Bekanntschaft mit den Skraelingen, denn ein großer Trupp Männer kam aus dem Wald. Der Bulle begann zu brüllen und den Kopf zu werfen, was die Skraelinge so erschreckte, daß sie zu laufen begannen mit ihren Lasten, die aus grauem Pelz, Marderfellen und anderen Pelzwaren bestanden. Sie liefen auf Karlsevnes Haus zu und hofften dort Zuflucht zu finden, doch Karlsevne hatte die Eingänge bewachen lassen. Keine Partei verstand die Sprache der anderen. Dann setzten die Skraelinge ihre Ballen ab, öffneten sie und boten ihre Waren zum Tausch an, vor allem wünschten sie Waffen dafür. Doch verbot Karlsevne, Waffen einzutauschen. Danach kam er auf eine gute Idee: Er ließ die Frauen Milch herausbringen, und als sie das sahen, wollten sie nur Milch und nichts anderes mehr haben. So kam bei dem Handel mit den Skraelingen heraus, daß diese das, was sie eingetauscht hatten, im Magen davontrugen und damit abzogen, während Karlsevne ihre Bündel mit Pelzen behielt.

»Jetzt muß berichtet werden, wie Karlsevne einen mächtigen Palisadenzaun um das Haus bauen ließ und Vorbereitungen traf. Um diese Zeit brachte seine Frau Gudrid einen Sohn zur Welt, den sie Snorri nannten. Früh bei Beginn des zweiten Winters kamen die Skraelinge, um sie zu besuchen. Diesmal waren sie weit zahlreicher, brachten aber die gleichen Waren mit wie zuvor. Karlsevne beauftragte die Frauen: ›Ihr müßt wieder unsere Lebensmittel herbeiholen, die voriges Mal solchen Erfolg hatten, aber nichts anderes.‹ Und gleich als die Skraelinge das sahen, warfen sie ihre Ballen über die Palisade.

»Gudrid saß in der Tür an der Wiege ihres Sohnes, als ein Schatten auf die Tür fiel, und es trat eine Frau in dunklem, enganliegendem Kleid ein – sie war ziemlich klein, hatte ein Band um den Kopf, hellkastanienfarbene Haare und ein blasses Gesicht mit so großen Augen darin, wie sie noch nie jemand bei einem Menschen gesehen hatte. Sie trat zu der sitzenden Gudrid.

»›Wie heißt du?‹ fragte sie. ›Ich heiße Gudrid‹, sagte diese, ›und wie heißt du?‹ ›Mein Name ist Gudrid‹, antwortete die Fremde.

»Als Gudrid die Hand nach der Fremden ausstreckte, damit sie sich zu ihr setzen sollte, gab es plötzlich lautes Getöse, und die Frau verschwand. In diesem Augenblick war einer der Skraelinge von einem von Karlsevnes Leuten getötet worden, weil er versucht hatte, Waffen zu stehlen. Alle Fremden liefen davon, so schnell sie konnten, und ließen Kleider und Waren liegen. Die fremde Frau hatte niemand außer Gudrid gesehen.

»›Wir müssen jetzt sorgfältig überlegen‹, sagte Karlsevne, ›denn ich schätze, daß sie uns einen dritten und dann feindlichen Besuch abstatten werden, in voller Stärke. Nach meinem Plan müssen sich etwa zehn Mann von uns auf der Landzunge zeigen, während der Rest in den Wald geht und dort einen Platz für das Vieh rodet, für den Fall, daß die Feinde kommen. Und wir werden unseren Bullen nehmen und ihn vor uns her marschieren lassen.‹

»Das Schlachtfeld wurde so vorbereitet, daß sie bei dem Treffen auf der einen Seite den See und auf der anderen den Wald hatten, entsprechend Karlsevnes Plan. Die Skraelinge erreichten tatsächlich das Kampffeld, wie es Karlsevne vorhergesehen hatte, und als sie aufeinandertrafen, fielen etliche von den Skraelingen. Unter diesen war ein großer, stattlicher Mann, von dem Karlsevne vermutete, daß es der Häuptling sein müsse. Einer der Skraelinge hatte eine Streitaxt aufgehoben, der betrachtete sie eine Weile, dann schwang er sie gegen einen Kameraden und traf ihn. Dieser fiel sofort tot um, worauf der große Mann die Axt ergriff, sie eine Weile betrachtete und sie dann so weit er konnte hinaus über das Wasser schleuderte. Darauf flohen die Angreifer in den Wald, so schnell sie konnten – damit war das Gefecht zu Ende.

»Karlsevne und seine Leute blieben den ganzen Winter über noch am Ort. Im Frühling jedoch erklärte Karlsevne, er würde hier nicht länger bleiben. Er wollte zurück nach Grönland. Sie machten alles seeklar und nahmen viel Wertvolles mit, Weinstöcke, Trauben und Pelze. Dann legten sie ab und erreichten den Eriksfjord sicher mit ihrem Schiff, und dort überwinterten sie.«

Dieser Bericht von Karlsevnes Reise klingt großenteils vertrauenerweckend nüchtern und unpathetisch. Mysteriös wirkt lediglich die Erscheinung der fremden Frau bei der jungen Mutter und die kurze Unterhaltung, offenbar in norwegischer Sprache. Doch kann man vielleicht verstehen, daß Gudrid – kurz nach der Geburt, von Sorgen bedrückt um die Zukunft des Sohnes im fremden Land – Halluzinationen hat oder daß sie vorgibt, etwas Spukhaftes gesehen zu haben, damit alle so bald wie möglich wieder in die Heimat zurückkehren.

Auch dieser Versuch, eine Dauersiedlung zu errichten, ist jedenfalls gescheitert – an den Eingeborenen, wie vorher die Reise Thorvalds.

Doch hat die Reise Karlsevne und seinen Männern »Ruhm und Reichtum gebracht«, wie die Saga berichtet, und Vinlandreisen bleiben weiter das große Gesprächsthema der Winterabende in den Hallen der Grönländer. Die nächste und nach dieser Saga letzte Reise unternimmt jetzt Eriks des Roten Tochter Freydis mit zwei Schiffen: Auf dem einen fährt sie mit ihrem unbedeutenden, doch reichen Mann Torvard, auf dem andern das isländische Brüderpaar Helge und Finnboge. Beide Parteien wollen je dreißig Mann mitnehmen.

Freydis sichert sich von ihrem Bruder wieder leihweise seine Häuser auf Vinland.

Schon bei ihrer Abfahrt erweist sich Freydis als hinterhältig: Sie versteckt fünf Mann zusätzlich auf ihrem Schiff, so daß ihre Leute in der Übermacht sind. In Vinland angekommen, läßt sie keine Gelegenheit vergehen, um Streit vom Zaun zu brechen. Eines Nachts hetzt sie ihren Mann mit dem (erlogenen)

Bericht auf, sie sei von den beiden Brüdern in deren Haus geschlagen und mißhandelt worden, als sie drüben war, um mit ihnen zu verhandeln.

Freydis' Ehemann kann diese Klagen nicht mehr hören. Er weckt seine Männer, läßt sie die beiden Isländer und ihre Männer im Schlaf überfallen, binden und hinausführen: Ein jeder von ihnen wird an der Haustür erschlagen. Nur die fünf Frauen, die mit den beiden Isländern sind, lassen die Leute des blutdürstigen Ehepaars am Leben. Diese Frauen tötet dann Freydis eigenhändig mit Axthieben.

»Danach kehren sie in ihr Quartier zurück. Erkennbar ist Freydis der Meinung, sie habe ihre Sache gut gemacht.«

Nach ihrer Ankunft in Grönland sollen alle erzählen, daß die Isländer zurückgeblieben seien. Freydis beschenkt ihre Männer reich und droht jedem, ihn umzubringen, wenn er plaudert. Nach und nach kommt die Angelegenheit Leif auf Brattahlid dennoch zu Ohren. Er läßt drei Männer von Freydis' Mannschaft foltern, bis sie aussagen, und ihre Aussagen stimmen überein. Leif bringt es allerdings nicht übers Herz, seine Schwester daraufhin »so zu behandeln, wie sie es verdient«, doch sie und ihr Ehemann bleiben mißachtet.

Diese hier wiedergegebene Version der »Grönländersaga« über die Vinlandreisen ist wie erwähnt grundverschieden von der Version in der »Saga von Erik dem Roten«. Die Unterschiede gehen bis in Details. Zwar fungiert in der einen wie der anderen Leif, der Sohn Eriks, als Vinlandentdecker, doch von der Reise des Erik-Sohnes Thorvald und von dessen Tod ist nicht die Rede. Die mißglückte Reise des dritten Erik-Sohnes Thorstein und dessen Tod auf dem Krankenbett werden auch berichtet.

Sehr ausführlich ist dagegen in der »Saga von Erik dem Roten« der Bericht über die Reise Karlsevnes. Dieser startet mit einhundertundsechzig Menschen an Bord und nimmt auch seine Frau mit, doch das ist hier die vorher nicht im besten Licht geschilderte Freydis und nicht die schöne Gudrid. Als Teilnehmer der Reise werden viele Personen genannt, die nach der »Grönländersaga« getrennt und auf anderen Reisen nach Vinland fahren, dazu ganz neue Personen, so der riesige, schwarzhaarige Jäger Thorhall, dem Sagaschreiber suspekt, weil er im Christenglauben sehr lau ist und in Notsituationen lieber den

»Rotbart« (den germanischen Gott Thor) anruft als eine christliche Macht. Thorhall nimmt dann auch ein verdientes Ende: Er stirbt in Irland in der Sklaverei.

Auf dieser Reise gibt es auch innerhalb der Siedlung Zwist, weil die unverheirateten Männer den mit nach Vinland gekommenen verheirateten Frauen nachstellen. Es wird auch mit den Skraelingen gekämpft, die hier in diesem Bericht eine »Geheimwaffe« einsetzen, eine surrende große Schleuderkugel. Immer wieder geschehen übersinnliche und phantastische Dinge. So werden die Grönländer von einem Einfüßler angegriffen, der dem Erik-Sohn Thorvald (der nach der »Grönländersaga« auf einer Reise vorher umkam) einen Pfeil in die Eingeweide schießt.

Alles in allem macht dieser Reisebericht den Eindruck, als habe irgend jemand die zunächst kursierenden Berichte über die verschiedenen Vinlandreisen durcheinandergemixt – entweder weil er sich beim Wiedererzählen oder beim »zu Pergament bringen« geirrt hat, oder weil er viele Dinge – wie oben angedeutet – im (lokalpatriotischen) Sinne Islands und der von Gudrid der Schönen abstammenden isländischen »Hauks«-Familie gerne anders sehen möchte. »Public Relations« wurden im Mittelalter mit Sicherheit genauso betrieben wie vorher in der Antike und jetzt in der Neuzeit.

Bei aller gebotenen Skepsis den Vinlandberichten der »Saga von Erik dem Roten« gegenüber ist doch festzuhalten, daß diese Saga viele andere interessante, spannende und lebendige Partien enthält, die ihren historischen Wert haben und sich gut lesen. (Ihr entstammt zum Beispiel der Bericht von der »Völva« Thorbjörg in Herjolfsnes.)

Das archäologische Vinland

Liest man die logbuchartigen Nachrichten über die Erstsichtung und Erstentdeckung Amerikas, wie sie die »Grönländersaga« mit ihren bescheidenen dichterischen Zutaten vermittelt, und läßt man sich nicht entmutigen durch die besonders stark von Mystizismus, Zweckpropaganda und »Zutaten« durchsetzte Darstellung der »Saga von Erik dem Roten«, so könnte trotzdem ein Hauch des Zweifels daran bleiben, ob diese präkolumbische Seefahrerleistung wirklich Wahrheit gewesen ist.

In Skandinavien hat freilich bei den Wissenschaftlern und in der Öffentlichkeit nie ernsthafter Zweifel daran bestanden, daß die Grönländer des Mittelalters Kolumbus den Rang abgelaufen haben. Und es wäre auch fast erstaunlich, wenn sie diese Entdeckung nicht gemacht hätten.

Seeleute, die den Mut, die Schiffe und die Navigationstechnik mitbringen, um über Island hinaus die »Neue Welt« mit ihrem Vorposten Grönland zu entdecken und zu erschließen, deren Navigationstechnik sie dazu verführen muß, längs der Breitengrade immer weiter nach Westen zu segeln, die eine 1200-Seemeilen-Reise von Bergen nach Grönland ohne Zwischenlandung absolvieren: Solche Seeleute werden, wenn sie dann auf Grönland heimisch sind, irgendwann den relativ kurzen Schritt von Grönland über die Davis-Straße weiter nach Westen tun. Und es spricht alles dafür, daß diese Entdeckung des »eigentlichen Amerika« (wenn man Grönland nicht ganz als Amerika gelten läßt, wie das üblich ist) nach der Landnahme in Grönland geschehen wäre, auch ohne die mutige Seereise des Nicht-Helden Bjarne Herjolfsson: Die Atmosphäre ist schwanger mit

Abenteuern, Unruhe drängt, ferne Länder mit reichen Schätzen locken. Noch sind in den grönländischen Fjorden Schiffe für die Weiterreise in die Neue Welt vorhanden – in den nächsten Jahrhunderten besitzen die grönländischen Großbauern keine eigenen Schiffe mehr, um dann noch Amerika zu entdecken, höchstens kleinere Schiffe, um auf bekannten Routen einmal hinüberzufahren.

Kurz: Die Entdeckung Amerikas durch diese noch auf der Tradition der Wikingerseefahrt aufbauenden Nordleute, die Grönländer werden, ist um die Jahrtausendwende fast selbstverständlich und konsequenterweise zu erwarten.

Vor allem gibt es für diese Leistung neben den schriftlichen und in ihrer Ausdeutung diskutierbaren Quellen der Sagas neuerdings auch handfeste Beweise, archäologische Hardware.

Sie liefert ein Außenseiter: ein norwegischer Jurist und Gouverneur von Spitzbergen, Helge Ingstad, mit seiner Frau.

Den Norwegern liegt Grönland sozusagen im Blut, ihnen sind die nordischen Besiedler Grönlands nächste Blutsverwandte. Seit 1814, dem Vertrag zu Kiel, der Norwegen von Dänemark trennt (die Länder sind vorher in Personalunion Teile eines Gemeinschaftsstaates), leiden die Norweger unter dem Verlust Grönlands. Denn dieses Land, das im Mittelalter zum Königreich Norwegen gehörte und mit diesem in das dänische Königshaus eingebracht wurde, war ihnen 1814 nicht mit zurückgegeben worden. Anfang des 20. Jahrhunderts entwickelt sich eine ganze politische Bewegung in Norwegen, die die Rückgabe Grönlands fordert. 1931 okkupieren Norweger einen Teil Ostgrönlands als »Eirik Raudas Land«, d. h. als Erbe ihres Nationalhelden »Erik der Rote«. Die Angelegenheit beschäftigt sogar den Internationalen Gerichtshof in Den Haag, der bei dieser Gelegenheit unter anderem auch die staatsrechtliche Stellung der Grönländer der Mittelaltersiedlungen zu untersuchen hat und erklärt, sie seien eine bis zum freiwilligen Anschluß an Norwegen 1261 selbständige Gemeinschaft gewesen. Per Saldo jedoch behält 1933 Dänemark im Juristenstreit um Grönland recht, und »Eirik Raudas Land« wird von den Norwegern wieder freigegeben. (Es ist dies einer der vielen Fälle, in denen sich der Vorkriegs-Völkerbund und der auf ihm fußende Den Haager Gerichtshof als friedenstiftend bewährt haben.)

Ingstad sucht während der »Okkupationszeit« die ostgrönländischen »Besitzungen« Norwegens offiziell auf und kommt dabei mit dem Geheimnis von Leben und Sterben der Grönländer des Mittelalters und mit den sagaumwobenen Vinlandfahrten in nähere Berührung.

Helge Ingstad glaubt nicht an die Weintrauben »Vinlands«, ihm scheint die obenerwähnte sprachgeschichtlich einleuchtende Deutung des »Vin« (kurz gesprochen wie in dem Wort »gewinnen«) viel vernünftiger. Dieses Land mit den so besonders weiten und reichen Wiesen, das Leif den Glücklichen zur Namengebung bewogen hat, ist sicherlich dort zu suchen, wo man, von Norden über Baffins-Island und Labrador kommend, auf Gebiete mit solchem auch im Winter grünen Wiesenland stößt, das heißt in Neufundland.

Dort muß in einem Wiesengebiet mit Waldumgebung und nahe einer besonders flachen großen Meeresbucht Leif der Glückliche seine vielzitierten Häuser, die »Leifsbudir«, errichtet haben. Möglicherweise trifft man deren Ruinen noch an ...

Im Jahr 1960 bricht Helge Ingstad auf, um in Neufundland die Reste der »Leifsbudir« zu finden und damit die letzten Beweise für die Richtigkeit der Vinlandentdeckung zu liefern. Er beginnt südlich von Neufundland, wo Leif, einigen Forschern zufolge, im Gebiet von Rhode Island gelandet sein soll. Ingstad tut dies ohne Enthusiasmus für diese Gegend, nur der Ordnung halber, und ohne Erfolg. Dann fliegt er die Küsten Neufundlands ab, klappert mit Küstendampfern die friedlichen Dörfchen und Hafenstädtchen der Kabeljaufischer ab, steigt dann mal auf ein kleines Hospitalschiff um und arbeitet sich immer weiter vor bis zur Nordspitze Neufundlands: Dort liegt das wichtigste Ziel – ein Gebiet, das die meisten Forscher als das »Vinland« ansehen und wo mehrere Expeditionen vergeblich nach Spuren der Grönländer gesucht haben. Ingstad fragt überall – nach alten Ruinen, nach großen Wiesen an der Küste –, er wird als Schatzgräber verdächtigt und bekommt serienweise Storys von vergrabenen Schätzen serviert.

Schließlich, an der äußersten Nordspitze der Insel, wo die Fährte ohnehin ganz »heiß« ist, erzählt ein Mann etwas von »alten Gebäuderesten« in der Nähe eines Fischerdörfchens »L'Anse aux Meadows«, dessen Name besagt, daß es an einer kleinen Bucht nahe großer Wiesen liegt (»L'Anse« = kleine Bucht; »Meadows« = Wiesen).

Ingstad horcht auf: Ruinen plus Wiesen, das sind seine Zielobjekte. Mit seinem Hospitalschiff kommt er ein paar Tage später im Hafen von »L'Anse aux Meadows« an. Nach zehn Minuten Fußmarsch über die Wiesen steht er an einer flachen Bucht – wie sie die Saga erwähnt –, an einem glitzernden Bach. Auf dessen Ufern liegen einige undeutliche Aufwölbungen, überwuchert, längliche Hügel mit Steinresten: Gebäudeüberreste, deren Alter zunächst unklar ist. Doch hier passen Landschaft, Historie und Fundplatz so gut zusammen, daß in Ingstad die ernsthafte Hoffnung keimt, nun das gefunden zu haben, was er sucht.

Mehrere Jahre lang graben Ingstad und seine Frau Anne Stine, mit Hilfe einiger Fachforscher sowie Finanzhilfe aus vielen Kreisen Norwegens, das Ruinenfeld aus. Nach ihnen kommen noch kanadische Staatsarchäologen, weil dieser Fund so unglaublich und einzigartig ist, daß sie es auch mit eigenen Augen sehen wollen. Im Jahr 1977 erst wird der (kostbar gebundene) Grabungsbericht von Frau Anne Stine Ingstad veröffentlicht. Man hat sich Zeit gelassen, um alle Spezialisten mit heranzuziehen, um vollständige Arbeit zu leisten.

Denn es besteht kein Zweifel: Hier auf der Kies- und Schotteranhöhe am Ufer des »Schwarzen Enten-Baches« mit Blick auf die flache »Épaves«-Bucht an der Nordspitze Neufundlands haben etwa um das Jahr 1000 Europäer gewohnt! Ein halbes Jahrhundert vor Kolumbus!

Hier standen längliche Häuser mit Wänden aus Rasensoden, der gleichen Architektur wie auf Grönland oder Island. Die Häuser waren mit Herden ausgestattet, die wie auf Grönland aus Steinplatten aufgebaut wurden. »Glutbrandgruben«, aus Steinplatten in den Fußboden eingesenkt, dienten dazu, nachts die restliche Glut der Herde aufzubewahren, um morgens schnell wieder Feuer entfachen zu können. Neben den Herden und im Freien waren Kochgruben angelegt, in denen zwischen glühenden Steinen Fleisch gegrillt werden konnte. Auch diese Einrichtungen sind die gleichen, wie man sie in den Häusern der Grönländer kennt, sind Reste der typischen Wohnkultur, wie sie die Wikinger über den Nordatlantik verbreiteten.

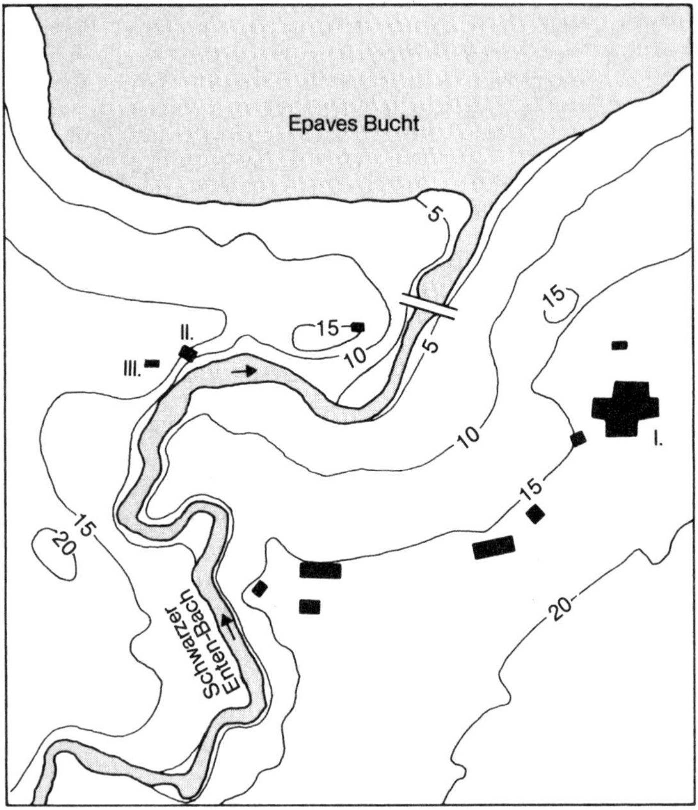

Die älteste Europäer-Siedlung in Nordamerika: Die Siedlung vom »Schwarzen Enten-Bach« bei L'Anse aux Meadows auf Neufundland. I markiert das Hauptwohnhaus mit großer Halle und Langfeuer, II die Schmiede, III den Kohlenmeiler. In arabischen Ziffern: die Höhenschichtlinien.

Genau diesem Kulturkreis entstammen die spärlichen Einzelfunde an Hausinventar. Sie sind schon deswegen spärlich, weil in dem kiesig-sandigen, sauren Boden dieses Bachufers die Verwitterung sehr intensiv ist und die Hinterlassenschaften von Menschen schnell zerstört. Man fand: Türbeschläge aus Eisen, die verraten, daß diese Häuser mit gezimmerten Holztüren ausgestattet waren (wie die grönländischen Häuser jener Zeit);

ein Stück Kupferblech; Reste eines Feuerzeugs aus einem Stück Jaspis und einem goldfarbenen Pyrit-Kristall (Pyrit ist ein Schwefeleisenerz), die, aneinandergeschlagen, Funken liefern; eine Bronzenadel mit Ringkopf sowie einen Spinnwirtel aus Speckstein, die beide in dieses Kulturmilieu passen. Die Bronzenadel läßt sich annähernd genau datieren: Derartige Nadeln wurden von den Frauen im 9. und 10. Jahrhundert auf Island getragen. Das Specksteinstück ist ganz typisch grönländisch: Im Gebiet der Grönländersiedlungen entwickelte sich nach der Entdeckung der ergiebigen Specksteinlagerstätten eine Art »Specksteinkultur«; man verwendete dies Material für alles Mögliche und Unmögliche, vor allem aber auch für Spinnwirtel.

Man muß, um objektiv zu sein, erwähnen, daß dieser Hausrat möglicherweise nicht direkt von grönländischen Ansiedlern stammt, die ihn in ihren Häusern vergaßen oder verloren, sondern von Eingeborenen, die solche exotischen Dinge wie Spinnwirtel oder Bronzenadel eintauschten oder erbeuteten und dann als Souvenirs mitnahmen. Das war im Grönland des Mittelalters bei den Eskimo sogar gang und gäbe: Über die ganze Insel verbreitet finden sich in Eskimohäusern derartige Kleinsouvenirs aus dem Haushalt der weißen Nachbarn im Südgrönland des Mittelalters. Sie sind beinahe typisch für einen Abschnitt der Eskimokultur jener Zeit (wir werden später näher darauf eingehen). Doch man kann diese Deutung hier nicht anwenden. Einmal haben auf Neufundland nie die sogenannten Thule-Eskimo gelebt, die derartige Dinge sammelten. Zum andern sind die Häuser vom »Schwarzen Enten-Bach« alles andere als eskimoisch, sondern eindeutig grönländisch.

Auch die äußerst spärlichen Reste von Tieren aus dieser Siedlung passen genau in das Bild: Es sind einzelne Knochen von Schafen oder Ziegen (das läßt sich nicht genau auseinanderhalten) und von Schweinen, mit andern Worten: von Haustieren, die nur aus dem europäischen Kulturkreis hierhergelangt sein können.

Das Bild rundet sich durch die Altersbestimmungen vorwiegend an Holzresten mit Hilfe der C-14-Methode, der »Radiokohlenstoffmethode«. Diese mißt das Alter von kohlenstoffhaltigen Objekten aus dem Anteil des darin enthaltenen radioaktiv zerfallenden Kohlenstoff-Isotops C 14.

Die so gemessenen Altersdaten streuen allerdings sehr weit und liegen zwischen 650 und 1050 nach der Zeitenwende. Dabei ist jede einzelne Messung mit einem Unsicherheitsfaktor behaftet – einer »Schwankungsbreite« des Alters um ± vierzig bis sechzig Jahre. Selbst wenn man diese Fehlergrößenordnung bewertet, wirken die ältesten Daten zunächst befremdend: Entweder sind diese Siedler schon einige Jahrhunderte früher, als man weiß, hierhergelangt (das ist ganz undenkbar), oder die Methode ist fragwürdig, so sollte man meinen.

Doch läßt sich der Widerspruch sehr einfach klären: Diese Amerikasiedler verwendeten für ihren Bau und für ihre Feuer keineswegs immer frisches Holz aus dem relativ fernen Wald, sondern sicherlich auch Treibholz, wie man es heute noch in Massen am Strand der »Épaves«-Bucht (épave = herrenloses Gut) aufsammeln kann und wie es damals ohne große Transportarbeit über einige hundert Meter Entfernung herangeholt werden konnte. Treibholz driftet jedoch oft Hunderte von Jahren im Wasser, bevor es strandet. Und die Amerikaentdecker, die hier die ersten (und letzten) Häuser bauten, fanden sicher den Strand voll solcher Hölzer, die seit undenklichen Zeiten dort lagen.

So können viele der in der Siedlung aufgesammelten und für die Radiokohlenstoffdatierung verwendeten Hölzer weit älter sein als die Siedlung. Charakteristisch für das Alter der Bauten kann nur das Alter der jüngsten Hölzer sein, und dieses liegt – die möglichen Meßfehler mit Altersschwankungen von Jahrzehnten einberechnet – in der Größenordnung von etwa 1000 nach der Zeitenwende.

Alles in allem passen Hausarchitektur, Wohnkultur, Fundstücke und physikalische Altersdatierungen dieses Fundplatzes ausgezeichnet zusammen und zu den Sagaberichten über die Vinlandreisen: Was hier gefunden wurde, stammt eindeutig von den Europäern, die von Grönland aus nach Westen und Südwesten gesegelt sind und begonnen haben, sich für ein Leben in einem neuen Land häuslich einzurichten.

Diese erste europäische Siedlung auf dem Boden Amerikas besteht im Kern aus drei großen, zum Wohnen eingerichteten Rasensodenhäusern. In ihnen wohnen jedoch noch keine Familien, die bereits für ein Leben über die eigene Generation hinaus hier Fuß gefaßt haben, sondern dicht gedrängt Kolonistengruppen, die das von ihnen entdeckte Land erst erproben wollen. Denn fast in jedem Raum befinden sich Feuerstellen zum Kochen; Wohn- und Schlafräume sind nicht getrennt (ähnlich wie bei den ersten nach der »Landnahme« errichteten Häusern auf Grönland). Um die Wohnhäuser herum gruppiert sich eine Reihe kleinerer Nebengebäude, deren Zweck schwer erkennbar ist. So verstreut man ja auch auf Grönland seinen Hof über eine große Fläche.

Rings um diese kleine Siedlung dehnen sich die grünen Wiesen und Weiden des »Vinlands« – heute wie damals. Dort

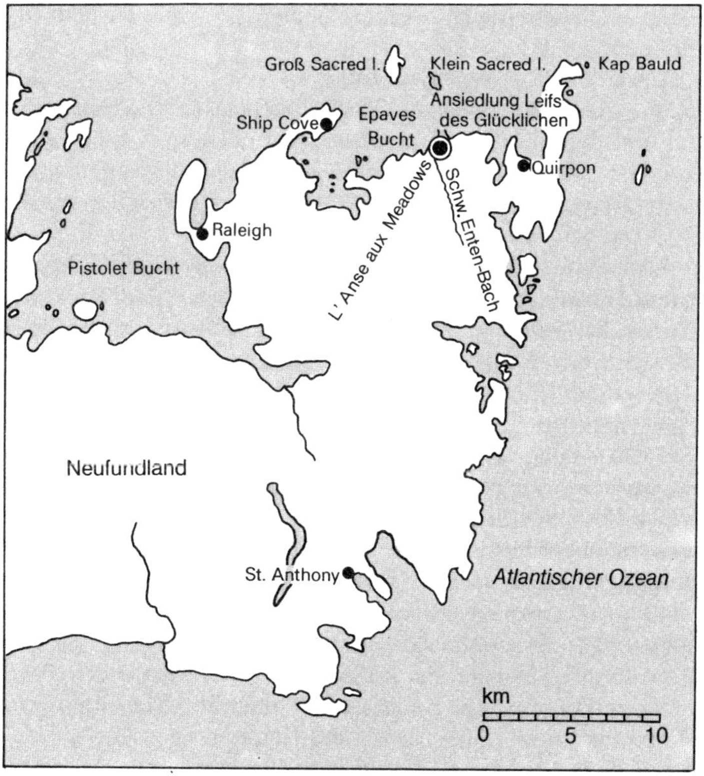

Gebiet der ersten Europäer-Siedlung in Amerika.

kann das Vieh weiden, ohne winters in Ställen versorgt werden zu müssen. Tannen-, Fichten- und Lärchenwälder liegen etwas entfernt, einige zehn Kilometer, doch so dicht am Ufer, daß man per Schiff Frischholz beschaffen kann. Ein Schmied hat schon begonnen, aus einem Kohlenmeiler Holzkohle zu erschwelen und mit dieser Kohle Eisen aus dem braunen Sumpferz der nächstgelegenen Moore zu erschmelzen. Während der Schmiedehammer klingt, sind die Frauen in den Häusern beim Buttern oder lassen den Spinnwirtel rotieren, um später aus der Wolle ihrer Schafe Stoff für Röcke und Kittel weben zu können. Vom Wasser der nahen Bucht ertönt Ruderschlag: Ein Teil der Männer ist mit kleinen Booten unterwegs, um Kabeljau zu fischen, den Strand nach aufgelaufenen Walen abzusuchen oder von nicht weit entfernten Vogelinseln Eier und Daunen heimzubringen.

Diese kleine Milieuschilderung ist kein Phantasieprodukt: Reste eines Kohlenmeilers, Schmiedeschlacken, der Spinnwirtel und die Spuren von drei Bootsschuppen am Ufer (wo die leichten Arbeits- und Fangboote gegen Wind und Wetter geschützt liegen) zeugen von dem Alltagsleben der ersten weißen Amerikaner.

Die Landnahme auf Neufundland ist also in vollem Gang, als diese Häuser errichtet und bewohnt wurden. Glänzender als durch den Fund der Ingstads ist wohl selten ein historischer Bericht von grundlegender Bedeutung bestätigt worden. Die Häuser der Vinlandfahrer sind dort in jener Gegend erhalten geblieben, wo sie vernünftigerweise vermutet werden mußten.

Doch welche Vinlandfahrer haben hier gebaut und gewohnt?

Nach den ausführlichen Sagatexten müssen diese Häuser eigentlich jene »Leifsbudir« sein, die Eriks des Roten Sohn bei der ersten Entdeckungsreise errichtete, die er ein Leben lang als sein Eigentum betrachtete und seinen Sippenangehörigen offiziell auslieh, wenn diese auf seinen Spuren wieder nach Vinland steuerten.

Sind es die »Leifsbudir«, so müssen sie an einem größeren Bach oder Fluß liegen, durch den die Ankömmlinge ihr »Knarr« in einen See zogen. Außerdem müßte Wald in der Nähe sein, in und an dem sich das Gefecht zwischen Karlsevnes Männern und den Skraelingen abspielte. Diese Landschaftselemente lassen sich heute nicht mehr mit Sicherheit identifizieren. Doch hat vermutlich der Meeresspiegel um die Jahrtausendwende um rund einen Meter höher gelegen als heute: Dann war der heutige kleine »Schwarze Enten-Bach« breiter, und das Moor, durch das er fließt, war ein kleiner See und die sehr flache »Épaves-Bucht« besser schiffbar als heute, so daß die Vinlandfahrer ihren Landeplatz ohne Schwierigkeiten ansteuern konnten. Das Buschwerk, vom Siedlungsplatz aus gesehen landeinwärts, mag in den Berichten als »Wald« geschildert worden sein (echter Hochwald wächst wie erwähnt erst in größerer Entfernung), wie er für militärische Operationen funktionell durchaus hinreicht.

Die Landschaft paßt also ziemlich genau zu dem Sagabericht oder kann zwanglos »passend gesehen« werden. Die Zahl der Häuser widerspricht dem Bericht nicht: Sie ist dort nicht exakt angegeben. Berichtet ist nur, daß bei der Expedition der axtschwingenden Freydis sich ihre Partner ein eigenes Haus bauten, nachdem Freydis sie aus dem von Leif errichteten Haus herausgeekelt hatte. Für die Unterbringung von etwa sechzig Mann und etlichen Frauen (die größte Zahl Siedler, die je nach Vinland kam, wenn man der »Grönländersaga« folgt) genügen diese drei Häuser. Die »Saga von Erik dem Roten« berichtet freilich von hundertsechzig Teilnehmern an der Expedition Karlsevnes. Dafür wäre die gefundene Siedlung zu klein. Doch ist dieser Bericht, wie oben ausgeführt, nicht allzu wörtlich zu nehmen, jedenfalls weniger wörtlich als die »Grönländersaga«.

Ohne den archäologischen Befunden allzuviel Zwang anzutun, kann man glauben, daß die Ingstads tatsächlich die »Leifsbudir« in Vinland gefunden haben. Das letzte Wort hierüber hat die derzeit wohl größte Autorität in dieser Angelegenheit: Helge Ingstad. Seinem Vorwort zu dem Grabungsbericht seiner Frau will er einen Bericht speziell zu dem Zusammenhang zwischen Sagas und »L'Anse aux Meadows«-Siedlung folgen lassen.

Wer war sonst noch drüben?

Die uns überlieferten Sagas spiegeln jedoch nur einen sicher kleinen Teil des wirklichen Geschehens jener Jahrhunderte auf Grönland und auf dem Weg nach Vinland. Selbst wenn die europäischen Vinlandhäuser an der »Épaves«-Bucht wirklich die »Leifsbudir« sind, ist es möglich und sogar wahrscheinlich, daß noch anderswo in »Vinland« oder »Markland« (weniger in »Helluland«, das den Ankömmlingen von Grönland wenig wirtlich erschien) Spuren europäischer Besuche existieren und eines Tages auftauchten. Denn der Verkehr nach Amerika war mit Sicherheit lebhafter, als es die Sagas erkennen lassen. Dafür gibt es eine Reihe von Anhaltspunkten.

Einmal enthalten die isländischen »Annalen« aus Skaalholt (die jahrhundertelang alle ungewöhnlichen Ereignisse aus Island und in der Grönlandschiffahrt aufzeichnen) mehrere Notizen über einen Bischof, Erik Gnupson, der gegen 1113 nach Grönland reist, dort in der Vesterbygd residiert und 1121 nach Vinland weiterreist. Dann hört man nichts mehr von ihm. Als wenige Jahre darauf ein Bischof Arnald für Grönland eingesetzt wird und in der Österbygd seinen Sitz aufschlägt, ist von einem Amtsbruder in der Vesterbygd nicht mehr die Rede.

Die ganze Angelegenheit scheint reichlich mysteriös, weil in Kirchenakten von einem Bischof vor Arnald nichts zu lesen ist. Doch die obenerwähnten »Annalen« gelten als sehr zuverlässiges Quellenmaterial. Auch weiß noch zweieinhalb Jahrhunderte später ein Bischofsstellvertreter aus Grönland – der natürlich auch in der Österbygd residierte –, Ivar Bardarsson, zu berichten, daß in der »Vesterbygd einst ein Bischofssitz war«.

Dies ist wieder archäologisch beweisbar. Denn ein dänischer Forscher grub um 1930 in der Vesterbygd den dort größten Hof aus: Sandnes, mit einer Kirche dabei. Falls je wirklich ein Bischof in der Vesterbygd seinen Sitz hatte, kann es nur dort gewesen sein. In einer der Ruinen fand sich ein merkwürdiges Holzstück: Bruchstück eines zunächst unidentifizierbaren Möbels, das der Ausgräber Dr. Aage Roussel als Kopfstück eines der Holme eines Klappstuhls identifizierte. Dieses Kopfstück ist auffallend reich verziert: Der Kopf ist der eines plumpen, doch gut geschnitzten Bären, hinter dem drei Katzenköpfe aufliegen. Derartig reich geschnitzte Klappstühle waren im Mittelalter als Sitzmöbel der hohen Geistlichkeit vorbehalten. Das beweist ein Bild in einer lateinischen Handschrift aus dem ehemaligen Benediktinerkloster Cismar (Ostholstein): Es zeigt den Bischof Ivo auf einem solchen Klappstuhl sitzend, dessen Holme genauso reich geschnitzte Tierköpfe tragen.

Mithin kann man die verstreuten Notizen über den grönländischen Bischof Erik Gnupson nicht vom Tisch wischen, denn die unterschiedlichen Beweismittel ergänzen sich zu gut. Offenbar hat dieser Bischof existiert – niemand weiß, wer ihn entsandt hat –, also ist es auch glaubwürdig, daß er nach Vinland gereist und dort wohl umgekommen ist.

Was Bischof Erik in Vinland gewollt hat, ist vorläufig rätselhaft. Man kann sehr vieles in diese erste Amerikareise eines so hohen Kirchenvertreters hineininterpretieren:

Möglicherweise war er noch von dem Hamburger Erzbischof eingesetzt, der bis 1104 kirchliches Oberhaupt des gesamten Nordens war und in dieser Eigenschaft sich eine Zeitlang bemühte, seine Machtposition auszudehnen. (Der Chronist Adam von Bremen macht in seiner 1076 geschriebenen »Gesta Hammaburgensis« kräftig Propaganda für dieses Kirchenzentrum.) Demnach könnte es Eriks Auftrag gewesen sein, die fernsten Winkel des Erzbistums Hamburg auszuforschen und für diesen Mittelpunkt der nordischen Kirche zu erschließen. (1104 allerdings wird ein Erzbistum in Lund in Schweden errichtet, das Skandinavien und Grönland lenkt.)

Genauso denkbar ist, daß Erik Gnupson aus eigenem Antrieb und vielleicht aus der den Nordländern eigenen Abenteuerlust sich nach Vinland aufmachte, um dort entweder bei den Heiden zu missionieren, den »Skraelingen«, jenen von Europa aus gesehen weltfernsten Menschen der Erde, oder um christliche Siedlungen der Grönländer zu betreuen, von denen die Sagas nichts wissen.

Dies Geheimnis um Erik Gnupson, den Bischof, der in Vinland verschollen blieb, ist vorerst ungelöst. Den Hauch eines möglichen Hinweises auf seine Reise kann eine kleine Silbermünze bedeuten, die vor einigen Jahrzehnten durch Amateurarchäologen aus dem Küchenmüll einer indianischen Siedlung an der Küste von Maine ausgegraben und erst vor wenigen Jahren identifiziert wurde. Es handelt sich um eine norwegische Münze, geprägt unter König Kyrri irgendwann zwischen 1067 und 1093!

Diese Münze aus dem Muschelschalenhaufen (der indianische Küchenmüll bestand vorwiegend aus Muschelschalen), von dem Londoner Spezialisten Peter Seaby identifiziert, ist ein seltsamer Fund – Dutzende von Segeltagen südlicher als die Spuren der Grönländersiedlungen.

Die Münze kann über die »präkolumbischen« Kontakte der Alten Welt mit der Neuen Welt über Island-Grönland gewandert sein: Auf dieser Strecke können europäische Raritäten, wie es die Münze ist, auch ohne von Europäern direkt transportiert zu werden, von Hand zu Hand weitergegeben worden und über die kanadische Arktis bis hin zur Küste von Maine gelangt sein. Etwas so Schönes wie eine glänzende Silbermünze mit einem Bild darauf könnte durchaus solchen Weg genommen haben. Dann bleibt es immerhin schwer verständlich, wieso andere Souvenirs nicht den gleichen Weg gewandert sind.

Dieser Weg der König-Kyrri-Münze ist auch deshalb nicht wahrscheinlich, weil die Grönländer selbst keine Münzen gekannt haben, denn sie wickelten ihre Geschäfte auf dem Tauschweg ab. Selbst ungemünztes »Hacksilber« (aus altem Schmuck geschnittenes, danach zerhacktes und dann nach Gewicht gehandeltes Silber, das in den Wikingerländern normaler Münzersatz war) hat sich auf Grönland nicht gefunden. Edelmetallfunde sind ganz spärlich in den grönländischen Siedlungen.

Der Entdecker der Münze, Peter Seaby, vermutet, die Münze sei direkt von Norwegen nach Maine gebracht worden – durch eine Schiffsexpedition also, die nicht über Grönland ging. Daß derartige Expeditionen stattgefunden haben, nachdem Vinland einmal entdeckt war und man eine Vorstellung von dem Seeweg dorthin hatte, ist nicht auszuschließen. Doch fehlt jeder Schatten eines zusätzlichen Beweises für eine solche Bereicherung des Bildes der präkolumbischen Kontakte zur Neuen Welt.

Naheliegender scheint eine andere Erklärung: Diese Münze ist über den Grönlandweg in die Neue Welt gelangt, nur unter den sehr ungewöhnlichen Umständen, daß sie jemandem von hoher sozialer Stellung und Herkunft gehörte, bei dem man, entgegen dem Wirtschaftsbrauch auf Grönland, den Besitz von Münzen vermuten kann. Einen solchen potentiellen Münzenbesitzer hat es ja offenbar gegeben, nämlich den vorhin diskutierten ersten Bischof der Grönländer, Erik Gnupson aus der Vesterbygd, der in Vinland verschollen ist. Nach der Prägezeit der Münze kann sie sehr gut im Besitz dieses Kirchenpioniers der Neuen Welt gewesen sein – und wenn überhaupt ein Grönländer jener Zeit mit Silbermünzen ausgestattet war, dann ein Bischof. (Auch die wenigen Edelmetallfunde der grönländischen Siedlungen stammen überwiegend aus Bischofsgräbern.) Wie diese Münze – wenn das zutrifft – aus dem Besitz des Bischofs in den eines muschelessenden Indianers in Maine gelangte, wäre eine nächste Frage. Erklärungen dafür gäbe es genug.

Uns scheint jedenfalls diese Deutung der König-Kyrri-Münze aus ihrem Alter heraus verhältnismäßig naheliegend. Mehr als eine gute Hypothese ist sie freilich auch nicht.

Die gleichen isländischen Annalen, die mit einiger Akribie alle ungewöhnlichen Ereignisse auf der Insel und im Schiffsverkehr mit Grönland aufzeichnen, enthalten noch einen gewichtigen Hinweis auf anhaltende Verbindungen zwischen dem Vorposten der Neuen Welt, Grönland, und der Neuen Welt selbst: Unter dem Jahr 1347 ist das Eintreffen eines grönländischen Schiffes auf Island verzeichnet, das von Markland kommend unterwegs in einen Sturm geraten war und mit seiner Besatzung von siebzehn oder achtzehn Mann (die beiden Annalenquellen stimmen da nicht ganz überein, was nur beweist, daß sie unabhängig voneinander aufgezeichnet, also glaubwürdige Originale sind) nach Island verschlagen wurde. Die isländischen Chronisten scheinen bei der Abfassung dieser Notiz sehr erstaunt über die Tatsache, daß das Schiff so klein war – kleiner als die isländischen Schiffe jener Zeit, die auch nur in der Küstenfahrt benutzt wurden und längst keine Hochsee-»Knarrs« waren. Vielleicht ist dieses Markland-Schiff nur – um eine Zahl zu nennen – etwa zehn Meter lang gewesen: Daß ein derartiges Schiff eine Sturmreise von Markland (d. h. Labrador) bis Island überstanden hat, ist sicherlich ein annalenwürdiges Ereignis. Doch keine Silbe weiter wird in den Annalen auf Markland, den Abgangsort des Schiffes, verschwendet. Man gewinnt den Eindruck, daß derartige Fahrten der Grönländer nach der ostamerikanischen Küste damals als nichts Besonderes betrachtet werden (sie waren ja auch für ein Schiff der erwähnten Dimensionen und mit dem seemännischen Können der Männer jener Zeit durchaus realisierbar).

Mit andern Worten: Im 14. Jahrhundert gehört die nordamerikanische Ostküste mit absoluter Selbstverständlichkeit zum Lebensraum der nach-wikingischen Welt des Nordatlantik – in welcher Form, das ist eine völlig offene Frage. Vielleicht fahren die Grönländer nur immer besuchsweise wieder dorthin, um vor allem Holz zu beschaffen (das sie sonst mit teuren »Devisen« in Form hochwertigsten Tauschgutes von den Kaufmannsschiffen erwerben müssen, die von Norwegen her kommen). Holz benötigen sie dringend für den Bau ihrer kleinen Schiffe und vielleicht zur Eisengewinnung (Treibholz ist dafür ungeeignet). Vielleicht bestehen auch noch andere Siedlungen über längere Zeiten in versteckten Winkeln, die eines Tages ein Archäologe mit seinem Spaten und Spachtel finden wird.

Das »Atlantische Skandinavien« – wie der US-Zoologe Dr. Thomas McGovern die wikingische Expansionssphäre rund um den Nordatlantik nennt – erstreckt sich also von der Jahrtausendwende ab bis ins 14. Jahrhundert auf die Küsten Amerikas, auch wenn der skandinavische Einfluß auf die ostamerikanische Küste nur äußerst bescheiden ist.

Die Frage liegt nahe, weshalb sich dieser Einfluß nicht verstärkt und Amerika nicht schon vor Kolumbus von Europäern in Besitz genommen wird. Sie beantwortet sich eigentlich von selbst, wenn man die Sagaberichte aufmerksam liest. Auch wenn man sie nicht wörtlich nimmt, sondern aus ihnen nur das herausliest, was sich die Sagaerzähler über dieses Stück Historie des eigenen Volkes vorstellen, so bleibt das Fazit immer das gleiche:

Die Neuankömmlinge in der Neuen Welt weichen der Übermacht der Eingeborenen, der »Skraelinge«. Sie werden von den angreifenden Ureinwohnern nicht besiegt, sind ihnen in Gefechtstaktik und Waffen sogar leicht überlegen. Doch sie erkennen klar, daß ihre feste Siedlung, ihr ortsgebundener Bauernhof mit seinen Viehherden, sich auf die Dauer nicht halten läßt gegen eine in zunehmenden Zahlen angreifende Feindesmacht. Ihre höherentwickelte Bauernkultur ist gegen die Feindseligkeiten einer noch auf der Jäger-Sammler-Stufe stehenden nomadichen Kultur viel zu verwundbar.

Von den vier nach der »Grönländersaga« durchgeführten Vinlandreisen ist die erste lediglich eine Erkundungsreise, die nicht zu dauernder Inbesitznahme des Vinlandes führen soll: Diese ist erst für später geplant (weshalb Leif Eriksson ja seine »Leifsbudir« auch nur ausleiht). Die beiden nächsten Reisen, mit Versuchen zur Daueransiedlung, müssen wegen der Attakken der »Skraelinge« beendet werden. Nur die vierte und letzte Fahrt, die der axtschwingenden Erikstochter Freydis, endet mit freiwilliger Rückkehr, also ohne vorausgegangene Attacken durch Skraelinge. Doch diese Reise ist ohnehin nicht mehr als »Landnahmefahrt« geplant, sondern einzig zur Erzielung von kaufmännischem Gewinn (aus Holz oder Pelzen), und sie wird sicher auch deshalb abgebrochen, weil nach dem Mord an der Besatzung des zweiten Schiffs die Stimmung unter der überlebenden Mannschaft ganz gewiß keine Pioniertaten im Neuland fördert.

Auch wenn man die etwas wirren Schilderungen der Vinlandexpeditionen aus der »Saga von Erik dem Roten« analysiert, ist das Resultat das gleiche: Die Attacken der Eingeborenen sind so stark, daß die Europäer bald abziehen. Nach dieser Saga flüchten sie sogar vor der Übermacht, bis die gleiche Freydis (die hier in ganz anderm Zusammenhang auftritt, doch eindeutig als die Tochter Eriks des Roten identifizierbar ist) die Situation rettet: Sie, nach der Saga hier schwanger, wirft sich den Angreifern mit entblößten Brüsten und gezücktem Schwert entgegen ... und die flüchten.

Die Story ist vielleicht gut erfunden. Sie zeigt Freydis nicht als blutdürstige Mörderin. Auf alle Fälle war sie eine recht tatkräftige und ungewöhnliche Frau.

Die Skraelinge jedenfalls werden auf die Dauer die Stärkeren in Vinland bleiben, das erkennen die amerikasüchtigen Grönländer sehr klar und ziehen die Konsequenzen.

Der archäologische Befund der norwegischen Ausgräber in den potentiellen »Leifsbudir« von L'Anse aux Meadows am »Schwarzen Enten-Bach« stimmt auch in dieser Hinsicht gut überein mit den Schriftquellen:

Er zeigt, daß dort, wo Leif seine Häuser errichtet, schon immer Eingeborene gelebt haben: Das Hochufer des Baches, auf dem sie stehen, ist übersät mit Steinwaffen und -gerät der Eingeborenenkulturen. Die Häuser der Grönländer – leicht gebaut, noch nicht für Dauer, eben »Hütten« – sind nur kurze Zeit hindurch bewohnt gewesen, nach Ansicht von Anne Stine Ingstad längstens ein Jahrzehnt lang: Die Kulturschicht auf dem Boden der Häuser ist ganz dünn, nur zentimeterstark. (Das stimmt in der Zeit-Größenordnung sehr gut zusammen mit den Berichten der »Grönländersaga«, nach denen die Vinland-Expeditionen kurz nacheinander erfolgten.) Schließlich wurde in der Wand eines Hauses eine steinerne Pfeilspitze (aus Quarzit) gefunden: Sie wird von Angriffen der »Skraelinge« auf die Siedlung stammen.

Während die »Leifsbudir« verfielen, wurde übrigens ein Raum eines der Wohnhäuser noch eine Zeitlang von den Eingeborenen benutzt, wie es scheint. Davon zeugt eine zweite Quarzit-Pfeilspitze aus dem Fußboden dieses Raumes, der zusammen mit einem Teil des Hauses ausbrannte. Die Neubewohner werden dann auch geflüchtet sein.

Die beiden Pfeilspitzen – fein behauen, mit Einschnürung im Sockel – sind ganz typisch die Arbeit der indianerverwandten »Dorset-Kultur«, also der »Paläo-Eskimo« (der »Torngit« in den Sagen der »Neo-Eskimo«). Es sind dies die gleichen Menschen, die vor der Ankunft der Siedler aus Island Grönland bewohnt und wieder verlassen hatten und deren Wohnplätze, Boote und Steinwaffen die Männer Eriks des Roten noch vorfanden, wie oben berichtet.

Diese »Dorset-Leute« – die auf dem nordamerikanischen Kontinent noch weiterhin leben – sind jedenfalls die »Skraelinge« der Niederschrift Ari Frodes. Damit wissen wir, mit wem die »Grönländer« in Vinland aneinandergerieten und wem sie schließlich wichen.

Besser als durch die Ingstadschen Grabungen kann der Ausgang jener Vinlandreisen der Grönländer eigentlich gar nicht dokumentiert werden: Errichtung von Häusern, die kaum ein Jahrzehnt benutzt werden, Kampf gegen die Eingeborenen, Rückzug – die eingeborenen Sieger ziehen in die verlassenen Häuser ein.

Es scheint müßig, im nachhinein zu spekulieren (wie es Dr. Th. McGovern tut), daß bei der waffentechnisch geringen Überlegenheit der Grönländer über ihre Gegner größere Siedlergruppen nötig gewesen wären, um eine europäische Daueransiedlung auf Neufundland zu etablieren. Diese Siedlergruppen gab es nicht, denn Grönland konnte sie nicht abgeben, und der wirtschaftliche Anreiz (aus der Relation zwischen Gewinnmöglichkeit und Risiko) war sicher nicht stark genug, um Siedlermassen aus anderen Teilen des europäischen Nordatlantikraumes anzuziehen.

Als fünfhundert Jahre später mit Kolumbus die europäische Invasion Amerikas an anderer Stelle erfolgreich verläuft, geschieht dies unter ganz anderen Voraussetzungen:

Da gibt es erstens die hohe waffentechnische Überlegenheit der Europäer (mit Feuerwaffen und Reiterei), zweitens einen in hierarchischen Hochkulturen organisierten Gegner, der durch Vernichtung einzelner Führungspersönlichkeiten wehrlos gemacht werden kann, und drittens einen starken Anreiz für die Eroberer, nämlich die begründete Hoffnung auf persönlichen Gewinn aus den enormen Edelmetallschätzen dieser Hochkulturen.

Den Kolonisationsversuch auf Vinland jedoch geben die Grönländer bald nach der Jahrtausendwende auf. Zwar bleibt die Nordostküste Amerikas noch jahrhundertelang in der Reichweite der Grönländer und wird auch angesteuert – Holzbeschaffung zum Beispiel ist dort bestimmt risikoärmer und gewinnbringender als eine Ansiedlung. Doch der abenteuerliche Schwung, der die »Nordleute« über Grönland hinaus bis nach Neufundland (oder weiter südlich?) warf, ist verflogen. Jetzt gilt es, sich auf die Dauer in dem neugewonnenen »Grünen

Land« einzurichten, wo man sich konkurrenzlos ausbreiten kann.

Daß das Schicksal des europäischen Vinlandunternehmens ein Menetekel ist, ein warnender Hinweis auf das künftige Schicksal der europäischen Grönländer, können diese freilich zum Zeitpunkt ihres Rückzugs aus Vinland nicht ahnen.

Grönland wird ein Staat – und christlich

Zunächst entwickelt sich das Grönland der Europäer zu einem eigenen Staat – einem selbständigen Gemeinwesen, dessen vier- oder fünftausend Einwohner (diese Zahl entspricht der Bevölkerung einer heutigen Kleinstadt oder eines großen Dorfes) über eine Strecke von fast tausend Kilometern entlang der Küste verstreut wohnen. Sie leben zwar wie die Isländer nach dem Prinzip »Sowenig Staat wie möglich« und zahlen natürlich zunächst auch keinerlei Steuern. Doch wie die Isländer haben auch sie eine politische Zentralorganisation, die allem Anschein nach einmal jährlich zusammentritt: das »Thing«, das man in mehreren Sagas in Funktion miterlebt.

Dieses Thing, eine Vollversammlung aller erwachsenen männlichen Mitglieder der Bevölkerung, scheint eine ideale Demokratie-Organisation zu sein. In der Praxis aber ist es lange nicht so demokratisch, wie es sein könnte oder sollte.

Zum einen ist ein großer Teil der Bevölkerung überhaupt nicht vertreten: die Leibeigenen, die möglicherweise ebenso zahlreich oder zahlreicher sind als die im Thing allein auftretenden »Freien«. Zum andern weiß man aus Island, daß dort sowohl die regionalen Things als auch das »Allthing« der Insel durch die »Goden« (die Priester der Regionen, deren Amt bald teilbar und käuflich wird) umfassend gesteuert werden, echte Volksentscheide also kaum zustande kommen. Da es geheime Abstimmungen nicht gibt, reicht im allgemeinen der Einfluß der Goden aus, um von den Männern aus ihrem Einflußbereich die »richtigen« Entscheidungen zu erzielen.

Von Grönland ist nicht bekannt, daß es dort die einflußreiche

Position des »Goden« noch gegeben hätte: Dazu war der Verfall des germanischen Götterglaubens um die Jahrtausendwende schon zu weit fortgeschritten. Auch hat man keine Spur eines Tempels gefunden, wie sie auf Island ausgegraben wurden.

Dafür nehmen auf Grönland die reichen Großbauern (oder Gutsherren, wie man sie gerne nennen darf) eine ähnlich einflußreiche Stellung ein – jene Männer, auf deren Schiffen und unter deren Führung die große Kolonistenflotte 985 in Grönland landet und deren Namen viele der Fjorde für ein halbes Jahrtausend tragen. Sie fungieren sicherlich in ihren Fjorden etwa so wie Häuptlinge. Diese Fjordhäuptlinge werden mit ihren Anhängern den Verlauf des Things bestimmt haben.

So ist Grönland im Mittelalter in Wirklichkeit eher eine aristokratische Republik als eine Demokratie. Allerdings wandelt sich diese Republik nach der Christianisierung ganz langsam und unmerklich in einen Kirchenstaat. Dieser bleibt jedoch zunächst eine selbständige politische Einheit (die »in einem Staat zusammengeschlossenen Siedlungen Österbygd und Vesterbygd«), so daß auch der Internationale Gerichtshof in Den Haag in seinem Spruch vom 5. April 1933 im Fall »Eirik Raudas Land« nicht umhin kann, dieser politischen Einheit zu attestieren, sie »scheine selbständig gewesen zu sein«. Die Selbständigkeit endet im Jahr 1261, als dieser Ministaat (vergleichbar kleine Mitgliederstaaten mit vier- bis fünftausend Einwohnern hat heute selbst die UNO nicht) den norwegischen König Haakon Haakonsson als Oberherrn anerkennt.

Die Führungsrolle in diesem Ministaat nimmt am Anfang Erik der Rote ein, eine Autorität ohne Titel. Möglicherweise ist er allerdings auch schon (wir können es nirgends nachweisen) der oberste Repräsentant der Minirepublik, ihr »Gesetzessprecher«.

Diese Stellung des »Gesetzessprechers« ist aus Island genauer bekannt, wo ein Mann von hoher Autorität auf dem Allthing jährlich der Versammlung je ein Drittel des Textes der Landesgesetze rezitiert (in drei Jahren also das ganze Gesetz) und in Gerichtsfällen die Gesetze ausdeutet. Er hat damit eine Position inne, die zwischen der eines höchsten Richters und eines Präsidenten liegen mag.

Ein solcher Gesetzessprecher amtiert auf Grönland nachweisbar erst lange Zeit nach dem Tod Eriks des Roten und dem nicht viel späteren Aussterben seiner Familie (es sind ja offenbar, nach den Sagaberichten, schon zwei seiner drei Söhne zu Lebzeiten Eriks auf den Vinlandfahrten umgekommen, und nur Leif der Glückliche überlebt den Vater, neben der umstrittenen Tochter Freydis) und dann stets auf dem Hof Brattahlid, der durch die Persönlichkeit Eriks politisches Zentrum der »Minirepublik« geworden ist und es zunächst auch bleibt. Irgendwann zwischen 1000 und 1100 wird in einem (viel später aufgezeichneten) Gedicht über die Liebesaffären des Skalden Helgi dieser als Gesetzessprecher auf Brattahlid erwähnt, und um 1360 gibt ein Gesetzessprecher von diesem Hof aus Aufträge für eine Rettungsexpedition nach der Vesterbygd. Zwar ist dann Grönland längst keine Minirepublik mehr, doch hat es seine Organisation behalten, und der Hof des Begründers des Gemeinwesens Eriks des Roten gilt nach wie vor so sehr als Zentrale dieser fernsten Provinz Skandinaviens, daß sein Inhaber automatisch auch nach einem halben Jahrtausend die höchste öffentliche Stellung im Land innehat. Auch Erik der Rote könnte, wie sich vermuten läßt, diese Position schon bekleidet haben, die seine Autorität auch nach außen hin unterstreicht.

Der Gesetzessprecher übt seine Funktion vor allem auf dem Thing aus. Wo dieses Thing der beiden »Großgemeinden« Grönlands zusammengetreten ist, darüber streitet sich die Wissenschaft. Am wahrscheinlichsten ist es, daß das Thing anfangs nahe dem Hof Eriks am Eriksfjord abgehalten wird: Dort hat auch der dänische Architekt Mogens Clemmensen auf einer Sandfläche in der Nähe des Fjords eine Reihe kleiner Bauten identifiziert, in denen sich keine Kochfeuerspuren finden. Sie könnten die Reste von Thinghütten sein, in denen die Thingteilnehmer übernachteten, soweit sie nicht auf ihren Schiffen schliefen.

Als im 12. Jahrhundert das inzwischen christianisierte Grönland einen Bischof erhält, der seinen Sitz »einen Fjord südlich des Eriksfjords« nimmt, wird jedoch das Thing des Landes ebenfalls nach dem Bischofssitz verlegt. Zwar gibt es dort noch weniger sichere, archäologisch faßbare Spuren als bei dem Hof Brattahlid Eriks des Roten, doch berichten Sagas von Things, die bei dem Bischofssitz Gardar abgehalten werden. Diese Verlegung entspricht auch der Verschiebung der Machtverhältnisse:

Wohl behält der Gesetzessprecher seine Funktion und bleibt Repräsentant des Gemeinwesens, aber die eigentliche Macht wird von der Priesterschaft ausgeübt.

Damit greifen wir jedoch schon weit in die Zukunft. Zunächst wird jetzt Grönland christlich: Man weiß nur nicht recht wie und hat dabei die Wahl zwischen den Rückschlüssen aus der Parallelentwicklung auf Island sowie historischen Quellen und einem bewegten Sagabericht.

Auf Island war auf dem Allthing des Jahres 1000 (vermutlich) das Christentum per Gesetz instituiert worden, nach dramatischen Tagen. Beide Parteien – Heiden und Christen – waren bis an die Zähne bewaffnet erschienen, fast kam es zu einem Glaubenskampf. Die alten Götter taten ihren Unmut kund, indem sie die Lavaebene Thingvellir des Allthings mit einem Erdbeben erschütterten, bei dem Rauch und Feuer aus dem Boden stiegen (was die an solche Dinge gewöhnten Isländer nicht beeindruckte, sondern ihnen nur Diskussionsstoff bot). Einen Tag und eine Nacht grübelte der Gesetzessprecher der Insel in seinem Zelt unter seiner Decke, ohne ein Wort zu sprechen und unter allgemeiner Spannung, bis er endlich in einer Ansprache die Einigkeit des Volkes beschwor und zum Schluß – obwohl selbst Heide – das Christianisierungsgesetz verkündete. Man behielt etliche nicht ganz mit dem Christentum zu vereinbarende Bräuche bei. So wurde das Essen von Pferdefleisch weiterhin gestattet und auch das Aussetzen kleiner Kinder, die von den Eltern nicht ernährt werden konnten. (Eine etwas barbarische Art der Geburtenregelung: Das Kind wurde in einer Einöde zwischen Steine gelegt, man gab ihm ein Stück Fleisch in den Mund, um zu demonstrieren, daß die Eltern gar nicht den Tod des Kindes wünschten.) Dann wurden alle Heiden getauft – angeblich in den warmen Quellen der Thingvellir-Ebene, um das »kalte Wasser« des Taufakts daheim zu vermeiden.

Man darf sich die offizielle Einführung des Christentums auf Grönland vielleicht ähnlich und auch etwas dramatisch vorstellen, vor allem falls sie noch zu Lebzeiten des prominentesten Grönländers, Eriks des Roten, offenbar noch ganz Heide, erfolgt ist. Doch wissen wir weder genau, wann Grönland christianisiert wurde, noch wann Erik der Rote starb. Wir wissen nur, daß ein Teil der Ansiedler schon als Christen nach Grönland kommt. Daß vielleicht eine kleine Gemeinde sich schon vor der eigentlichen Christianisierung zusammengefunden hat, davon zeugt der Fund einer winzigen Kirche bei dem Hof Brattahlid, die als »Tjodhilds Kirche« (nach der Frau Eriks des Roten benannt) in die Literatur eingegangen ist. (Über »Tjodhilds Kirche« weiter unten.)

Es liegt nahe, daß die Annahme des Christentums auf Island sehr schnell die Annahme des Christentums durch die Grönländer nach sich zieht. Denn mit Island – von wo ein Großteil der Grönländer herkommt – ist dies kleine Gemeinwesen ja nachbarlich verbunden, es kommen vielleicht immer noch Auswanderer und immer wieder Kaufmannsschiffe mit den neuesten Nachrichten.

Für diesen Zusammenhang gibt es eine sehr kursorische, doch augenscheinlich brauchbare Schriftquelle, die »Historia Norvegiae«, von einem Geistlichen aus Bergen oder Trondheim irgendwann Anfang oder Mitte des 13. Jahrhunderts in geschraubtem Latein geschrieben. Diese »Historia« enthält neben einigen sehr phantasievollen Berichten, die von mangelhaftem naturwissenschaftlichen Verständnis des priesterlichen Autors zeugen (so berichtet er von einem geheimnisvollen Land jenseits von Grönland, wo Jungfrauen leben sollen, die durch Trinken von Wasser geschwängert werden), einige sehr konkrete Angaben. Unter anderem wird von Grönland erzählt, ». . . dem Land, das die Isländer gefunden und besiedelt und dem katholischen Glauben zugeführt haben . . .«. Bei der Position dieses Autors dürfte er über die Kirchengeschichte seiner Nachbarschaft bestens unterrichtet gewesen sein.

Weit schöner ist ein ganz anders lautender Bericht aus der »Saga von Erik dem Roten«, die wir – es sei an vorhergehende Kapitel erinnert – freilich als stark phantasiebeladen ansehen müssen. Der Bericht ist jedoch so charakteristisch für das Denken jener Zeit und bringt soviel nette Details, daß er nicht unterschlagen werden darf.

Danach segelt Leif der Glückliche, Sohn Eriks des Roten, eines Sommers von Grönland nach Norwegen. Er erreicht es freilich erst stark verspätet und auf Umwegen: Sein Schiff wird zu den Hebriden vertrieben, dort bleibt es monatelang. Leif läßt sich in eine Liebesaffäre mit Thorgunna, einer »Tochter aus sehr gutem Hause«, ein. Als er abfährt, will sie ihn begleiten – sie sei schwanger –, was Leif höflich, aber entschieden ablehnt. Er hinterläßt ihr als Trost einen Goldring, einen Mantel aus grönländischem Tuch (einer Wollwebware hoher Qualität!) sowie einen Gürtel aus Walroßelfenbein (ebenfalls eine grönländische Spezialität) und segelt allein weiter. (Sein Kind, ein Sohn, wird ihm später nach Grönland nachgesandt.)

Im Herbst erreicht Leif mit seinen Männern Norwegen, wo er am Hof des Königs Olaf Tryggvason mit offenen Armen aufgenommen wird. Der König bekehrt den Grönländer zum Christentum und beauftragt ihn, in seiner Heimat zu missionieren. Vor der Heimkehr erlebt Leif noch einige See-Abenteuer und entdeckt – so diese Saga – ganz nebenbei Vinland:

»Leif landete in Eriksfjord und kam nach Brattahlid, wo er mit offenen Armen empfangen wurde. Er predigte bald das Christentum und den katholischen Glauben durch das ganze Land und breitete den Menschen die Botschaft Olaf Tryggvasons aus und erzählte ihnen, wieviel Erhabenheit und Glorie mit dieser Religion einherging. Erik blieb gegenüber dem Ansinnen, seine Religion zu wechseln, kühl, doch Tjodhild (Eriks Frau, Leifs Mutter) ergriff diesen Glauben sofort und ließ eine Kirche bauen, allerdings nicht so sehr nahe bei dem Hof. Diese Kirche wurde ›Tjodhilds Kirche‹ genannt, und dort betete sie zusammen mit den Leuten, die den christlichen Glauben annahmen – und das waren nicht wenige. Tjodhild wollte mit ihrem Mann Erik nicht mehr wie Mann und Frau zusammenleben, nachdem sie den Glauben gewechselt hatte – was Erik stark verärgerte.«

Diese Nachricht über den Beginn der Christianisierung auf Grönland ist zweifellos interessant zu lesen und zu hören, und sie gibt auch einen interessanten Einblick in den hohen Emanzipierungsgrad der Frauen der Grönländer, die taten, was sie – und nicht ihre Ehemänner – für richtig hielten. Nur stammt dieser Teil der Saga sicherlich aus der Propagandamaschinerie des Hofes Olaf Tryggvasons, der sich gerne als der große Verbreiter des Christentums darstellte – so will er auch Island christianisiert haben – und angeblich in Norwegen alle Leute, die sich nicht taufen lassen wollten, hinrichten ließ.

Allerdings erhielt dieser Teil der »Saga von Erik dem Roten« plötzlich enormen Auftrieb und archäologische Untermauerung, als 1961 in Brattahlid (heute Quagssiarssuk) beim Bau eines Heims für Schüler zunächst ein Kirchhof und dann eine winzige Kirche zutage trat, die »Tjodhilds Kirche« sein konnte: so winzig klein, wie man sich eine Kirche aus dem Anfang der Christianisierung vorstellt, und »nicht so ganz nahe« bei Eriks des Roten Hof, den man zu kennen glaubte. Sie ist auf alle Fälle auch die älteste Kirche auf Brattahlid, wo noch die Reste von zwei jüngeren Kirchen vorhanden sind.

Der Entdecker dieser Kirche, Dr. Knud Krogh, schildert sie als einen Bau aus Rasensoden, innen mit Holz verkleidet, mit einem Innenraum von nur dreieinhalb mal zwei Metern Größe, für eine Gemeinde von maximal zwanzig bis dreißig Menschen, die im Stehen an den Messen teilnehmen. Die Wände des Kirchleins sind leicht konvex, d. h. nach den Enden zu nach innen gezogen, wie in der Welt der Wikinger nur bis zum Anfang des 11. Jahrhunderts üblich. Auch das beweist, daß es sich hier um eine ganz alte Kirche handelt, die älteste, die bisher auf Grönland entdeckt wurde.

Die Apostrophierung als »Tjodhilds Kirche« hat inzwischen wieder einen Rückschlag erlitten, nachdem 1975 dicht neben ihr die Spuren eines ebenfalls aus dem frühesten Anfang der Kolonisation stammenden – vermutlichen – Wohnhauses entdeckt wurden. Dieses mag mit der Kirche etwa gleich alt sein – dann paßt jedoch in keiner Weise die Behauptung des Sagaberichtes, daß »Tjodhilds Kirche« nicht so ganz nahe bei Eriks Hof errichtet wurde. Damit wird die Saga erneut in ihrer Glaubwürdigkeit erschüttert.

Selbst wenn historische Personen wie Leif der Glückliche, Tjodhild und der norwegische König vielleicht keine so entscheidende Rolle dabei gespielt haben, wie sie ihnen die Saga zuweist: Man kann mit einiger Wahrscheinlichkeit annehmen, daß Tjodhild und ihr Sohn hier durch die kleine Holztür zum Gebet eingetreten sind. Sie werden auch auf dem Friedhof beerdigt sein, der dies Kirchlein umgibt, vielleicht sogar zusammen mit Erik dem Roten. Zwar dürfte dieser bis zu seinem Tod nicht zum Christentum übergetreten sein, dennoch wird die Familie ihm durch ein Grab in geweihter Erde nach Möglichkeit die Grabesruhe und die Auferstehung am Tag des Jüngsten Gerichts gesichert haben.

Wer von den hier Begrabenen – einhundertvierundvierzig

Menschen aus dem Kreis der Erstsiedler der großen »Landnahme« auf Grönland – jedoch zu der »Prominenz« der Sagas und des Landes gehört, ist völlig unbekannt. Dafür geben diese Gräber ein eindrucksvolles Bild einiger Schicksale und von den Begräbnisregeln zur Zeit der Christianisierung.

Da ist eine Frau mit schönen Ohrperlen aus Glas beigesetzt, obwohl Grabbeigaben bei Christen nicht üblich sind. Einem kräftigeren jüngeren Mann verblieb als »Beigabe« ein Messer, das man ihm durch die Brust bis in das Schulterblatt gestoßen hatte. Es wurde wohl in der Wunde belassen, um schnelles Verbluten zu verhindern. Unter den Toten sind vierzehn Babys, deren Gräber direkt an der Ostgiebelwand der Kirche liegen. Überhaupt ruhen die Toten getrennt auf dem Friedhof: Frauen nördlich, Männer südlich und Kinder östlich des Kirchleins.

Ein Massengrab birgt die völlig durcheinandergeworfenen Knochen von dreizehn Männern jeden Alters – nur die Schädel sind, mit dem Gesicht nach Osten, nebeneinander beigesetzt. Der Ausgräber vermutet, daß es sich um das Grab einer ganzen Schiffsbesatzung handelt. Wie dieses zustande gekommen sein mag, berichtet die Historie von »Einar Sokkason«. Darin entdeckt eine Fangexpedition der Grönländer an der menschenleeren Ostküste Schiffswracks und ein Haus mit der toten Besatzung. Die Schiffe sind im Sturm auf dem Weg nach Grönlands Siedlungen verdriftet worden, die Besatzung mußte in der Einsamkeit überwintern und verhungerte. Jetzt ist es Christenpflicht, den Toten die ewige Ruhe auf dem Friedhof zu sichern – doch die Leichen sind nicht transportierbar. Man entschließt sich, sie zu kochen, so daß die Knochen übrigbleiben – Holz dazu bietet das eine Schiffswrack, aus dem man vorher die kostbaren Eisenteile entfernt –, und kann jetzt die zerfallenen Skelette mitnehmen und auf dem Kirchhof begraben.

Bei dem Massengrab auf dem Kirchhof von Brattahlid kann es sich nicht um die in der Saga berichtete Schiffsbesatzung handeln. Deren Reste müssen – nach dem zeitlichen Zusammenhang zu schließen – auf einem Friedhof des Bischofssitzes Gardar beerdigt worden sein. Doch der Zustand der Leichenreste und die Umstände der Grablegung deuten an, daß auch hier eine geschlossene Mannschaft aus der Ferne geholt und daheim zur Ruhe gebettet wurde.

Wie ernst es die Christen Grönlands mit der Sorge um die richtige Beisetzung ihrer Toten nehmen, zeigen auch andere Sagaberichte. So unternimmt der Sohn Eriks des Roten, Thorstein, seine mißglückte Vinlandexpedition (auf der er selber umkommt, bevor er die Davis-Straße überquert hat) in erster Linie deshalb, um die Leiche seines Bruders Thorvald heimzuholen. Und im 13. Jahrhundert wird von einem Grönländer berichtet, »Leichen-Lodin« genannt, der im Sommer an den Küsten Grönlands entlangreist, nur um Tote aus den zahlreichen Schiffbrüchen zu suchen und zur ordnungsgemäßen Bestattung zu bringen.

Auch wenn man nicht unbedingt das Kirchlein von Brattahlid mit dem Sagabericht um Tjodhild verknüpfen kann, bleibt es ein eindrucksvoller Fund aus den bescheidenen Anfängen des Christentums auf Grönland. Die bescheidenen Dimensionen des Gebäudes lassen darauf schließen, daß das Christentum noch nicht offiziell eingeführt ist, als »Tjodhilds Kirche« in Funktion ist: Auf Brattahlid leben mit Sicherheit weit mehr Menschen, als in dem Kirchenraum Platz finden. Man wird sehr schnell nach der allgemeinen Konvertierung die neue, größere Kirche gebaut haben, deren Grundmauern unter der jüngsten auf dieser Stelle entstandenen hindurchschimmern.

Auch in den anderen Fjorden beginnt man nach der Christianisierung sicherlich sehr schnell mit dem Kirchenbau. Schon ein gutes Jahrhundert später wünschen die Grönländer selber, daß ihre Kirche durch einen eigenen Bischof gefestigt werde. Einen Bischof zu berufen, kann dieser Mini-Staat nur wagen, wenn er wirklich über eine kirchliche Organisation mit vielen Gotteshäusern verfügt. Außerdem wird in dieser Bevölkerung nach dem Niedergang des germanischen Götterglaubens das Bedürfnis nach religiösen Inhalten ihres Lebens besonders groß gewesen sein: Man lebt doch am »Ende der Welt«, am äußersten Rand der europäischen Kultur und Zivilisation, die man nach Grönland getragen hat.

Mit dem Kirchenbau und der »Berufung« eines Bischofs entwickeln sich in den »vereinigten Großgemeinden« neue Kräfte, die das Wirtschafts- und Sozialleben in für die Zukunft entscheidende Richtungen steuern: Eine wirksame zentrale Autorität tritt auf.

Bischof Arnald und seine Nachfolger

Wahrscheinlich im Jahr 1124 beruft der »Fjordhäuptling« auf Brattahlid und vermutliche Gesetzessprecher Sokke, Sohn des Thorir, ein Thing ein, das einen Beschluß über die »Berufung« eines Bischofs als Oberhaupt der grönländischen Kirche fassen soll. Ob der Anstoß hierfür das Verschwinden des obenerwähnten etwas mysteriösen Bischofs Erik in Vinland ist, wissen wir nicht, weil wir die Funktion dieses Bischofs nicht kennen. Auf jeden Fall sind sich alle einig darüber, daß das Land einen Bischof haben müsse. Um das zu erreichen, wird Einar Sokkason, der Sohn Sokkes, nach Norwegen entsandt, zu König Sigurd dem Kreuzfahrer. Dieser »vielversprechende junge Mann« nimmt, um Gehör zu finden, ausreichend Geschenke mit: Walroßhäute und Walroßelfenbein.

Mit dieser Petitionsreise ursächlich verknüpft ist nicht nur die Entstehung des Bistums Grönland, sondern auch eine Kette dramatischer Ereignisse auf Grönland, die das Leben in jenen Jahrhunderten sehr anschaulich vor Augen führen und als die »Historie von Einar Sokkason« mit den isländischen Sagas überliefert sind. Sie scheint in ihrem Kern sehr viel historische Wahrheit zu bergen; die Person des Bischofs ist durch Kirchenannalen ohnehin bestätigt.

Einar findet des Königs Gehör, der mit der Vermittlung eines Bischofskandidaten den Grönländern sozusagen einen Gefälligkeitsdienst leistet – sie sind ja nicht seine Untertanen. Sigurd der Kreuzfahrer läßt einen Geistlichen kommen, Arnald, den er für geeignet hält, den Bischofssitz zu übernehmen. Arnald ist von seiner neuen Position nicht begeistert und bringt zahlreiche

Einwände vor, unter anderem den, die Grönländer seien schwierige und rechthaberische Leute. Zuletzt willigt er ein – nicht ohne daß Einar ihm schwören muß, daß er helfen wolle, alle Rechte und Güter des Bischofssitzes zu verteidigen und alle jene zu züchtigen, die sich gegen die Institution wenden.

Danach erhält Arnald von dem Erzbischof Ozur in Lund seine Weihe. Einar reist ab, nachdem er dem König als Abschiedsgeschenk einen lebenden Eisbären überreicht hat: die höchste Gabe, die man aus Grönland einem Monarchen bieten kann.

Gleichzeitig mit dem Schiff Einars hißt ein norwegischer Kaufmann, Arnbjörn, die Segel für eine Fahrt nach Grönland. Die Schiffe haben schlechte Fahrt und werden auseinandergetrieben. Der neue Bischof landet mit Einar auf Island und überwintert dort; von Arnbjörn hört man jahrelang nichts mehr.

Der Bischof und sein Geleitsmann erreichen im nächsten Sommer heil und gesund Grönland. Dort wird gleich ein Bischofssitz in Gardar am Einarsfjord – dem südlich vom Eriksfjord liegenden Meeresarm – errichtet, auf dem sehr schnell eine erste Kirche entsteht (sie spielt in den nachfolgenden Ereignissen eine gewisse Rolle). Die Etablierung des Bischofssitzes hier ist gut durchdacht: Gardar liegt zentral in der Österbygd wie Brattahlid, hat sehr reiche und ausgedehnte Weidegebiete für die Versorgung des bischöflichen Haushalts und ist mit dem Boot, dem üblichen Verkehrsmittel, von allen Seiten gut anzusteuern.

Jetzt, mehrere Sommer nach der Abreise des Bischofsschiffes aus Norwegen, kommt endlich Nachricht von dem verschollenen Arnbjörn und seiner Mannschaft: Sie sind an die Ostküste Grönlands verdriftet worden, haben dort zu überwintern versucht und sind verhungert. Eine Jagdexpedition aus der Österbygd unter einem »sehr guten Seemann«, Sigurd Njaalson, hat die Leichen entdeckt und deren Knochenreste zum Begräbnis mitgebracht (wir lasen oben von der Behandlung dieses Leichenfundes), dazu den wertvollen Besitz: voran ein Seeschiff, bunt bemalt, mit geschnitztem Steven, »alles in allem ein Schatz«, außerdem sehr viel Geld und Wertgegenstände.

Der Finder liefert die Knochen der Mannschaft, das kostbare Schiff und das Geld an den Bischof ab und schlägt vor, daß diese Wertgegenstände die Leichenreste begleiten, d. h. in den Besitz des Bistums übergehen sollen, zum »Besten der Seelen der Verstorbenen«.

Nur, diese Eigentumsübertragung ist mindestens nach norwegischem Recht sehr fragwürdig: Danach haben die gesetzlichen Erben eines Toten noch drei Jahre lang einen Anspruch auf dessen gefundene Hinterlassenschaft.

So hört auch der Neffe Arnbjörns, Ozur, in Norwegen von der Entdeckung der Überreste des Kauffahrteischiffes seines Onkels und startet zu einer Reise nach Grönland, wo er mit anderen Verwandten der mit diesem Schiff Umgekommenen nicht nur Handel treiben, sondern vor allem ihr rechtmäßiges Erbe von dem Bischof fordern will. Dieser jedoch lehnt die Rückgabe ab: Er habe das Geld in Übereinstimmung mit den Gesetzen von Grönland angenommen, nicht auf eigene Initiative hin, und er sei der Meinung, daß das Geld zum Heil der Seelen derer zu verwenden sei, denen es gehörte. Deshalb bleibe es bei der Kirche, wo deren Knochen begraben wurden. Es sei »schäbig, dies Geld jetzt noch zurückzufordern«.

Der Norweger und seine Leute überwintern in Grönland und bringen im Sommer ihre Forderung vor das Thing des Landes. Sie wird abgelehnt – vor allem deshalb, weil Einar (der dem Bischof Hilfe geschworen hat) mit einer starken Gefolgschaft auftritt und in einer Brandrede ein Gesetz fordert, das hier auf Grönland angewendet werden soll. Aus der Historie gewinnt man den Eindruck, als ob das Thing jetzt nachträglich mit einem Gesetz die Enteignung der Erben der in Ostgrönland Umgekommenen beschließt und damit die Klagen abweist – nicht gerade ein sehr faires Verfahren.

Ozur zieht sich wutentbrannt von dem Thing zurück, nachdem er dem kostbaren Schiff nicht wiedergutzumachende Schäden zugefügt hat: Mit der Axt schlägt er auf jeder Seite vom Bord bis zum Kiel ein Stück Beplankung heraus. Ozur segelt mit seinen Leuten dann in die Vesterbygd, wo er auf zwei andere norwegische Kaufmannsschiffe trifft. Die Norweger beschließen, vereint zu handeln.

Jetzt ist der Augenblick gekommen, wo der Bischof, voll Zorn über die Zerstörung des buntbemalten Schiffes, Einar an seinen Eid erinnert und, ganz verletzte Autorität, Rache an Ozur nehmen will: »Ich erkläre Ozurs Leben für verwirkt, denn er hat zerstört, was rechtlich Uns gehört, und in jeder Hinsicht Uns mit Verachtung behandelt. Ich kann nicht verhehlen, daß Ich die Dinge nicht so hinnehmen werde, wie sie sind, und Ich werde Euch als Meineidigen brandmarken, wenn Ihr nichts unternehmt!«

Einar ist von diesem Befehl – etwas anderes ist es nicht – keineswegs begeistert: Er weiß genau, daß das Recht letztlich auf Ozurs Seite liegt, und kann verstehen, daß diese Männer aus Norwegen in Empörung geraten, wenn sie die Reichtümer sehen, die ihren Verwandten gehören und die man ihnen nur mit einem Schein des Rechts entzogen hat.

Doch Einar – mit der heroischen Konsequenz der Nordländer, die ihre Ehre und in diesem Fall ihren Schwur wahren, ohne Rücksicht auf die Folgen – handelt. Ihm ist dabei durchaus bewußt, daß diese Handlung, die Bestrafung Ozurs, Blutrache und weitere Morde nach sich ziehen wird. Doch das darf ihn nicht hemmen.

Auf dem Jahresfest der Kirche, zu dem auch Ozur erscheint, tötet Einar ihn mit einem Axthieb.

Die Beschreibung der Historie, wie die Nachricht von diesem Totschlag zu Bischof Arnald gelangt, spricht Bände hinsichtlich der Meinung des Historienerzählers über die Personen seiner Handlung:

»Brand Thordarson (ein Gefolgsmann des Bischofs) kam in den Raum und ging zu dem Bischof. ›Habt Ihr das Neueste gehört, Herr Bischof?‹ fragte er.

Er habe nichts gehört, sagte der Bischof, ›aber was habt Ihr zu berichten?‹

›Ein Mann ist gerade draußen tot zu Boden gestürzt.‹

›Wer tat das‹, fragte der Bischof, ›und wer war das Opfer?‹

Brand sagte, da stehe nahe bei ihm ein Mann, der könne alles darüber erzählen.

›Einar‹, fragte der Bischof, ›habt Ihr Ozurs Tod verursacht?‹

›Ganz recht‹, antwortete dieser, ›ich habe.‹

›Solche Taten sind nicht gut‹, sagte der Bischof, ›doch diese hier ist nicht unbegründet.‹«

Nachdem Einar beim Bischof durchgesetzt hat, daß der Tote ein kirchliches Begräbnis erhält – dem Bischof ist schon das zuviel –, sagt Einar, bevor sie sich trennen:

»Die Dinge haben jetzt eine scharfe Wendung genommen, und nicht zuletzt durch Eure Machenschaften. Hierin sind eine Menge von kampflustigen Männern verwickelt, und nach meiner Meinung stehen uns eine Menge Schwierigkeiten bevor.«

Diese Schwierigkeiten zeigen sich bei einem nächsten Thing, auf dem diesmal alle Norweger erscheinen, unter ihnen auch der starke Simon, ein Verwandter Ozurs, dem die Blutrache zufällt. Es kommt zu Verhandlungen und Vergleichsversuchen, die Stimmung wird immer hitziger, als Einar erscheint – im selben Augenblick, werden die Messeglocken geläutet, was in den Augen der Norweger ein Skandal ist. Als die allseitige Empörung so weit gediehen ist, daß Einar seine Axt gegen den Norweger Simon erhebt, wird er von hinten von einem anderen Norweger erschlagen – nachdem er Simon tödlich getroffen hat. Im Sterben nimmt Einar sein Schicksal auf sich: »Es ist so gekommen, wie ich es erwartet habe.« Er hat seinen Schwur erfüllt.

Das Thing endet mit einem blutigen Kampf, bei dem noch vier Grönländer und drei Norweger fallen und zahlreiche Männer schwer verwundet werden.

Nachdem die Grönländer einen Plan, die Schiffe der Norweger zu überfallen, wieder aufgegeben haben – ihre Boote sind zu klein und zu niedrig für eine Attacke auf die großen Knarrs der Überseekaufleute –, kommt es erneut zu Friedensverhandlungen. Schließlich werden die Toten gegeneinander aufgerechnet. Die Rechenmethode ist interessant: Ozurs Tod wird ausgeglichen durch den Tod Einars, doch da Einar »mehr wert« ist als Ozur, werden die Norweger zusätzlich in Acht getan und müssen das Land verlassen. Der eine Tote mehr, den die Grönländer außerdem zählen, muß mit Geld bezahlt werden.

Damit endet die Historie – die Norweger können innerhalb der ihnen gewährten Frist auslaufen, obwohl sie zeitweise durch in den Fjord eindringendes Eis behindert werden, und erreichen glücklich die Heimat.

Mit diesem blutigen Drama, dessen Held eindeutig nicht der neue Bischof Arnald ist, beginnt offenbar die Machtergreifung der Kirche in dem kleinen Staat.

Bischof Arnald kehrt 1150 nach Norwegen zurück. Doch folgt ihm ein Bischof nach dem andern in der Residenz von Gardar, bis zum Jahr 1377. Dann werden zwar noch, bis zur Reformation, durch den Erzbischof in »Nidaros« (Trondheim) Bischöfe für Grönland geweiht, doch sie reisen nicht mehr aus.

Auch sonst ist die Begeisterung der Bischöfe für ihr hohes Amt in dieser abgelegenen Ecke der europäischen Kulturwelt – in der Neuen Welt – nur bescheiden. Ihr Bistum ist winzig, das winzigste in Europa. Der norwegische »Königsspiegel«, ein Lehrgedicht des 13. Jahrhunderts, in dem ein Vater seinen Sohn über Norwegen und seine »Umwelt« informiert, erklärt, Grönland könne nur für ein Drittel eines Bistums gerechnet werden. Und obwohl Grönland in vieler Hinsicht kein armes, zurückgebliebenes Land ist – das werden wir bald näher erläutern –, ist per Saldo der Bischofssitz nicht reich und sicher nicht prunkvoll ausgestattet. Der Grönlandbischof wird aber im Kreis seiner Amtsbrüder durchaus für voll genommen und zum Beispiel in Island mit hohen Ehren empfangen – seine Ankunft und Abfahrt sind auch stets eine Notiz in den »Annalen« wert –, und er kann sich in seiner Abgeschiedenheit manche Freuden leisten, die weiter im Süden und näher dem päpstlichen Hof undenkbar wären.

So scheint das Zölibat nicht so streng genommen zu werden: In der Nordkapelle der großen Bischofskirche in Gardar fanden sich nebeneinander die Skelette eines Mannes und einer Frau – in einem Grab, wo man Bischöfe beerdigte, so daß es sich bei dem Mann doch wohl um einen Bischof gehandelt hat. Ob die beiden ein Ehepaar waren oder die Frau nur die offizielle (sonst wären sie nicht miteinander begraben) Geliebte des Bischofs war, ist unbekannt. Bekannt ist dagegen, daß auch auf Island zumindest die Priester sich verheirateten. Zum Beispiel war »Margaret hin haga«, die »kunstfertige Margret«, eine berühmte Schnitzerin im Anfang des 13. Jahrhunderts, die Frau eines Priesters. Trotzdem tragen die Grönlandbischöfe ihre Ringe mit einem Saphir, einem Edelstein, der den Verlockungen der »Freuden der Fleischeslust« entgegenwirken soll. Die Ringe hat man in den Bischofsgräbern gefunden, allerdings sind die Edelsteine daraus entfernt. (Ob der mit Weib Beerdigte auf diesen bischöflichen Schmuck verzichtete, wissen wir nicht.)

Aus alldem erklärt sich, weshalb die Bischöfe von Gardar ihr Amt oft erst mehrere Jahre nach ihrer Ernennung antreten und sie immer wieder auf Reisen sind – nach Island, nach Norwegen, nach dem Kontinent und nach Rom. Man muß ihnen zugute halten, daß sie als Kulturvermittler zwischen dem fernen Grönland und dem lebendigen Europa auch gezwungen sind, immer aufs neue Anregungen zu suchen und den Gang der Welt an Ort und Stelle zu verfolgen, um ihr Bistum auf die richtige Weise zu lenken. Und daß sie als höchste Autorität des Landes mit der Macht der Kirche wirklich aktiv in die Entwicklung Grönlands eingreifen, dafür gibt es Hinweise.

Mit der kompletten Kirchenorganisation kommt noch etwas Neues in das Land: die Steuer, in Form des Zehnten. Zwar werden die Grönländer schon gleich nach Einführung des Christentums an ihre örtlichen Kirchen und deren Geistliche Abgaben geleistet haben, doch sicherlich weitgehend auf freiwilliger Basis. An den Bischofssitz aber muß der Zehnte gezahlt werden: Eine große, aus massiven Quadern errichtete »Zehntscheune«, in der die Abgaben gesichert wurden, ist bis heute noch recht gut erkennbar. Hinzu kommen Kreuzzugssteuern, Peterspfennig und andere Abgaben, die sich die Kirche in Rom erfinderisch ausdenkt.

Kirche und Bischof gestalten mit an dem Bild jenes mittelalterlichen Grönlands, das sich etwa im 13. Jahrhundert zu einem Höhepunkt entwickelt.

Sieger über die grönländische Umwelt

Die europäischen Siedler auf Grönland – nicht viel mehr als eine Handvoll – haben ihren Träumereien am Langfeuer von dem schönen, das ganze Jahr über grünen Vinland entsagt und sich der eigentlichen Aufgabe zugewandt: Grönland zu ihrer dauernden Heimat zu machen. Und es gelingt ihnen, ohne nennenswerten Nachschub an Hilfsgütern aus Europa, dem Ursprungsgebiet ihrer Hochkultur, diesen großen, von Inlandeis bedeckten Vorposten Europas so voll in Besitz zu nehmen, daß sie zu »europäischen Grönländern« werden. Dabei erhalten sie ihre kulturelle Identität voll aufrecht.

Sie übertragen die gehobene Kulturstufe des seßhaften Bauern (der bereits die Schrift beherrscht, womit ihm ein überindividueller Langzeit-Informationsspeicher zur Verfügung steht) auf den Nordosten der »Neuen Welt«. Während diese Bauern durch ihre Vorratswirtschaft von den Zufälligkeiten des Jagderfolgs, dem Wechsel der Jahreszeiten und kleineren Klimaschwankungen unabhängig sind, lebt man sonst zwischen Alaska und den Prärien noch weitgehend nomadisch oder in den ersten Anfängen primitiver Agrarproduktion. Höher im Norden ziehen nur Nomaden oder Halbnomaden umher, bis die Kolonisten Eriks des Roten auf Grönland landen.

Viele Forscher erschöpfen sich in der Bewunderung der ökologischen Anpassung der Eskimo an das Leben in der Arktis: ». . . der Eskimo, durch den Seehund autark, warm gekleidet gegen die Kälte, mobil, ohne nomadisch zu sein, mit Sommerzelt und Winterhaus und blitzschnellem Kajak bewunderswert ausgerüstet für das Überleben . . .«, so sei hier die englische

Historikerin Dr. Gwyn Jones zitiert. Sie stellt diesen Eskimo in Gegensatz zu dem »immobilen und konservativen« Grönländer.

Es scheint uns, daß dieser Grönländer, der – wie wir näher erfahren werden – im Süden Grönlands eine relativ wohlhabende und umweltangepaßte Bauernkultur aufbaut, mindestens die gleiche Bewunderung verdient.

Zweifellos haben die Eskimo sich ihrer Umwelt erstaunlich weitgehend mit einer optimalen nomadischen »Technologie« angepaßt. Sie sind nicht einmal volle Nomaden: Im Winter wohnen sie oft lange Zeit in den gleichen Häusern, denen sie im Frühjahr häufig das Dach abreißen, damit Sonne, Wind und Mikroben Desinfektionsarbeit leisten und die Hausabfälle vernichten. Doch diesen Halb- oder Dreiviertel-Nomaden droht immer der Hungertod, wenn schlechte Jagdjahre das Anlegen von Vorräten verhindern. In Mythen und Sagen wird immer wieder Kannibalismus als Ausweg zitiert.

Doch diese europäischen Grönländer, die in den ökologischen Nischen der Innenfjorde Südgrönlands ansässig werden und sich ihre Umwelt so weit untertan machen, daß sie dort fünfhundert Jahre lang wohnen und Bauern auf der Stufe einer Hochkultur bleiben, sind mindestens ebenso erstaunlich. Wie wir weiter unten noch lesen werden, wirtschaftet diese Bauernkultur lange Zeit so hochproduktiv, daß über den Lebensunterhalt hinaus Überschüsse erzielt und in kulturelle Leistungen investiert werden können. Daß solche Bauernkultur seßhaft und konservativ ist, liegt im System begründet.

Weil seit rund einem halben Jahrtausend diese europäischen Grönländer verschollen sind und die Eskimo für uns das Bild der Kultur der »Grünen Insel« prägen, erscheinen uns die ehemaligen Bauerngehöfte am Rand des Inlandeises nachträglich als absurd und unnatürlich, als Übertragung einer fremden Wirtschaftsform in eine ihr nicht adäquate Landschaft. In Wirklichkeit haben diese Bauern nur ein »alternatives Leben« auf Grönland demonstriert.

Diese Besiedler des menschenleeren Grönlands der Jahrtausendwende bringen natürlich schon viele Voraussetzungen mit für das Wirtschaften in einer halbarktischen Umwelt und in nördlichsten Breiten. Sie kommen ja zumeist aus Island. Dort ist die Umwelt zwar keineswegs identisch mit der Umwelt Grönlands – Island, von allen Seiten umströmt vom warmen Nordatlantikstrom, der »Zentralheizung« Nordeuropas, kennt keine so extrem langen Winter wie Grönland, sondern hat ein mehr ausgeglichenes Klima –, doch die Prinzipien des Bauens und der Agrarwirtschaft sind übertragbar. Es ist klar, daß in diesen nördlichsten Breiten nur Viehwirtschaft die Grundlage für eine Existenz sein kann: Weidegang des Viehs im Sommer, Anlage von Rauhfutter-Vorräten (d. h. Heu) zur Viehfütterung für den Winter – dieses Verfahren ist eine ebenso gute Vorratswirtschaft wie in südlicheren Breiten die Anlage von Getreidevorräten und sichert das Überleben bis ins nächste Jahr. Entsprechend angepaßte Viehrassen reisen mit den Kolonisten aus Island mit.

Doch über dies Grundmuster hinaus – das nur modifiziert zu werden braucht – entdecken die Grönländer in ihrer neuen Heimat so viele neue Möglichkeiten, daß sie zu einer ganz neuen Existenzstrategie gelangen. Sie entwickeln unter voller Beibehaltung der Seßhaftigkeit und der bäuerlichen Viehwirtschaft eine einzigartige Kombination von Jagd und – erstaunlich intensiver – Landwirtschaft.

Die einzelnen Stufen dieser Entwicklung sind vorläufig nicht zu erfassen. Schriftquellen zur ökonomischen Grundlage des Lebens der Grönländer gibt es nicht, die archäologischen Befunde sind vorerst nur Stückwerk und zeitlich selten datierbar. Die Grabungen und die Felduntersuchungen, zum Beispiel der »kulturtechnischen« Anlagen in den Siedlungen, zeigen meist nur Endstadien der Entwicklung.

Wohnen hinter dicken Rasensodenmauern

Das Leben der »europäischen« Grönländer kreist um ihr Heim, den Hof mit Wohnhaus, in dem sie und ihr Vieh Geborgenheit, Schutz und Wärme finden.

Diese Höfe mit riesigen Wohnhäusern (mit Wohnflächen bis zu vielen Hunderten von Quadratmetern) und den oft zahlreichen Nebengebäuden darf man sich nicht allzu imposant vorstellen, trotz der oft eindrucksvollen Lage der großen Höfe mit Blick auf grandiose Fjordlandschaften. Alle Häuser werden mit dem schon von Island übernommenen wichtigsten Baumaterial – Rasensoden –, kombiniert mit Steinen, errichtet und mit Rasensoden über (vermutlich) einer Bretterlage gedeckt. Wo man gute Steinplatten findet, werden die Mauern sorgfältig aus solchen Platten aufgeschichtet. Doch das brauchbare Baumaterial ist nicht überall vorhanden, so wechseln oft Steinlagen mit Sodenlagen ab, oder es werden nur die Fundamente und Ecken aus Stein aufgeschichtet und dann nie vermörtelt – es mangelt an Kalk –, sondern nur mit Rasensoden abgedichtet.

Wichtiger als dieses »Gerüst« des Hauses ist seine Kälteisolierung: Die Stein-Soden-Mauern werden nach außen durch eine oft bis zu zwei Metern dicke Lage Rasensoden geschützt. In solchem Haus ist dann nur der Eingang als Verbindung zur Außenwelt sichtbar (Fenster dürften die Häuser nie gehabt haben), dazu die Rauchlöcher über der Küche oder den Heizfeuern im Wohnraum, aus denen sich Rauch in den Himmel kräuselt.

Von außen her gesehen gleichen diese Höfe mehr einer Ansammlung von gras- und krautbewachsenen rauchenden Erdhügeln (oder im Winter weißen Schneehügeln) als einer Siedlung.

Die innere Struktur und Gliederung der Häuser dagegen werden im Lauf der Zeit immer differenzierter.

Die frühesten Wohnhäuser aus der Zeit der »Landnahme« sind die »Langhäuser« mit einem großen, hallenartigen Zentralraum. Ihre Grundrisse haben noch wikingerzeitlichen Charakter: die Langseiten an den Enden etwas eingezogen, so daß die Außenwände gekurvt erscheinen, die Ecken abgerundet. Sie erinnern ein wenig an den Grundriß eines Schiffes, das vorn und hinten zugespitzt ist. Diese frühesten Häuser wurden seit 1948 mehrfach unter jüngeren Bauten entdeckt, unter anderem auf Brattahlid: So mag der Wohnsitz Eriks des Roten ausgesehen haben.

Das altertümliche »Langhaus« mit Halle im Ausgrabungsbild: Wohnhaus des Hofes Brattahlid aus dem 1. Jahrhundert. Dort wohnte der Gesetzessprecher der Grönländer. Charakteristisch die große Halle (II), deren Zugang durch einen noch größeren Empfangsraum (I) geschützt wird. Die Räume III und IV sind Schlafraum und Küche (mit Feuerstelle).

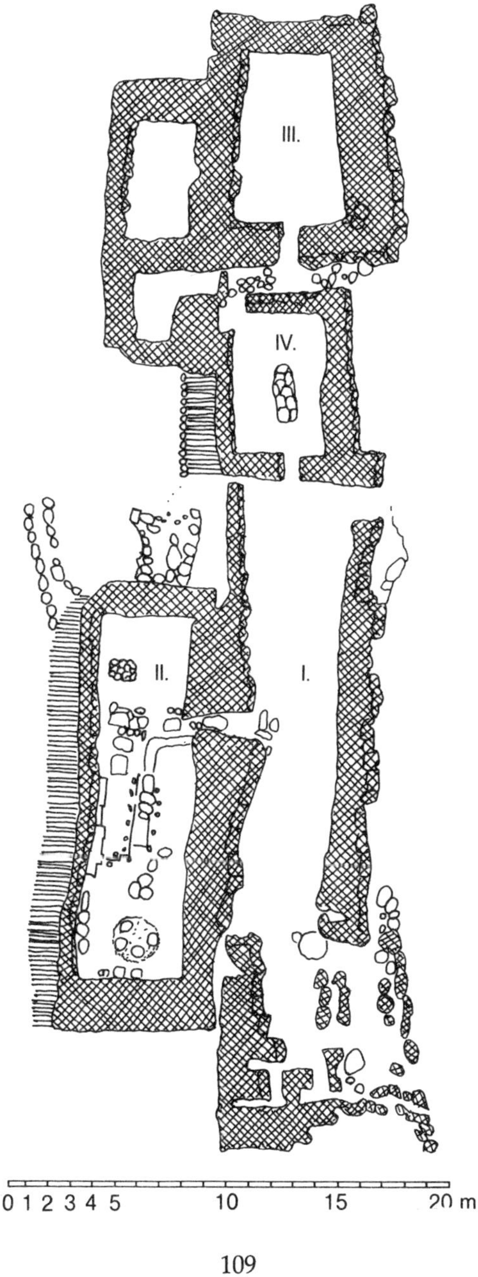
III.
IV.
II.
I.
0 1 2 3 4 5
10
15
20 m

Die nächste Generation der »Langhäuser« hat geradeverlaufende Außenwände, doch noch die Halle als Hauptraum. Diese ist der Repräsentationsraum des Hausherrn, der dort auf seinem Hochsitz seine Gäste empfängt und seine Orders ausgibt. (So jedenfalls muß man sich nach isländischem Vorbild das Leben in der Halle vorstellen; grönländische Funde dazu gibt es nicht.) Man betritt die Halle auch nicht mehr direkt vom Freien her – was energiewirtschaftlich höchst unrentabel wäre, denn dann würde die Warmluftmasse der sicherlich ohnehin schwer heizbaren Riesenräume mit einem Schlag ins Freie strömen –, sondern es ist ein Vorflur als Wärmeschleuse vorgeschaltet. Außerdem werden immer mehr Nebenräume hinzugebaut, immer mehr Funktionen des früheren Universalraums »Halle« ausgelagert. Fürs Schlafen, bald auch fürs Kochen, wird angebaut. Doch niemals erhält – wie in Südskandinavien und Norddeutschland – das Vieh seinen Platz unter dem Dach des Wohnhauses.

Einer der größten Hallenbauten ist das Haus auf Brattahlid, irgendwann im 11. Jahrhundert nach dem Tod des großen Entdeckers errichtet: ein Bau mit fast fünfzig Metern Frontbreite. Durch einen breit ausgestreckten Vorflur gelangt man links in ein Brunnenhaus, nach rechts in eine Kette zum Teil heizbarer Räume und nach vorn in die mächtige Halle – mit fast fünfzehn Metern Länge und knapp fünf Metern Tiefe ein eindrucksvoller Raum. In den beiden Siedlungen sind offenbar nur zwei vergleichbare Hallen errichtet worden: die eine in Herjolfsnes, wo die in Grönland ankommenden Schiffsbesatzungen empfangen werden, die andere, noch erheblich größere, auf dem Bischofssitz Gardar.

In der Halle von Brattahlid residiert der »Gesetzessprecher« der Grönländer, vielleicht für Jahrhunderte (die Baugeschichte dieses »Haupthofes« des Ministaates der Grönländer ist nicht völlig klar).

Wer diese Halle von der Breitseite her betritt, stößt zunächst auf einen mächtigen Herd, auf dem vielleicht gerade ein Hammel gebraten wird. (Ein Hammel gilt als Festessen. Wir erfahren aus einer Saga, wie Erik der Rote einen Vetter besucht, einen enorm kräftigen Mann, der, weil kein Boot zur Hand ist, sich in das Wasser des Fjords stürzt und zu einer Schafweide hinüberschwimmt, sich einen Hammel greift und mit dem Festbraten zu seinen Gästen zurückschwimmt.) Zwei weitere große Feuer flackern und erhellen den imposanten Raum (fast 75 Quadratmeter Wohnfläche!), wo in einer Ecke Frauen sitzen und weben (Webgewichte sind zahlreich gefunden worden), während vielleicht gegenüber dem Herd der Großbauer und Oberste Richter den Eintretenden empfängt.

Es mag dieses Brattahlid mit seinen Räumen und der Halle sein, wo der Dichter »Skald Helgi« und seine Geliebte Thorkatla irgendwann im 11. Jahrhundert den Abschluß einer etwas kuriosen Liebesromanze erleben. Diese ist nicht in ihrem ursprünglichen Text, sondern in einem Jahrhunderte später entstandenen »historischen Minnegedicht« überliefert:

Der »Skald Helgi« verliebt sich auf Island in Thorkatla, die Tochter eines reichen Mannes, und besucht sie gegen den Willen des Vaters mehrfach – was man in »besseren Kreisen« Islands als ungehörig empfindet. Katlas Vater verweigert ihm denn auch die Hand der Tochter, weil er meint, eine auf Leidenschaft gegründete Ehe halte nicht lange. Merkwürdigerweise bietet er aber seine ältere Tochter, Thordis, dem Freier als Frau an und, was noch kurioser ist: Der Freier heiratet tatsächlich »ersatzweise« Thordis. Nach zwei Jahren jedoch schickt er sie zu ihrem Vater zurück, mit der Hälfte seines Besitzes ausgestattet. Er geht nach Norwegen, trifft sich dann in Island wieder mit seiner Katla, gerät in Streitigkeiten mit Nachbarn, tötet dabei fünf Männer. Auf dem Thing wird er in Acht getan, sein Besitz eingezogen, Helgi flieht nach Grönland. Dort heiratet er nach einiger Zeit wieder, eine schöne und sehr reiche Witwe, Thorun, und zieht nach Brattahlid. Inzwischen hat seine Geliebte auf Island, Katla, erfahren, daß Helgi auf Grönland gelandet ist, und mit dem nächsterreichbaren Schiff reist sie ihm nach. Dort trifft sie Helgi und erfährt von seiner neuen Heirat. Es setzt bittere Vorwürfe gegen den treulosen Liebhaber. Inzwischen hat Thorun von der Ankunft ihrer Nebenbuhlerin gehört. Sie ist klug genug, diese über den Winter nach Brattahlid einzuladen, wo sie ihren Ehemann und Katla unter Kontrolle hat. Aber als im Frühsommer das erste Schiff nach Island abgeht, endet diese Gastfreundschaft. Helgi erbittet sich jedoch – mit Erfolg – einen Abschied von Thorkatla hinter verschlossenen Türen, »solange

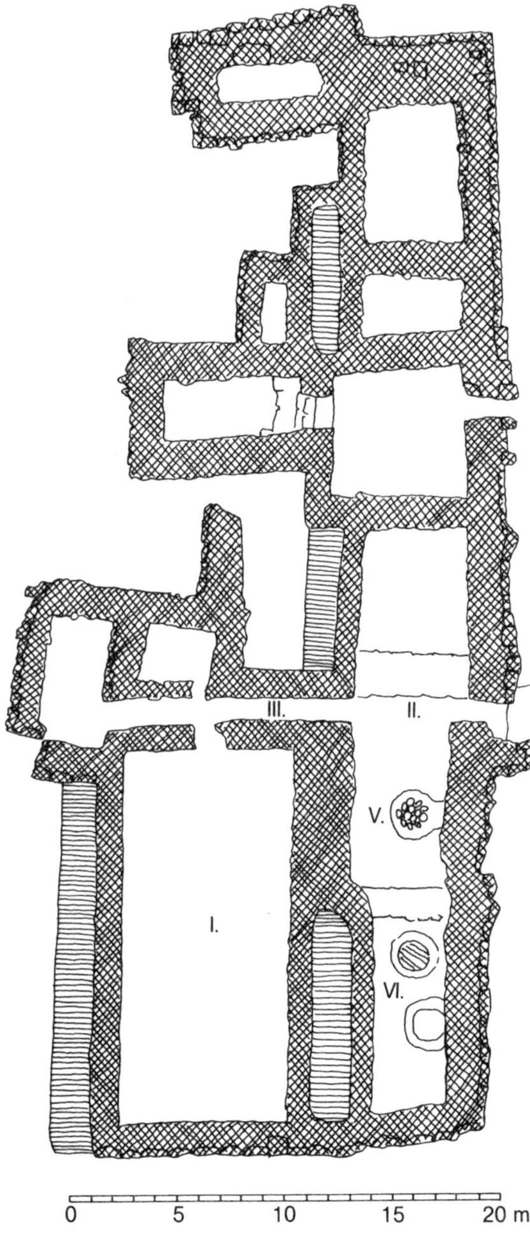
III.
II.
IV.
V.
I.
VI.
0
5
10
15
20 m

wie drei Feuer nacheinander brennen«. Dann klopft seine Frau, Helgi »trägt Katla zum Schiff, und schon fährt es davon«. Die Abschiedsstunde ist insofern erfolgreich, als Katla im nächsten Frühjahr ein Mädchen zur Welt bringt, das später nach Grönland gesandt und von Helgi als sein Kind anerkannt wird. Katla stirbt bei der Geburt. Helgi erholt sich allmählich von seinem Liebestrübsinn, der ihn befallen hatte, und lebt lange als hochangesehener Gesetzessprecher Grönlands. Wer etwas Phantasie hat, sieht den Dichter – sicher ein blonder Hüne, er bewährt sich auf Grönland auch im Kampf gegen Feinde seiner Ehefrau – auf seinem Hochsitz in der Halle von Brattahlid zwischen zwei schönen Frauen, die untereinander und mit dem Mann gezielte Freundlichkeiten austauschen. –

Dimensionen und Ausführung des Brattahlid-Baus lassen erkennen, daß die Bewohner dieses Stückchens Europa auf dem Boden der Neuen Welt durchaus in der Lage sind, sich Luxusbauten zu leisten.

Die Halle von Brattahlid wird jedoch in den Schatten gestellt durch die Riesenhalle des Bischofssitzes Gardar, einen recht späten Hallenbau. Vermutlich baut man sonst auf Grönland zu der Zeit, als (nach 1125) die Bischöfe dort ihre Residenz aufschlagen, schon moderner, d. h. kleinere und nicht derart viel Feuerholz verschlingende Räume. Doch vielleicht wollte der Bauherr dieser Riesenhalle auf Gardar (wir wissen nicht, ob es noch der etwas schlitzohrige Bischof Arnald war oder einer seiner Nachfolger) seine in Norwegen wohl immer noch gültigen Vorstellungen von einem Repräsentationsbau für den Oberherrn der Kirche von Grönland realisieren.

Diese Realisation ist eine Halle von knapp siebzehn Metern Länge und acht Metern Breite (Innenmaße), also mit einer Fläche von fast einhundertvierzig Quadratmetern. Hier kann das Kirchenoberhaupt seine Gäste, die Fjordhäuptlinge des Landes, seine Priesterschaft, ja praktisch alle großen Bauern seines Bistums empfangen und bewirten.

Die bischöfliche Residenz mit der riesigen Festhalle (I) und zahlreichen späteren Anbauten. Die Anlage ist nachträglich schon zum Passagehaus weiterentwickelt. Die Passage ist III, die Vorhalle II; IV markiert den Trittstein zur Vorhalle, V und VI sind Feuerstellen.

Bischofshof Gardar. Erste Ideenskizze nach Ausgrabung.

Das gesamte Gebäude hat eine Frontbreite von rund fünfzig Metern und ist aus dem besten Baustein Grönlands, dem feinen roten und glatt spaltbaren »Igaliko-Sandstein«, errichtet, der hier in der Nähe des Bischofssitzes im Zentrum der Österbygd gefunden wird. (Dieser Igaliko-Sandstein hat übrigens in der Geologenwelt einen besonderen Ruf: In ihm wurden die ältesten Landwirbeltiere der Erde fossil gefunden – sozusagen Fische mit Ansätzen von Beinen, knapp dreihundert Jahrmillionen alt.) Daß die Grönländer beim Bau des Bischofssitzes an nichts sparen, zeigt sein Entree: Man schreitet in die Vorhalle über eine rund vierzehn Quadratmeter große und rund zehn Tonnen wiegende Platte dieses Sandsteins – ein Kolossalblock, der nur über den Winterschnee herantransportiert worden sein kann.

Alles in allem ist der Bischofssitz ein Prachtbau (nach grönländischen Verhältnissen), man müßte ihn relativ gesehen ein Palais nennen, wenn das für einen unter meterdicken Soden wie unter einem Hügel versteckten Bau nicht absurd klänge.

Neben diesen »Prachtbauten« und einigen großen Hallen-Langhäusern in anderen Fjorden entstehen natürlich eine Vielzahl bescheidenerer und untypischer Wohnbauten der kleineren Bauern und Kätner, die meistens nur im Baumaterial identisch sind mit den Bauten der höheren sozialen Schichten. Außerdem gibt es die unendliche Fülle der Nebengebäude auf den Höfen, voran die Ställe für Rindvieh, Schafe, Ziegen und Pferde, dann Scheunen, Schmiede, Saunabad, vielleicht Sommerwohnungen für die Knechte und Mägde, also die Leibeigenen. Und schließlich gibt es die »Skemma«: Speicherhäuser, die aus nicht abgedichtetem Trockenmauerwerk (d. h. nur aus Steinen) errichtet werden, durch deren Fugen ständig ein Luftzug ventiliert und über die langen Wintermonate die Nahrungsmittel frisch hält.

Diese vielen Nebenbauten wirken wie umhergestreut, denn meist hat man sie ohne erkennbare planmäßige Anordnung, wohl nach Zufall und örtlicher Zweckmäßigkeit, im Umkreis von Hunderten von Metern um das Wohnhaus errichtet. Von

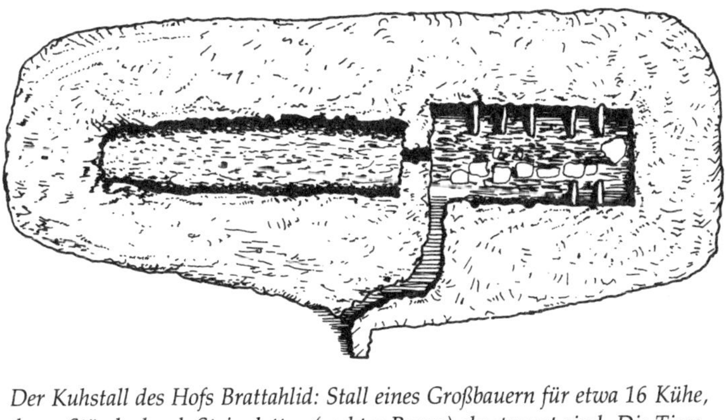

Der Kuhstall des Hofs Brattahlid: Stall eines Großbauern für etwa 16 Kühe, deren Stände durch Steinplatten (rechter Raum) abgetrennt sind. Die Tiere werden aus der Scheune direkt nebenan versorgt. Bemerkenswert die Größenverhältnisse: Die Rasensodenwände sind nahezu so dick, wie der Kuhstall innen breit ist. Der Zugang zum Kuhstall ist gekrümmt und fast 7 m lang, um Zugluft und Kälte abzuhalten.

ihnen sind die Kuhställe bemerkenswert, man sollte sie besser Kuh-Höhlen nennen. Da relativ empfindlich gegen Kälte, müssen Kühe für sieben Monate des Jahres im Stall stehen, den sie durch ihren Stoffwechsel selber beheizen. Sie sollen Kälber zur Welt bringen und Milch liefern, auch wenn im Freien vielleicht 30 bis 40 Grad Kälte herrschen.

Um den Kühen eine einigermaßen erträgliche Stalltemperatur zu bieten, werden ihre Ställe (in denen wohl auch Bullen und Jungtiere stehen) extrem isoliert, nämlich mit bis zu fünf Metern starken Außenwänden gebaut! Auf der einen Seite des Kuhstalls geht es direkt in eine Scheune mit genauso mächtigen Wänden, aus der das Futter in den Stall transportiert werden kann, ohne daß es Wärmeverluste durch Türöffnen gibt.

Zu dem gleichen Zweck wird der Zugang zum Kuhstall als eine Wärmeschleuse konstruiert. Beim Stall von Brattahlid, einem der großen Kuhställe des Landes, windet sich dieser Zugang in einer S-Kurve aus dem Freien ins Innere, sieben Meter lang, und ist mit einer Holztür verschlossen.

Im Innern des Stalls herrscht dauerndes Dunkel – wohl unterbrochen, wenn gemolken werden muß –, die Kühe stehen dicht an dicht in Einzelständen, die durch große Steinplatten abgetrennt sind. Da die Kuhställe im allgemeinen nur eine Breite von etwa vier Metern haben, die Tiere – eine kleine Rasse von etwa zwei Metern Länge – aber rechts und links stehen, muß man sich buchstäblich zwischen den Kuhschwänzen hindurchwinden, um melken oder Heu austeilen zu können.

Die lichtlose, warme Enge bekommt den Kühen jedoch nicht schlecht: Die Grundprinzipien des Kuhstallbaus, d. h. die Innendimensionen der Ställe, bleiben jedenfalls über die Jahrhunderte unverändert. Da die Grönländer durchaus bei der Hand sind, wenn es gilt, unzweckmäßige Lösungen zugunsten von zweckmäßigeren aufzugeben, dies aber bei ihren Kuhställen nicht tun, scheint sich diese Form der Stallhaltung zu bewähren.

Während Kuhställe und Nebenbauten die gleichen bleiben, werden die Wohnhäuser schon relativ bald umkonstruiert. Zunächst setzt man einen wärmesparenden Vorflur vor den Haupteingang, der in die Halle führt, wie auf dem Hof Brattahlid aus der Zeit des »Skald Helgi«. Dann verzichtet man auf die Repräsentationshalle und teilt deren Funktionen mehr und mehr auf einzelne kleine Räume auf. Weshalb, läßt sich nur vermuten:

Zum einen neigen sich die Zeiten der ständigen Blutrache- und Familienfehden zumindest auf Grönland wohl ihrem Ende zu, in denen die Parteien (d. h. die Großbauern) ihre Anhänger um sich versammeln, um mit ihnen zu tafeln, zu beraten oder um Stimmung zu machen. Der Repräsentationsbedarf läßt nach. Soziale Aktivitäten verlagern sich mehr zu der mächtiger werdenden Kirche.

Zum andern muß man energiesparender bauen. Die Riesenhallen mit ihren oft zahlreichen Heiz- und Kochfeuern wurden in Zeiten errichtet, als sicherlich alle Strände noch voll Treibholz

Treibholz und Wracks an der Küste Grönlands.
Aus einer Beschreibung von Olaus Magnus (1557).

lagen, das seit einigen Jahrtausenden von Sibirien her um die Südspitze Grönlands herum in die Davis-Straße driftet und teilweise in die Fjorde hineingetrieben wurde. Dort hat sich eine Art fossiler Energiereserve aufgehäuft, aus der man schöpfen kann und die anfangs unerschöpflich schien, aber irgendwann sichtbar zu Ende geht. Zwar driftet noch immer Holz aus Sibirien nach Grönland, doch das ist sozusagen – um in den Begriffen moderner Energietechnik zu sprechen – nur der laufende Zuwachs (die »erneuerbare Energie«) und ein relativ spärlicher obendrein. Außerdem gelangt von diesem Zuwachs nur ein kleiner Teil bis in die Innenfjorde, die Hauptmasse muß man an den Außenküsten sammeln, d. h. auf Bootsfahrten von dreißig, fünfzig und hundert Kilometern durch die Fjorde nach Westen. Die Architekturentwicklung ist also Indiz für eine beginnende Energiekrise.

Daß diese Erklärung alles andere als hypothetisch ist, zeigt ein historisches Beispiel aus der ersten dänischen Neuansiedlung nach dem Verschwinden der »Grönländersiedlungen« auf Grönland im Anfang des 18. Jahrhunderts. Damals beginnt Pastor Egede hier seine Mission unter den Eskimo (und seine Suche nach überlebenden »Grönländern« des Mittelalters) an der Küste der ehemaligen Vesterbygd. Schon nach wenigen Jahrzehnten wird der Strandholzvorrat, mit dem er heizt, zu-

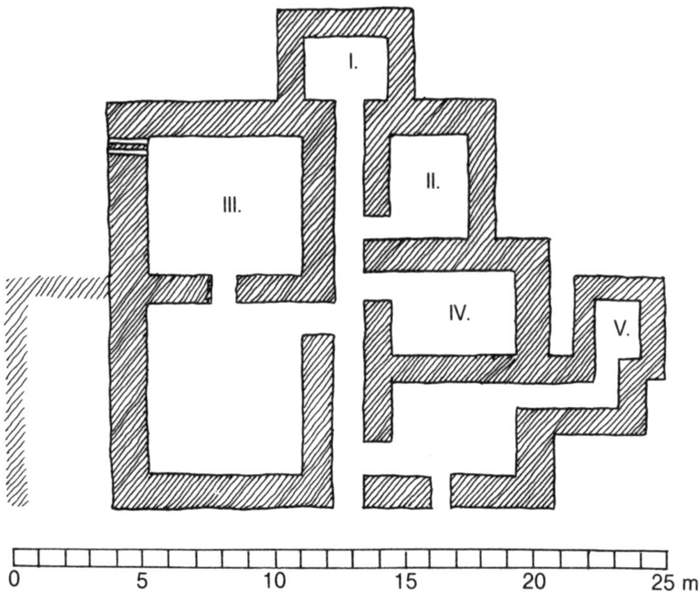

Ein »klassisches« Passagehaus aus der Österbygd: Am Ende der langen Passage liegt die Sauna (I); II ist der Küchenraum mit zwei Feuerstellen, III ein Wohnraum, in dem Webstühle standen; IV ist eine Speisekammer, V ein Keller.

nehmend geringer, das Holz muß mühsam aus immer größeren Entfernungen herangeholt werden, und es kommt zu einer akuten Energieverknappung.

Wie sehr die Energieversorgung in den Siedlungen zum Problem wird, zeigt ein Wohnhausbau (ebenfalls auf dem Platz Brattahlid) aus dem Ende der Lebenszeit der Grönland-Europäer: In diesem Haus gibt es nur noch drei kleine Holzfeuer, vor allem zum Kochen. Man heizt jetzt offenbar allein mit Energierohstoff, den die Landschaft selbst bietet, nämlich mit Seehundspeck, in speziellen Lampen abzubrennen.

Die Architekturentwicklung unter dem Zwang der sozialen und versorgungstechnischen Entwicklung führt nicht nur von der Halle, sondern auch vom Langhaus fort, das durch seine große Außenfläche viel Wärme abstrahlt. Die vielen kleineren Einzelräume (kaum je größer als 25 Quadratmeter), in die jetzt das Wohnhaus aufgeteilt wird, werden nicht mehr nebeneinander, sondern hintereinandergestaffelt und rechts und links von einem langen Flur angeordnet, der sich vom Vorflur aus geradlinig durch das ganze, geschlossenere Haus zieht.

Dies System des sogenannten »Passagehauses« wird offenbar auf Grönland irgendwann am Ende des 12. Jahrhunderts (oder etwas später oder früher) entwickelt. Es bewährt sich so, daß man es auch nach Island überträgt, wo man ebenfalls vor Energieproblemen steht. Wie gut das System ist, zeigt zum Beispiel die Tatsache, daß der Grönlandbischof sein Rasensoden-Palais ebenfalls nach dem Prinzip des Passagehauses erweitern läßt.

Ein oder anderthalb Jahrhunderte später werden ganz neue Haustypen konstruiert: Lagen die Ställe und Scheunen bisher außerhalb des Wohnbereichs, so integriert man sie jetzt in das Wohnhaus. Die klare Gliederung des Passagehauses schwindet. Das Wohnhaus wird nun zu einem ganzen Hof in einem Baukomplex, der sich den ausgrabenden Archäologen als ein kaum entwirrbares Konglomerat von Räumen zeigt. Sie liegen alle unter einer gemeinsamen Dachkonstruktion (mit zahlreichen einzelnen Firsten und Giebeln). Zwischen vielen Räumen entstehen zusätzliche Durchgänge und damit mehr Bewegungsmöglichkeiten in dem Dunkel dieser labyrinthartigen Wohnhöhlen. Solche »Zentralisierten Höfe« können bis zu dreißig Räume aufweisen: Wohnräume, Arbeitsräume, Schlafräume, Küchen, Sauna, Vorratsräume, Scheunen, Ställe für Kühe, Schafe und Ziegen ...

Einleuchtende Begründung für diese in den Grundrissen schon absurd wirkende Neuerung: Man muß noch mehr als bisher Energie sparen. Die vom Vieh mit seinem Stoffwechsel abgegebene Wärme läßt sich für die Heizung der Wohnräume ausnutzen. (Ähnliche Ideen werden, technisch etwas vervollkommnet, ja auch auf Bauerhöfen Ende des 20. Jahrhunderts erprobt, wo man die Stallabwärme zum Heizen nutzt.) Daß man bei diesen Bauten energiewirtschaftlich denkt, steht fest: Einer der großen »Zentralisierten Höfe« der Vesterbygd läßt zum Beispiel erkennen, wie man den Kuhstall in die Mitte des Hauses verlegt, also in dessen wärmebedürftigsten Teil, und ihn rings mit den Ziegen- und Schafställen umgibt. Auch sehen viele Grönlandarchäologen in der Zeit der Entstehung der »Zentralisierten Höfe« eine Periode der Klimaverschlechterung, die das Zusammenziehen von Menschen und Tieren unter ein Dach – richtiger gesagt: in ein »Rasensodenhöhlensystem« – veranlaßt haben könnte.

Doch lassen modernste Ergebnisse der Klimaforschung auf Grönland an dieser Klimaverschlechterung des Zeitraums um 1300 zweifeln. Auch ist schwer verständlich, weshalb weitaus die größte Zahl der »Zentralisierten Höfe« in bestimmten geographischen Regionen errichtet wird: im Inland abseits der Fjorde, ein oder mehrere Fußwegstunden von den Hauptverkehrswegen (dem Wasser) entfernt.

Dänische Grönlandarchäologen in früheren Jahrzehnten hatten mit großer Selbstverständlichkeit für die Zentralisierung des gesamten Hofes in einem solchen »Raumkonglomerat« eine andere Erklärung: Diese Form der grönländischen Höfe wird von dem Zeitpunkt an gebaut, zu dem die Invasoren Grönlands vom Norden, die Eskimo, auftauchen und immer weiter nach Süden vorrücken. Als hochmobile und kriegerische Eindringlin-

Ein großer »zentralisierter Hof« aus der Vesterbygd. I ist die Scheune, von Viehställen umgeben, II bis VII sind Wohnräume; VIII ist der Kuhstall, IX die Sauna und X ein Käsekeller.

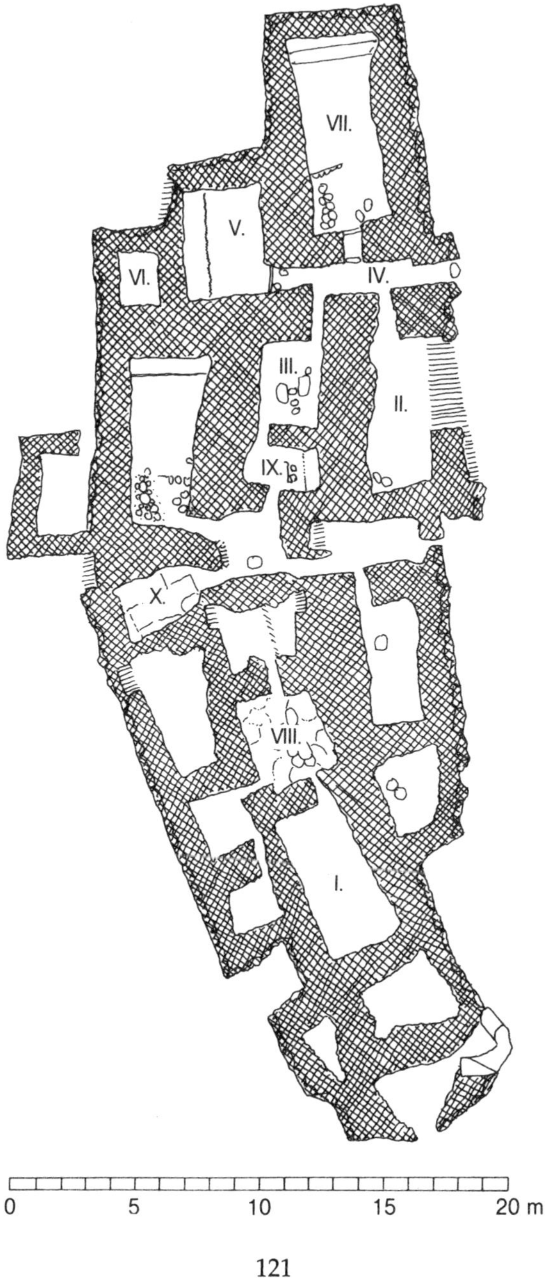

VII.
V.
VI.
IV.
III.
II.
IX.
X.
VIII.
I.
0
5
10
15
20 m

ge sind sie eine potentielle Gefahr. In solchen Zeiten ist es für den Bauern zumindest während des Winters, wenn eine Überwachung vieler Einzelgebäude besonders schwierig ist, sicherer, sein Vieh und seine Vorräte mit unter seinem Dach zu wissen.

In der modernen Grönlandforschung wird seltsamerweise dieses mögliche Motiv gar nicht mehr diskutiert, obwohl es auf Anhieb einleuchtet.

Geheimgänge hinter Wandtäfelungen

Man zieht unwillkürlich aus dem heutigen Befund der meisten Ruinen der Grönländersiedlungen den Schluß, diese Menschen hätten äußerst unwirtlich hinter ihren Stein-Soden-Wänden gehaust. Doch zeigt sich ein völlig anderes Bild dort, wo Ruinen freigelegt werden konnten, in denen nicht nur die widerstandsfähigsten Knochen und Reste der Häuser enthalten sind, sondern auch organisches Material wie Holz (etwa bei hoher Bodenfeuchtigkeit).

Das demonstriert die Ausgrabung des großen Hofes Sandnes in der Vesterbygd (jenes Hofes, in dem eine Zeitlang der in Vinland verschollene Bischof Erik wohnte und uns einen Teil seines Repräsentations-Faltstuhls als Nachweis hinterließ). Dort ist ein großer, fast hallenartiger Raum offensichtlich der Schlafraum des Großbauern und wird auch mit einem Feuer beheizt. An der Wand dieses Schlafzimmers finden sich Reste einer Holztäfelung der Wände, aus senkrecht nebeneinandergestellten und sogar mit einem Zieheisen dekorierten Brettern!

Diese Entdeckung ist in erster Linie deshalb verblüffend, weil sie auf Grönland gemacht wird, wo man eine etwas »niedrigere« Wohnkultur erwartet als zum Beispiel auf Island. Von Island weiß man aus zahlreichen Literaturstellen, daß die Innenwände der Wohnhäuser mit hölzernen Wandtäfelungen versehen sind, den »skót« (ein Wort, das in die englische Vokabel »wainscoting« für Wandtäfelung eingegangen ist). Diese sind von mehrfachem Nutzen: Sie erhöhen die Raumtemperatur durch zusätzliche Isolierung, sie sind »berührungswarm«, sie steigern die Strahlungstemperatur der Wände, sie verschönen die Wände, und sie sind Tarnung: Hinter der Wandtäfelung liegt vielfach ein Fluchtweg verborgen, durch den der Bauer bei einem Angriff auf seinen Hof ungesehen in andere Räume oder ins Freie gelangen kann. Es scheint, daß auch auf dem Hof Sandnes sich hinter der Täfelung ein solcher Fluchtgang verbirgt.

Daß nur auf diesem Hof eine derartige Täfelung eingebaut worden sein soll, ist ganz unwahrscheinlich. In anderen Häusern deutet sie sich an: Auf einigen Höfen sind entlang der Wände Reihen glatter Steine ausgelegt, die als Fundament für solche Vertäfelung dienen. Man wird sie in allen großen Höfen in einem Teil der Räume eingebaut haben, auch wenn ihre Spuren verschwunden sind. Bis zu einem hölzernen Fußboden allerdings gehen die Ambitionen der Grönländer nicht (er ist in jener Zeit auch nicht üblich). Der Fußboden bleibt festgestampfter Kies oder Sand.

Doch sonst wird mit Holz im Innenausbau nicht gespart. Die Räume sind mit hölzernen Türen – allerdings recht roher Zimmermannsarbeit – gegeneinander verschlossen. (Selbst auf der nur wenige Jahre bewohnten einzigartigen Vinlandsiedlung »L'Anse aux Meadows« hatte man ja schon Holztüren!) Sogar die Stalltüren werden in Holz gefertigt. Auf Wandborden lassen sich Wertsachen, Toilettengegenstände und sonstige Kleinutensilien der Bewohner unterbringen.

Für festliche Gelegenheiten – oder auch alltags? – wird die Wohnlichkeit der Räume noch durch Wandbehänge gesteigert. Sie sind aus Wolle gewebt und vielleicht bunt dekoriert, vor allem für hohe Feiertage.

So berichtet die »Ziehbrüdersaga«, wie der Großbauer Thorkel in der Österbygd seine Freunde aus der Nachbarschaft und Gäste aus Island zu einem großen Julfest einlädt, für das er Bier gebraut hat. (Auf Grönland, wo es keinerlei Getreide gibt, d. h. weder Korn noch Malz, und alles dafür Benötigte teuer aus Norwegen importiert werden muß, ist dies zweifellos ein Ereignis höchsten Ranges, das in allgemeinem kräftigem Rausch endet.) Zu diesem großartigen Fest bringen zwei Nachbarn leihweise die Wandbehänge mit, dazu Trinkbecher und sonstiges Festzubehör – das notwendig sein dürfte, weil Thorkel Junggeselle ist.

Wir können uns also das Innere dieser »Höhlen unter Rasensoden« als relativ gemütlich vorstellen. Von der Möblierung weiß man wenig, doch immerhin soviel, daß zumindest das Bauern-Ehepaar sogar in einem eigenen Bett ruht! Ein bisher einzigartiger Fund auf Hof V 52 in der Vesterbygd: ein Bettgestell, frei im Raum stehend, mit vier kräftigen Bettpfosten, Vorder- und Seitenwänden. Mit einer Länge von 1,55 Metern ist es ein Kurzbett, in dem man halb sitzend schläft (wie noch bis ins vorige Jahrhundert z. B. in Norddeutschlands Bauerngegenden allgemein üblich). Das Bett ist ein Meter breit. Ob die »Matratze« aus Heu und Heidekraut, die wir vermuten dürfen, auf einer Bodenplanke liegt oder auf dem Fußboden, ist noch nicht klar. Auf alle Fälle ist dieses Bett ein Indiz hoher Wohnkultur, gemessen an Zeit und Ort: Normalerweise schläft wohl die einfache Bauernfamilie auf einer erhöhten Plattform, die Leibeigenen in einem eigenen Schlafraum außerhalb des Hauses.

Doch noch primitivere Schlafstätten sind auf dem Hof vorhanden. So hat im Schafstall auf dem Hof Sandnes ein Mensch sein Lager in einem kleinen Verschlag, der technisch gesehen entweder für die Mutterschafe mit jungen Lämmern oder für kranke Mutterschafe bestimmt sein muß: Der Schafkot ist gemischt aus den üblichen »Knollen« und ganz winzigen »Böhnchen« der Jungtiere. In dem Raum befindet sich eine Feuerstelle, es liegen darin einige »typisch weibliche« Utensilien (der Ausgräber, Dr. Aage Roussel, beschreibt sie nicht näher). Nach seiner Meinung lebte hier ein Mädchen niedersten sozialen Rangs, die Schafhirtin, die man nicht einmal in dem allgemeinen Schlafraum schlafen ließ, bei ihren Tieren. Man sieht das rührende Bild vor sich, wie das Mädchen im Dunkel des Stalles auf ihrem Heulager ihr »Handlamm« (eines der mutterlosen Lämmer, das sie eigenhändig aufgezogen hat) an sich drückt, um sich zu wärmen. Bei diesem Bild, das Roussel zeichnet, scheint Effekthascherei im Spiel zu sein, doch es entspricht sowohl dem archäologischen Befund als auch der sozialen Wirklichkeit der Bauernhöfe früherer Jahrhunderte.

Seehundsspeck-Lampen und viel Dunkel

Während die arme Schafhirtin zweifellos im Dunkeln lebt wie ihre Tiere, sobald das Feuer verglommen ist, hat man im Wohnhaus natürlich Beleuchtung. Die weiter im Süden übliche Kienspanbeleuchtung gibt es hier nicht. Es fehlt an Kienspänen, und die Treibholzkiefern dürften wegen ihrer Veränderung durch das Seewasser kaum dafür brauchbar sein. Die Beleuchtung liefern in den Anfangszeiten der Besiedelung die großen Feuer in der Halle und dann mehr und mehr Lampen, die mit Seehundsspeck gespeist werden, vielleicht auch mit Schaftalg.

Die Seehundsjagd wird intensiv betrieben – davon später –, und Seehundsspeck gibt es genug. Die Lampen, in aller Regel aus dem feuerbeständigen Universalwerkstoff Speckstein geschnitzt, sind sehr verschieden konstruiert. Oft bestehen sie nur aus einer einfachen Schale mit einem dünnen Docht, der über eine Seite hängt, oder auch ganz ohne Docht, wie manche Stall-Lampen. Weit mehr Licht geben die schön geschnitzten Wohnzimmerlampen mit Randkerben für viele – bis zu acht – Dochte.

Einen Höhepunkt in der Entwicklung der Beleuchtungstechnik bilden Lampen, die nur in der Vesterbygd gebraucht werden und von älteren Eskimokulturen schon ein paar Jahrhunderte früher erfunden worden waren. (Ob die Grönländer sie selbständig neu erfunden oder einem Fund nachkonstruiert haben, ist offen.) Bei diesen Lampen befindet sich in der Mitte der Schale ein kleiner, mit Moos umwickelter Kegelstumpf aus Speckstein. Entzündet man die mit Seehundsspeck gefüllte Lampe, so schmilzt der Speck zu Tran, der Docht saugt sich voll und beginnt zu brennen. Dabei erhitzt sich der Kegelstumpf immer mehr, das erzeugt einen zunehmend aufsteigenden Luftstrom, und dadurch wird die Verbrennung im Docht zusätzlich angefacht. Diese Konstruktion (sie wird im 18. Jahrhundert in Europa mit röhrenförmigen Lichtdochten wieder einmal erfunden) liefert nach Auffassung des grönländischen Archäologen Dr. Claus Andreasen ein ganz besonders helles Licht und ist vielleicht die fortschrittlichste Lampe der grönländischen Siedlungen.

Daß man dort ausreichende Beleuchtung benötigt, da im Winter über sieben Monate die Innenarbeit vorherrscht, braucht kaum betont zu werden. Schon das Weben der Wollstoffe und ihre Verarbeitung zu Kleidern (die »schneidermäßig perfekt« sind, wie Else Östergaard, die Konservatorin des Nationalmuseums von Kopenhagen, betont) erfordern Licht und nochmals Licht. Schnitzarbeit und Schachspiel, Kochen und Essen – alles geht in fensterlosen Häusern vor sich. Im Winter, wenn der Tag nur zwei oder vier Stunden lang ist, liefern lediglich die Rauchlöcher in den Küchen etwas Helligkeit, sofern man sie nicht wegen Schneefalles weitgehend schließen muß. In der oben zitierten »Ziehbrüdersaga« wird erwähnt, daß in einem Schlafhaus ständig – die ganze Nacht über – Licht brennt.

Wie hoch der Lichtbedarf ist, zeigt zum Beispiel die moderne Ausgrabung des »Zentralisierten Hofes« in der Vesterbygd, V 54, heute mit dem Eskimonamen »Nipaitsoq« belegt: Dort wurden in rund neun bisher freigelegten Räumen (einschließlich Stallräume) insgesamt vierzehn Lampen gefunden – alle verschieden in der Konstruktion. Die besten und hellsten Lampen – d. h. vor allem die oben beschriebene »Kegelstumpflampe« – befanden sich in den Wohnräumen.

Trotz der Seehundsspeck-Lampen sind die Räume in den Häusern natürlich nur dort hell, wo gearbeitet werden muß: am Webstuhl, am Schusterbock, am Eßtisch. An den Wänden, in den Ecken und auf dem Fußboden nistet das Dunkel, leicht flackernd erhellt. Von dieser mangelhaften Innenraumbeleuchtung profitieren heute die Archäologen (nicht nur auf Grönland, sondern ebenso bei Ausgrabungen anderer mittelalterlicher oder älterer Häuser): Fällt etwas auf den Fußboden, so ist die Hoffnung aufs Wiederfinden nur bescheiden – vor allem, wenn der Verlust nicht sofort bemerkt wird und viele Füße über den Gegenstand gegangen sind, von denen er immer tiefer in den Kies oder Sand des Fußbodens hineingestampft worden ist. Das Dämmerlicht hilft, Verlorenes zu verbergen.

Deshalb sind die Fußböden grönländischer Häuser ein Dorado der modernen Forschung – in ihnen hat sich der Abfall des Alltags angesammelt: Messer, Schachfiguren, Kämme, Nadeln in reichster Auswahl (manche zerbrochen, möglicherweise hat die Näherin sie wegen des Defekts ärgerlich auf den Boden geschleudert), Schmuckstücke, Bruchstücke vom Eßgeschirr (aus Speckstein geschnitzt) und vieles andere mehr. Die größte

Kostbarkeit all dieser Fußbodenfunde ist vielleicht eine winzige Silberapplique (vermutlich zum Aufnähen auf ein Kleidungsstück bestimmt) vom Hof »Nipaitsoq« in der Vesterbygd – kostbar nicht wegen ihres Silberwertes, sondern weil Edelmetall in den Siedlungen so ungeheuer selten ist und weil der winzige (keine zwei Zentimeter lange) Silberschild offenbar auf dem Hof selbst gegossen wurde. Zudem trägt er eine Ritzdekoration, die sehr charakteristisch und doch exotisch ist: eine Felderteilung, wie man sie sonst nur auf Wappen von Schottland kennt.

Der Fußboden dient im übrigen zugleich als bequemer Abfalleimer. Beim Essen werden die abgenagten Seehundsrippen oder Rentierschinkenknochen offenbar achtlos auf die Erde geschleudert. Falls nicht die Hausherrin oder die diensthabende Magd diese Reste sofort nach dem Essen ins offene Herdfeuer fegt, sind sie bis zum großen Hausputz im Frühjahr – wenn der Fußboden geglättet und frisch mit Sand bestreut wird, wie auf manchen Höfen nachweisbar – ebenfalls tief in die Erde gedrückt als für die Nachwelt kostbare Dokumente.

Die Forschung jedenfalls ist der Düsternis in den grönländischen Häusern zu Dank verpflichtet.

Vom Schuh bis zum Köper

Die häuslichen vier Wände des Grönländers sind im Winter – in dem man viele Monate von Vorräten und der täglichen Milch lebt, einer Quelle, die im Lauf des Winters langsam versiegt – die Werkstatt. Dort wird das gesamte Inventar von Hof, Haus und Küche repariert oder neu hergestellt, dazu Kleidung, Waffen und Ausrüstung aller Art. Nur die Schmiede liegt außerhalb des Hauses und wird vermutlich nur im Sommer betrieben. Der Bauer muß sich und seine Leibeigenen mit dem alltäglichen Bedarf selbst versorgen. Das ist auf Grönland nicht anders als auf allen Bauernhöfen Europas zu jener Zeit und bis ins 19. Jahrhundert hinein. Doch auf Grönland sind diese »häuslichen Handwerkerarbeiten« oft besonders klar nachweisbar.

Die zahllosen Gerätschaften des Haushalts aus Holz oder Speckstein können nur an Ort und Stelle hergestellt sein: Töpfe und Suppenschüsseln aus Speckstein, Schüsseln aus Holz, zum Teil gedrechselt, Löffel aus Holz oder auch aus Knochen, hölzerne Schöpflöffel zum Austeilen der Seehundsbrühe oder der gesäuerten Milch, Schneidbretter zum Zerlegen von Fleisch, große und kleine geböttcherte Fässer sowie Werkzeuge aller Art entstehen in der dunklen Zeit.

Manche dieser häuslichen Handwerker steigern ihre Leistungen bis zur Stufe des Kunstwerks. Oft sind Schachfiguren schön geschnitzt. (Etwa im 12. Jahrhundert, als das Schachspiel in den Norden Europas vordringt, erreicht es auch gleich Grönland und wird dort, nach der Zahl der gefundenen Schachfiguren zu urteilen, begeistert aufgenommen.) Einzelne Schnitzereien sind von hoher Qualität, so ein nur 2,5 Zentimeter langer Eisbär aus Walroßelfenbein, der sprungbereit vor dem Atemloch eines Seehundes zu stehen scheint. Der Schnitzer ist dem Tier wohl auf der Jagd begegnet und hat seine Linien in gekonnter Vereinfachung fixiert. Ähnlich gelungen ist ein winziges Walroß, sinnigerweise aus einem Backzahn eines Walrosses gearbeitet. Ein Männerkopf aus dem »Elfenbein Grönlands« (vom Walroß) zeigt ein grobgehauenes Gesicht unter einer Pelzkappe – etwas aggressiv, doch hochlebendig. (Der Finder, Dr. Aage Roussel, möchte es als eine Karikatur erklären, um keinen zu ungünstigen Eindruck von dem Charakter der Grönländer aufkommen zu lassen.) Vielleicht das schönste Kunstwerk des Landes ist ein hölzernes Kruzifix – aus Treibholz geschnitten – mit einem ausdrucksvoll leidenden Christus, das die Wand eines Raumes im »Zentralisierten Hof« V 53 (also in der Vesterbygd) schmückte. Möglicherweise eine Art Hauskapelle: Der Raum ist klein und liegt ganz abseits der übrigen Räume.

Doch noch erstaunlicher als die Arbeit der Schnitzkünstler (deren Talente sich überall entwickeln können) ist die hohe Qualität der auf den Höfen in Grönland geleisteten Fachhandwerkerarbeit. Männer oder Frauen, die im Sommer Rentiere jagen oder Käse machen, produzieren im Winter in der Dämmerung der »Rasensoden-Höhlen« Waren von einem Standard, wie er in den gleichen Jahrhunderten in Europa nur von den spezialisierten Handwerkergilden erreicht wird und weit über das Niveau der bäuerlichen Hof-Autarkie hinausgeht. Die Beispiele dafür sind besonders von einigen Höfen der Vesterbygd

Die Landschaft der Grönländer-Höfe: Birkengebüsch mit Ebereschen (oben) und Birkenkrüppelwald (unten) am Lichtenau-Fjord.

Links oben: *Die älteste Peilscheibe der Welt, gefunden im Nonnenkloster der Österbygd, demonstriert die Wikinger-Navigationstechnik.*
Links unten: *Die Kirche Hvalsey, besterhaltene Ruine des Kirchen-Monumentalbaus der Grönländer.*

Unten: *Freilegung des Kuhstalls eines grönländischen Hofes. Die Trennsteine zwischen den Ständen stehen zum Teil noch.*

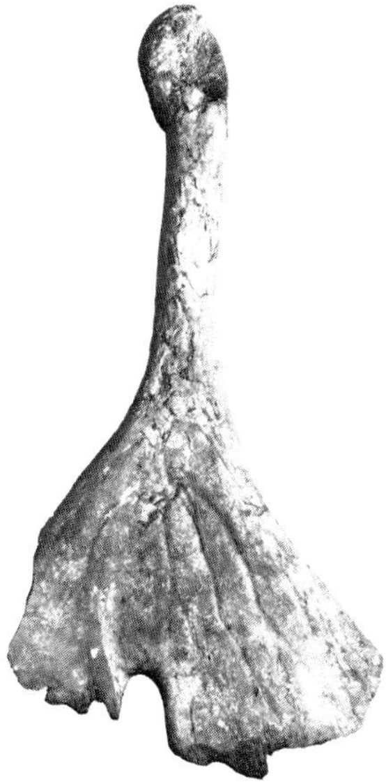

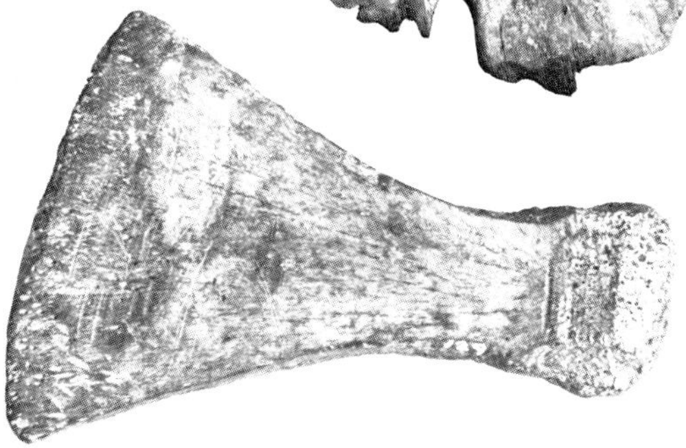

Ausgegrabene Zeugnisse der Grönländer-Kultur.
Rechte Seite: *»Porträt« eines Grönländers mit Fellkapuze; Schuhleisten; Schaufel aus Schulterblatt-Knochen; Streitaxt aus Walfischknochen; Fleischbrett aus Holz.*
Linke Seite: *Bärenkopf in Holz geschnitzt – das Kopfstück eines Holms von einem Klappstuhl, der vermutlich dem Bischof Erik auf Sandnes gehörte. Darunter eine aus Speckstein geschnitzte Trinkschale.*

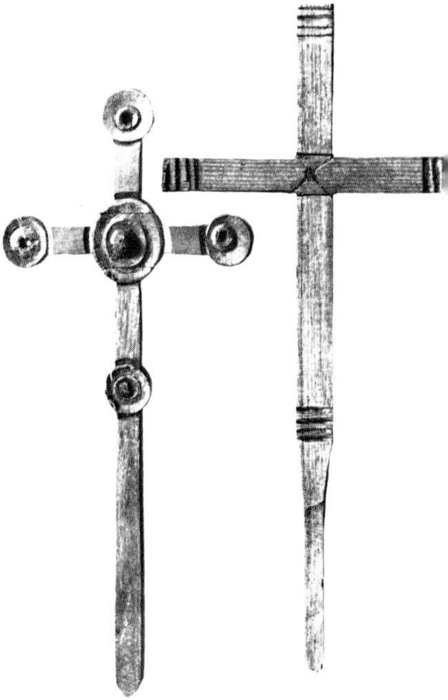

Links: *Kopfstück eines Bischofsstabs aus einem Grab des Doms zu Gardar.*
Rechts: *Holzkreuze vom Friedhof Herjolfsnes*

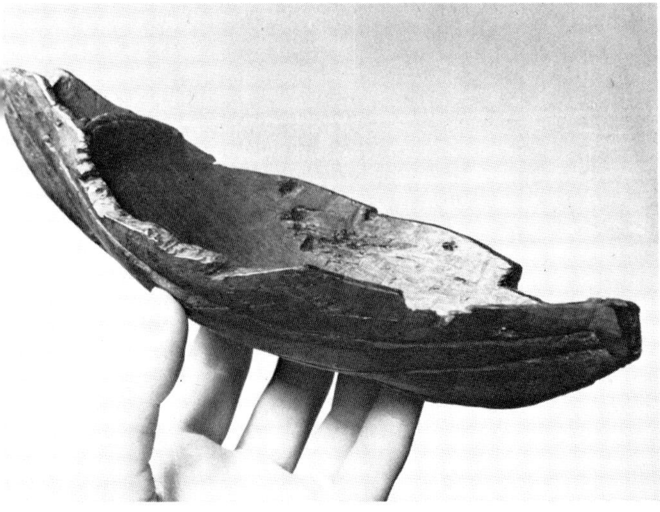

Spielzeugboot aus Holz: Dieser Fund aus einer Sauna in der Vesterbygd ist eine kleine Spiegelung des Bootsbaus auf Grönland.

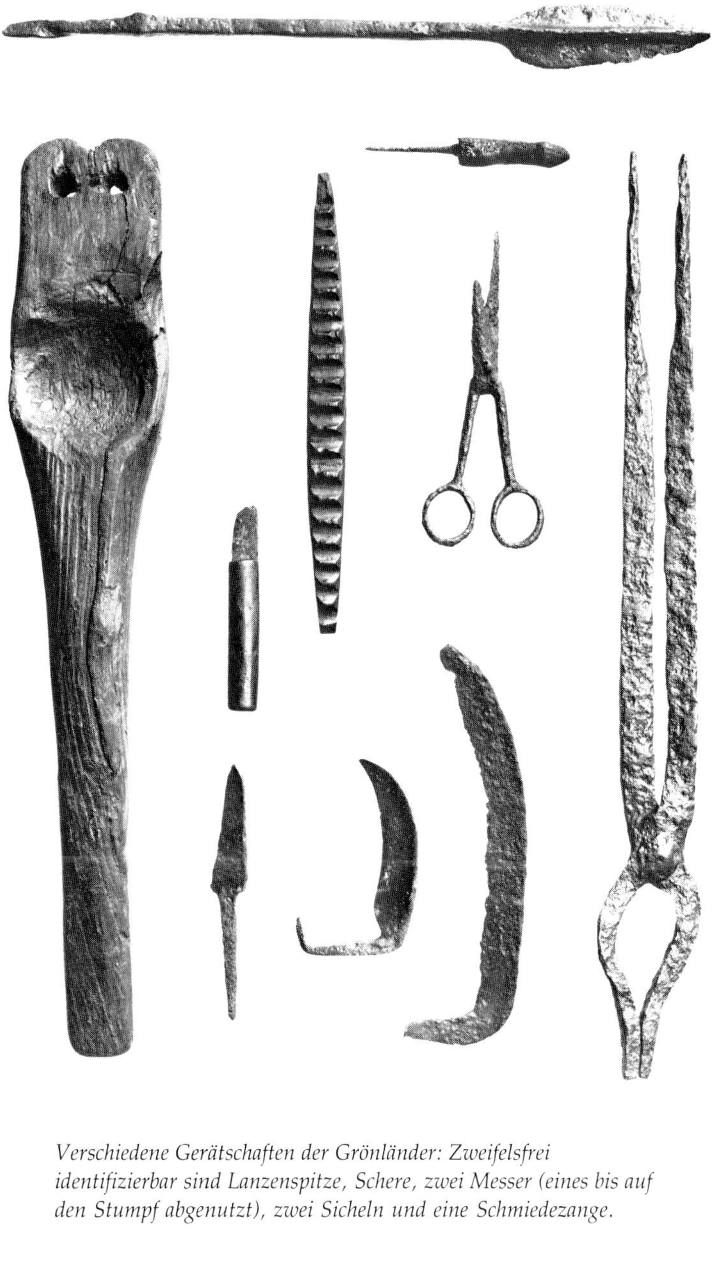

Verschiedene Gerätschaften der Grönländer: Zweifelsfrei identifizierbar sind Lanzenspitze, Schere, zwei Messer (eines bis auf den Stumpf abgenutzt), zwei Sicheln und eine Schmiedezange.

Trachtenfunde vom Friedhof Herjolfsnes.
Links: *Burgunderhut aus der Zeit kurz vor oder um 1500, letzte Dokumentation des Überlebens und des Europakontakts der Grönländer.*
Rechts: *Männertracht des 14. Jahrhunderts mit Bandkapuze und langem, faltenreichem Rock – entsprechend der zeitgenössischen europäischen Mode.*

bekannt, voran wieder Sandnes. Höchste handwerkliche Leistungen werden vor allem für das Äußere des Menschen – vom Kopf bis zum Fuß – aufgebracht.

Für den Kopf braucht man Kämme, einmal, um die Haare zu glätten, zum andern, um sie als »Jagdwaffen« bei der Pirsch auf Ungeziefer, in erster Linie Läuse, einzusetzen. Solche »Jagd«-Kämme mit ganz engen Zinken werden aus Knochenplatten hergestellt, die man einsägt, und mit aufgenieteten Knochenstücken verstärkt. Diese Kämme zu liefern ist in Europa Aufgabe spezieller Kammacher – in Bergen zum Beispiel gibt es ein Kammacher-Handwerk großen Umfangs –, und es liegt nahe, daß solche Toilettenartikel von dort importiert werden, da Bergen der große kontinentale Abgangshafen für den Grönlandhandel ist. Doch die Knochenkämme der Grönländer sind Eigenfabrikat: Sie sind aufwendiger und eleganter gemacht als die zeitgleichen Kämme Europas, mit gekurvten und barock geschwungenen Enden von hohem dekorativen Effekt. Auf Sandnes hat man allein sechsundzwanzig solcher Kämme gefunden. Man darf darüber diskutieren, ob diese Massierung auf eine besonders starke Verbreitung der Läuse hier zurückzuführen ist oder auf das besonders hygienische Leben der Grönländer auf den großen Höfen oder schließlich einfach darauf, daß ein Zufall soviel Exemplare über viele Jahrhunderte bewahrt hat. Fest steht: In dieser von außen her gesehen trostlosen Einsamkeit am Ende der zivilisierten Welt nimmt man sich viel Zeit für dekorative Verschönerung des Alltags.

Auch die Schusterei wird nicht nur auf Bauernhofstandard betrieben. Eine Serie Schuhleisten demonstriert, daß fachmännisch verschiedene Schuhformen am Fuß angepaßt hergestellt werden, vom Kinderschuh (11 cm langer Leisten) bis zum eleganten Ausgehschuh für den Kirchgang oder den Festtagsbesuch auf dem Nachbarhof. Einer dieser Leisten (der Länge nach für eine Frau bestimmt) zeigt mit schmaler Ferse und zugespitztem Zehenteil den modischen Chic der Zeit. Daß dies nicht das Schuhwerk ist, das man im Alltag trägt – vorm Herd, im Melkstall, auf der Heuwiese oder beim Schafehüten – ist selbstverständlich. Daß sich Arbeitskräfte des Hofes die Zeit für eine solche Luxusproduktion nehmen dürfen und können, die letztlich der Repräsentation dient und keinerlei ökonomischen Nutzen abwirft, ist ein Indiz für den Reichtum dieser grönländischen Gesellschaft (wobei »Reichtum« bedeutet: Es werden Nahrungsproduktionsüberschüsse erzielt, die groß genug sind, um Arbeitszeit für Kunst, Kultur und Luxus freizusetzen). Daß von solcher Luxusproduktion in erster Linie der Hofbesitzer und seine Familie profitieren und nicht das leibeigene Gesinde, braucht nicht besonders betont zu werden.

Am arbeitsintensivsten ist die Erzeugung von Textilgeweben für die Bekleidung des Menschen vom Kopf bis zu den Füßen.

Wie die Grönländer normalerweise bei der Arbeit, auf Reisen oder im Winter bekleidet sind, wissen wir nicht genau: zweifellos mit Pelzen und Leder, also derb und warm. Das erwähnte Männerporträt zeigt ja auch eine Pelzkappe, während man sonst von Pelzbekleidung kaum Spuren kennt. Doch einen großen Teil des Jahres – vielleicht sommers, im Haus und zu Repräsentationszwecken – zieht man sich europäisch an, mit Kleid, Kittel, Strümpfen, Hut oder Kapuze aus Wollgewebe. Das demonstriert ein vom Friedhof von Herjolfsnes stammender und weltberühmt gewordener Fund von grönländischer Garderobe, über den wir unten berichten werden: die einzige Kollektion mittelalterlicher Bekleidung, die es gibt.

Die Grönländer verfügen dank ihren Schafherden über eine Wollproduktion von erheblichem Ausmaß. Wie groß diese Schafherden sind, weiß man nicht, doch dürften sie mehrere Zehntausende von Tieren umfaßt haben. – Heute, im 20. Jahrhundert, gibt es allein in der Österbygd rund zwanzigtausend Schafe; man will die Schafhaltung noch steigern und glaubt noch nicht so große Herden zu haben wie die europäischen Pioniere des Mittelalters hier in der Neuen Welt. – Es werden also jährlich in den Grönländersiedlungen viele Zehntausende von Kilogramm Wolle geerntet. Möglicherweise »pflückt« man die Wolle, wenn die Schafe im Sommer ihre alte Wolle abstoßen und neue nachwächst. (So erntet man noch bis in das 20. Jahrhundert auf Island und den Färöern die Schafe ab.) Doch man hat auch Scheren für die saubere und verlustlose Schafschur vor dem natürlichen Fallen der Wolle. Sie sehen ebenso aus wie die Schafscheren im 20. Jahrhundert: Zwei Schneiden sind fest durch einen biegsamen Bügel verbunden. Daß die Grönländer solche damals schon modernen Schafscheren kennen, weiß man im wesentlichen aus einigen Funden von Holzetuis, in die die Konturen der darin aufbewahrten Scheren eingeschnitzt sind. Die Aufbewahrungstechnik läßt erkennen, daß diese Schafscheren sehr kostbar sind: Sie müssen aus einem hochwertigen, härtbaren Stahl gefertigt werden, der gleichmäßig ist, der wärmebehandelt und abgeschreckt werden kann, um elastisch und hart zugleich zu sein. Ob die grönländischen Schmiede solche Qualitätsarbeit leisten können, ob sie vor allem die Rohstoffe (besonders Holzkohle) für derartige Arbeit haben, darf bezweifelt werden. Vermutlich muß man Schafscheren aus Übersee – also wohl in Norwegen – einkaufen, weshalb man sie auch entsprechend hochachtend behandelt.

Jedenfalls müssen die großen Wollernten jeden Jahres verarbeitet werden.

Schafe hält auch der kleine und kleinste Hof und Kätner, und so rotieren überall im Winter die Spindeln auf den Höfen. Man benötigt – hat man erst einmal ausreichend Erfahrung – zum Spinnen nicht allzuviel Licht und kann neben der Arbeit noch einiges im Reden, Scherzen und Erzählen leisten. Zweifellos geht es dabei so gemütlich zu wie noch im vorigen Jahrhundert auf mitteleuropäischen Bauernhöfen in den Spinnstuben und Spinngilden.

Die Spinnwirtel – haltbar, da meist aus Speckstein – sind ausgesprochene Massenfunde der Archäologen auf Grönland. Doch auch Spindeln wurden gefunden, zum Beispiel auf Sandnes.

Oft sind die Spinnwirtel dekoriert, manchmal mit Spiralen, mit einem Kreuz, mit Ringen, und sie tragen nicht selten Runeninschriften. Natürlich bezeichnen die Runen meist den Eigner – was notwendig ist, um bei der mäßigen Beleuchtung in den Arbeitsstuben Verwechslungen vorzubeugen und jedem sein Eigentum zu sichern. Diese Inschriften haben einige Grönlandforscher in Verwirrung gesetzt, die vermutlich althergebrachte Vorstellungen von der Rolle der Geschlechter in der Arbeitswelt hatten: Es sind sehr oft Männernamen! So liest man auf einem Spinnwirtel von Gardar: »Haldor besitzt mich«, auf einem andern: »Didrik gehöre ich«, auf einem dritten den Männernamen »Rognvaldr« und auf einem vierten die Andeutung des Männernamens »Gestr«. Dagegen gibt es unter diesen Funden aus der

Grabung nicht ein einziges Exemplar mit einem Frauennamen.

Der dänische Deuter dieser Runen hat sich dadurch aus der Klemme geholfen, daß er unterstellt, es handele sich hier stets um die Namen der Haushaltungsvorstände und daher um Männernamen. Diese »Erkenntnis« paßt gar nicht gut zu unserem sonstigen Wissen über die Rolle der Frau in den Familien im Nordeuropa und Grönland jener Jahrhunderte. Die Frau kann sich dort mindestens ebenso als Haushaltungsvorstand und als gleichberechtigter Partner im Besitz des ehelichen Eigentums fühlen wie ihr Ehemann: kein Grund also für diesen, ausgerechnet das Arbeitswerkzeug für Frauen mit seinem Namen zu zeichnen, ganz abgesehen davon, daß dann viele Spinnwirtel den gleichen Namen tragen würden und es doch Verwechslungen gäbe.

Wir dürfen als bessere Erklärung behaupten (was Dr. Finnur Jonsson vor sechzig Jahren bei seiner Deutung der Runen auf den Spinnwirteln von Gardar sorgfältig vermied), daß hier auf Grönland auch die Männer, vielleicht sogar vorwiegend die Männer, spinnen. Dem läßt sich natürlich notfalls entgegnen, daß diese eben zitierten »männlichen« Spinnutensilien ja von Gardar stammen, wo der Bischof residiert, also von einem Gelände, auf dem Frauen nicht gern gesehen sind. Doch wie wir lasen, kann von einer Frauenfeindlichkeit der Grönlandbischöfe nicht die Rede sein. Außerdem ist ein Bischofssitz ein Wirtschaftsbetrieb und kein Kloster. Freilich gibt es auch Spinnwirtel mit Frauennamen – so ein Exemplar von Sandnes, auf dem man »Maria« entziffern kann. Aber diese »Maria« ist nur Teil einer längeren Inschrift und das auf einem Hof, wo es an in Runen geritzten Segenssprüchen, Anrufungen der Gottesmutter und Zaubersprüchen nicht fehlt, so daß hier die Heilige Jungfrau gemeint sein kann.

Vermutlich sind in der Wintersaison auf den grönländischen Höfen die Männer weniger mit anderer Arbeit ausgelastet als die Frauen, so daß es nur natürlich ist, wenn sie bei der tagaus, tagein laufenden Wollverarbeitung mit zugreifen.

Der nächste Schritt in der Wollverarbeitung, das Weben, erfolgt auf einem senkrecht stehenden Webstuhl, bei dem die – vor dem Webvorgang eingespannten – Kettfäden mit Gewichten nach unten gezogen und dadurch gespannt gehalten werden. Durch diese Kette wird dann der Schußfaden gezogen, damit sich das Gewebe bildet.

Von den Webstühlen ist bis heute meist nicht mehr als die Anhäufung von Gewichten an irgendeiner Wand im Arbeitsraum übriggeblieben, ab und zu ein »Webschwert« (oder dessen Handgriff), mit dem man nach einer Anzahl von Schüssen von oben auf das neugebildete Gewebe schlägt, um es zu festigen. Doch die Webgewichte – meist nur durchlöcherte beliebige Scherben von Specksteintöpfen – sind so zahlreich und weit verbreitet, daß die Bedeutung dieses Hausgewerbes klar hervortritt.

Die grönländischen Weberinnen (oder waren es auch Weber?) leisten Qualitätsarbeit. Nicht nur, daß sie gleichmäßig gesponnene Fäden verwenden, um ein gleichmäßiges Gewebe zu erzielen, sie beachten auch die »Drillrichtung« der Fäden ganz genau und spannen sie entsprechend in den Webstuhl oder auf das Schußgarnknäuel: Man kann beim Spinnen die Rohwollfäden entweder nach rechtsherum oder nach linksherum verdrillen (das eine ist das Z-Garn, das andere das S-Garn der Textiltechnik). Zur Gewebeherstellung wird stets der Z-gesponnene Faden als Kette und der S-gesponnene als Schuß verwendet, was dem fertigen Gewebe eine höhere Festigkeit verleiht als zum Beispiel die Benutzung von Z-Garn für Kette und Schuß. Das aber weiß man schon im Mittelalter im fernen Grönland. Gewebt wird nur selten in »Leinenbindung« (bei der jeder Schußfaden einen neuen Kettfaden kreuzt), sondern fast immer in Köperbindung (bei der der Schußfaden immer mehrere Kettfäden zugleich überkreuzt, bei den grönländischen Geweben je zwei). Solcher Köper liefert ein etwas steiferes Gewebe als ein Leinen.

Dieser grönländische Wollköper ist das »Standardgewebe« der beiden Siedlungen und wegen der erkennbaren Sorgfalt der Herstellung und der Art der Wolle von vermutlich hoher Qualität, gemessen an dem Hausgewebe anderer Produktionsgebiete von Wollstoffen. Man darf annehmen, daß die grönländischen Wollstoffe zu einem erheblichen Teil exportiert werden: Tuche aller Art sind im Mittelalter teuer, weil ihre Herstellung mit Spindel und Gewichtswebstuhl höchst zeitaufwendig ist. Deshalb lohnt es sich für die Grönländer sicherlich, einen Teil ihrer großen Wollernte in der extrem langen Winterruhezeit für die Produktion hochwertiger Exportartikel zu verwenden. Exportieren müssen sie, um Eisen, Korn, Bier-Rohstoffe und Luxusartikel importieren zu können, und nur hochwertige Exportgüter lohnen für den Zwischenhandel den langen Weg und das hohe Seeunfall-Risiko auf diesem Weg.

Konkrete Beweise für den Export des grönländischen Wollköpers gibt es nicht. Doch wenn nach der Saga Leif der Glückliche der nicht so glücklichen Thorgunna, werdenden Mutter seines Sohnes auf den Hebriden, unter anderem einen grönländischen Wollstoff zurückläßt, obwohl die Bewohner der Hebriden ebenfalls Schafzucht betreiben und wohl auch Wollgewebe herstellen, so muß dieses grönländische Tuch schon etwas Besonderes sein. Außerdem beträgt die Wollernte auf Grönland sicherlich pro Kopf und Jahr viele Kilogramm Rohwolle, und bei dem äußerst sparsamen Umgang mit Textilien, der sich zum Beispiel an dem hohen Abnutzungsgrad der in den Gräbern von Herjolfsnes gefundenen Kleidung ablesen läßt, dürfte dieser Ertrag den heimischen Bedarf weit übersteigen.

Nicht weniger hoch ist der Standard bei der Verarbeitung der Stoffe zu Kleidungsstücken, wie er bei den Trachten von Herjolfsnes erkennbar ist. Es sei nochmals die Konservatorin des »Nationalmuseums« Dänemarks, Else Östergaard, zitiert:

»Man kann aus der Analyse der Trachten sehen, daß sie von Menschen mit hohem handwerksmäßigen Können hergestellt sind. Nichts ist Zufälligkeiten überlassen. Der Gewebefaden ist gleichmäßig gesponnen, das Tuch ist fest und gut gewebt. Beim Zuschneiden wird stets die gleiche Seite des Tuchs nach außen, d. h. als »Rechts«, verarbeitet . . ., Nähte und Schmucknähte an den Kanten sind gleichmäßig und professionell ausgeführt. Bei Fältelungen und beim Einsetzen von Keilen wird bei allen Kappen und Kleidern der Saum in die gleiche Richtung gewendet. Die Frauentrachten sind in einem Schnitt ausgeführt, der ihnen einen ganz raffinierten Fall verleiht – dadurch, daß alle in der Fadenrichtung geschnittenen Säume an diagonal geschnittene Säume stoßen . . .«

Wir sehen wieder: Die Bewohner der grönländischen Siedlungen sind eindeutig keine Hinterwäldler – auch nicht in der Schneiderstube.

Sie sind im Gegenteil modisch stets auf der Höhe ihrer Zeit. Das beweisen sehr eindringlich die Trachten aus den Gräberfunden von Herjolfsnes an der Südspitze Grönlands – jener kleinen Ansiedlung mit Hafen, wo die vom Kontinent kommenden Schiffe erst einmal für eine Erholungspause Anker werfen.

Herjolfsnes – internationale Mode in Gräbern

Die »Herjolfsnes-Trachten« sind ein klar umrissener und weltbekannter Begriff in der Mittelalterforschung wie in der Kulturgeschichte. Ihre Entdeckungsgeschichte ist so voll interessanter Details, daß sie nicht übergangen werden darf.

In Herjolfsnes – diesem südlichsten Punkt des »Ministaates«, sozusagen der Visitenkarte des Landes – bauen die Grönländer natürlich auch eine Kirche, und um diese Kirche herum wird selbstverständlich ein Friedhof angelegt. Es ist dieser Friedhof, auf dem die Seele der »in der Grönlandsee über Bord gegebenen Gudveig« in einem Sarg zur Ruhe gebettet wird, in Gestalt eines Runenstabes, wie weiter oben erzählt. Kirche und Friedhof liegen sehr nah am Wasser. Da die Rieseninsel Grönland seit der Anlage des Friedhofs ständig tiefer in das Meer gesunken ist – vermutlich wird sie durch die Auflast des Inlandeises in das Erdinnere hineingedrückt –, gerät dieser Friedhof offenbar schon im 18. Jahrhundert so nah an die Küste, daß die Wellen ihn zu zerstören beginnen. Grab auf Grab wird von der Brandung angenagt, sie spielt mit Särgen, Skeletten und Leichentüchern.

Schon 1830 entdeckt ein Missionar die Ansiedlung der alten Grönländer: Er findet als Türbalken einer Eskimohütte in »Ikigait«, wie die Eskimos den Platz nennen, einen Grabstein mit der Aufschrift »Hier ruht Hroar Kolgrimsson«. Einige Jahre später stößt Ove Kjelsen, »Handelsassistent« der Grönlandhandelsgesellschaft, am Ufer unter der Kirche auf Planken und Kleidungsstücke. Mit seinem Bericht erweckt er große Erwartungen in Kopenhagen bei der »Antiquarischen Gesellschaft«: Dort wiegt man sich in der Hoffnung, die Planken könnten von einem Wikingerschiff stammen, in dem irgendein Entdecker Grönlands aus der Wikingerzeit zur Ruhe gebettet wurde.

Diese Sensation will man sich nicht entgehen lassen, und Ove Kjelsen wird beauftragt, eine Ausgrabung ins Werk zu setzen. Mit der für damalige Zeiten enormen Summe von 24 Reichsbanktalern heuert er eine Grabungsmannschaft von vierundzwanzig Mann an. Doch er findet nichts von dem, was man sich in Kopenhagen erhofft – nur die Beweise dafür, daß die Planken nicht von einem Boot, sondern von Särgen stammen. Er findet den Schädel eines Mannes, der noch helle Haare aufweist und eindeutig nicht der eines Eskimos ist, sondern der eines Grönland-Europäers. Er birgt Grabkreuze und Grabsteine. (Einen Teil der Funde hat Kjelsen schon vorher gemacht, bei einer Probegrabung auf eigene Faust.) Kein Wikingerschiff also, »nur« ein Friedhof.

Das Interesse in Kopenhagen kühlt vorerst ab, doch in den nächsten Jahrzehnten findet fast jeder Besucher des Ufers von Herjolfsnes dort braune, uralte Kleiderfetzen, Holzkreuze und anderes mehr – Beweise dafür, daß Kjelsens Grabung die Fundstelle noch keineswegs erschöpft hat. Das gibt schließlich Anlaß zu einer neuen Expedition, unter technischer Leitung des »Nationalmuseums« in Kopenhagen, die – nach einer Verzögerung wegen des Ersten Weltkriegs – am 15. Mai 1921 Kopenhagen auf dem Schraubendampfer »Fox II« verläßt. Ihr Leiter und Teilnehmer: Dr. Paul Nörlund. Er hat die Schwierigkeiten beschrieben, die zu überwinden sind, um nach der Passage des Packeisgürtels und dem Ausschiffen mehrere hundert Kilometer weiter nördlich des Ziels in Ivigtut (dem Bestimmungsort des Schiffes, das aus einem Bergbaubetrieb dort eine Ladung Kryolith holen soll, »Eisspat«, ein wertvolles Aluminiumerz) mit Motorbooten und schließlich in Eskimo-Ruderbooten nach Herjolfsnes zu gelangen. Diese Beschreibung atmet die Abenteuerlichkeit solcher Forschungsreise vor sechzig Jahren auf Grönland. Die Rückreise ist nicht weniger abenteuerlich – ein Wettlauf mit der Zeit, um noch im Herbst ein Schiff zu erreichen, das zurück nach Kopenhagen fährt und der Expedition mitsamt ihrer sensationellen Ausbeute das Überwintern erspart.

Die Ausgräber werden von Eskimo begleitet, die bei der Freilegung des Friedhofs die einfachere Handarbeit verrichten, und erhalten immer wieder Besuch von neugierigen Eskimo, die auf der Sommerjagd vorbeirudern: Sie alle kennen diese Stelle des Strandes, wo die Wellen braune Leichentücher aus dem Ufer zerren. Eine Eskimofrau hat die Sache vom praktischen Standpunkt aus angesehen und eine Reihe dieser Stoffstücke mit heimgenommen, um ihren Kindern daraus Kleider zu nähen. Das Resultat war enttäuschend: Die Tücher sind nicht stabil genug für eine solche Wiederverwendung. Ein Eskimo weiß zu berichten, er habe eines Abends den Geist eines Mönchs mit großer Kapuze und in solch braunes Tuch gehüllt auf einem Stein bei dem Friedhof sitzen sehen. Als er deshalb belächelt wird, ist er tief beleidigt.

Die Grabung jedoch floriert – nach anfänglichen Enttäuschungen, wie sie Jahrzehnte davor auch der Assistent Ove Kjelsen erlebt hat. Nörlund entdeckt schließlich, daß die Gräber mit reichem Fundinhalt ziemlich tief liegen, und zwar in einer Bodenschicht, die jetzt – im 20. Jahrhundert – dauernd gefroren ist. (Zur Zeit der Grönländer kann sie es nicht gewesen sein.)

In dieser Schicht legt er rund hundertzehn bis hundertzwanzig Gräber frei, mit einer Fülle von Knochenresten, die später in Kopenhagen gründlich untersucht werden.

Hier sei lediglich angemerkt, daß diese Untersuchungen zunächst aufregende Resultate bringen: Nach ihnen sind die Grönländer, die in der Spätzeit der Siedlungen auf Herjolfsnes leben, eine degenerierte Rasse, nämlich kleinschädelig, krumm, mit Buckel und anderen Gebrechen, eindeutig zum Aussterben verurteilt. Diese Beobachtungen werden jedoch heutzutage für wertlos gehalten; alle dänischen Archäologen und Anthropologen späterer Jahrzehnte erwähnen sie zwar, verwerfen sie aber zugleich, ohne sie zu kommentieren, als »offenbar unzutreffend«. Die Wahrheit soll sein – wir haben sie nicht schriftlich publiziert gefunden –, daß diese Knochen nicht ausreichend konserviert wurden und obendrein bei der Rückreise auf dem Schiff in der Nähe der Dampfmaschine oder des Schornsteins lagerten, wo sie deformierten und schrumpften, so daß keinerlei verläßliche Rekonstruktion mehr möglich ist. Dieser Teil der Aufsammlungen aus dem Friedhof von Herjolfsnes hat also nur Kuriositätenwert. Daß der Ausgräber Nörlund seinen Kleidungsrekonstruktionen zunächst auch jene skelettanatomischen Untersuchungen zugrunde legt, mindert den Wert der Trachtenrekonstruktionen nicht. Völlig aus der Luft gegriffen sind dagegen die Behauptungen einiger amerikanischer Zeitungen, offenbar aus dem Bereich der Boulevardpresse, die nach der Rückkehr der Expedition nach Kopenhagen wissen wollen, diese habe »Wikinger in Eisberge eingeschlossen gefunden, deren Haar und Bart noch weich wie Seide waren«.

Was zutage kommt – das ist die große Überraschung – sind als Leichentücher verwendete Kleidungsstücke. Die Toten von Herjolfsnes sind entweder in ihren Kleidern oder in diese Kleider eingewickelt begraben worden. Insgesamt lassen sich einunddreißig Kleidungsstücke (Kleider für Männer, Frauen und Kinder) rekonstruieren, dazu siebzehn Kapuzen, fünf Kappen und sechs Strümpfe. Fast alle diese Stücke bestehen aus dem typischen Wollköper, durch das Liegen im Boden tiefbraun gefärbt, wie man ihn sonst aus den Grönlandgrabungen nur in Fetzen kennt.

Die übrigen Funde vom Friedhof Herjolfsnes – Särge, viele Grabkreuze mit Inschriften, meist in Runen geritzt – sind zwar von großer Wichtigkeit für die Erforschung der Grönländersiedlungen, doch nicht von so weittragender Bedeutung wie die Trachtenfunde. Von diesen aus gesehen ist es ein Jammer, daß die Grabung erst 1921 erfolgt, als schon weit mehr als die Hälfte des Friedhofareals von den Wellen des Herjolfsfjords verschlungen ist. Man kann es aber auch andersherum sehen: Hätte Assistent Ove Kjelsen den Friedhof schon in voller Ausdehnung freigelegt, so wäre – bei der fehlenden Erfahrung des Ausgräbers mit archäologischer Spatenforschung, die in jener Zeit sich ohnehin noch im Embryonalzustand befindet, und bei den langen Transportzeiten zwischen Grönland und Dänemark – vermutlich nur ein Bruchteil der Funde in brauchbarem Zustand in die Museumsschränke in Kopenhagen gelangt. Das Beispiel der Knochenreste von Herjolfsnes – noch im Jahr 1921! – sollte über den Verlust der größeren Hälfte des Gräberinhalts hinwegtrösten.

Solcher Trost ist jedoch auch nötig. Denn dieses Trachtenmaterial ermöglicht tatsächlich in einzigartiger Weise eine Rekonstruktion sowohl der Entwicklung der Textilbranche des Mittelalters als auch des Lebens der Grönländer in jener Zeit. Um eine Redensart zu gebrauchen: Man müßte jedes Stück mehrfach in Gold aufwiegen!

Die Modetrends der Trachten des Mittelalters sind durchaus bekannt, jedoch nur aus Gemälden und Handschriften oder von Grabsteinen, d. h. aus Abbildungen aller Art. Von den Kleidungsstücken selbst gibt es zwar Prachtgewänder aus Gräbern von Königen oder Kirchenfürsten, doch diese sind für die allgemeine Tracht jener Zeit alles andere als typisch. Das, was Bürger, Bauer, Edelmann und deren Ehefrauen alltags und sonntags aus der Kleidertruhe holen, ist (von ganz unbedeutenden Einzelfunden abgesehen) nur einmal aufgetaucht: aus den Gräbern von Herjolfsnes – dort aber als ganze Kollektion.

»Mode« in der Kleidung gibt es im Mittelalter genauso wie vorher, nachher und heute. Allerdings läuft der Wechsel der Mode im Mittelalter unendlich viel langsamer ab als im 20. Jahrhundert, wo die Mode nur noch zur Konsumanregung dient und von den modernen Massenmedien schnellster Wechsel noch stimuliert wird.

Das Mittelalter erlebt eine »Moderevolution« etwa um 1150 bis 1200, vor allem bei den Männertrachten. Zu dieser Zeit wird die Tracht mit halblangen Männerröcken – darunter gewebte Strumpfhosen, gestrickt wird erst im Spätmittelalter – von einer Tracht mit bis fußlangen Röcken abgelöst. Diese Mode stammt aus dem Orient und dürfte von den Kreuzzügen mitgebracht worden sein. Sie findet anfangs nicht immer Beifall. Der norwegische König Sverre zum Beispiel verhöhnt seine Soldaten, die berühmte »Birkebeinertruppe«, wegen ihrer langen Schleppkleider: In früheren Zeiten hätten sie kürzere und engere Kleider getragen, doch dafür im Herzen mehr Mannesmut gehabt. Trotz solcher Kritik setzt sich die neue Mode selbstverständlich durch.

Eine zweite Moderevolution beginnt etwa in der Mitte des 14. Jahrhunderts. Wie üblich, folgt einer extremen Mode das Gegenteil: Die bodenlangen Schleppröcke der Männer werden abgelöst durch eine Art Minimode für Männer. Diese tragen jetzt sehr eng anliegende Hosen, die bis zu den Hüften herauf den ganzen Unterkörper modellieren. Die Jacken werden nicht mehr über den Kopf gezogen, sondern aufgetrennt und mit Knopfreihen verschlossen. Die neuen Modegecken mit ihrem wirklich herausfordernden Aussehen treffen auf harten Widerstand, denn nach den Jahrhunderten der langen Trachten ist man solche weitgehende Entblößung nicht gewöhnt. Von den Kanzeln wird wider sie gepredigt. Das Resultat, siehe oben: Die neue Mode setzt sich natürlich durch.

Eine weitere Neuentwicklung beginnt etwa in der Mitte des 15. Jahrhunderts: Bei Männer- und Frauentrachten wird das Oberteil mit Reihen abgesteppter Fältchen gearbeitet. Außerdem leisten sich die Frauen eine Erweiterung des Halsausschnitts busenwärts durch einen senkrechten Schlitz.

Auch die Kopfbedeckung ist im Mittelalter stark modisch betont. Etwa ab 1300 trägt der Mann in ganz Europa eine »Bandkapuze«, die er stets auf dem Kopf behält, sei es bei der Audienz beim König oder wenn er an den Galgen gehängt wird. (Eine isländische Handschrift eines Gesetzestextes zeigt einen Schafdieb, der mit seiner Kapuze baumelt.) Solche Kopfbedeckung trägt Dante wie Petrarca, trägt der Priester, der Bauer wie der Edelmann. Nur das Band verlängert sich mit der Zeit. Gegen modische Auswüchse gibt es »Kleiderordnungen«, auch für die Geistlichkeit, nach denen zum Beispiel das Band nicht länger als eine Elle sein soll. Eine solche Verordnung präsentiert der isländische Bischof auf Skaalholt 1357 seinen Priestern, eine ähnliche soll von Gardar für die grönländische Geistlichkeit erlassen worden sein.

Die Bandkapuze – nach einigen Jahrhunderten endet sie als Narrenkappe – wird in der zweiten Hälfte des 15. Jahrhunderts abgelöst durch eine hohe Kappe aus Stoff, den »Burgunderhut«, kreiert vom Hof von Burgund. (Sonst aber ist Paris auch in jenen Jahrhunderten in der Mode tonangebend.) Die burgundischen Könige schaffen sich damals in Siegeszügen durch Westeuropa ein Imperium, das eine neue politische Europa-Konstellation einzuleiten scheint – bis diese eroberungssüchtigen Burgunder am Widerstand der Eidgenossenschaft scheitern. Ihr Nimbus jedoch macht ihre Mode-Allüren zu europäischer Mode.

Diese modische Entwicklung läßt sich an den Grabtrachten von Herjolfsnes greifbar nacherleben. Zwar sind viele der Kleider untypisch, Arbeitsgewänder eines kleinen Bauern oder Leibeigenen. Doch da gibt es die langen Schlepppröcke der Männer und die durchgeknöpften Überzieher der Zeit nach der »Modewende«. Die Mini-Männerhosen finden sich allerdings nicht repräsentiert: Entweder sind sie für ein Grab zu frivol oder, was wahrscheinlicher ist, in der grönländischen Gemeinschaft nicht »angekommen«, weil diese Männermode ausgesprochen klima-ungünstig ist oder weil die stark von der Priesterschaft dominierte Bevölkerung sie als zu unschicklich empfindet. Auch die nächste Modewende wird durch ein Frauenkleid mit gefälteltem Oberteil vertreten. Der schon erwähnte Massenfund an »Bandkapuzen«, siebzehn Stück, übertrifft in seiner Rarität die Kleider noch, denn sonst ist nur ein einziges Stück dieser Kopfbedeckung erhalten. Ein »Burgunderhut« ist mit ausgegraben worden, und die langen Strümpfe, am Gürtel zu befestigen, sind auch da.

Herjolfsnes bietet also nicht nur eine komplette Modekollektion, sondern auch den Einblick in alle Details, die Abbildungen und Skulpturen nicht zeigen können: jene »professionell schneidermäßige Verarbeitung«, die Else Östergaard den Grönländer Kleidermachern oder -macherinnen attestiert, zum Beispiel die Zahl der Keile, mit denen dem Rock Weite verliehen wird. Am Objekt findet sich bestätigt, daß Jahrhunderte hindurch die (fast immer langen) Ärmel unten nicht zugeknöpft, sondern zugenäht werden – morgens zugenäht, abends wieder aufgetrennt; wer sie erst nach der Morgenmesse zunäht, gilt als besonders fromm. Man staunt über die Weite der Männerröcke in der Zeit der Sarazenen-Mode – ein solcher Rock hat viereinhalb Meter Saumumfang! – und bewundert den schönen Fall des weiten Rocks eines mit Ornamentstichen verzierten Frauenkleides, das in seiner schlicht-eleganten Form als Ballkleid des 20. Jahrhunderts Verwendung finden könnte.

Für unsere Gedankenführung ist dieser einzigartige Fund natürlich nicht allein wegen seiner Beleuchtung der internationalen Modewelt wichtig. Viel interessanter ist er als Beweismaterial dafür, daß nicht nur die grönländische Schneidertechnik auf der Höhe ihrer Zeit ist, sondern auch die Mode. Man geht in Grönland mit der Zeit – nicht unmittelbar, natürlich, denn die Postverbindungen, mit denen Modelle oder Modeschnitte versandt werden, sind noch langsamer, als sie es heutzutage, am Ende des 20. Jahrhunderts im Zeitalter des Computers, wieder werden. Auf Grönland muß man damit rechnen, daß es ein oder gar zwei Jahrzehnte dauert, bis Beispiele der neuen Mode – vielleicht die Kleiderauswahl eines Kaufmanns aus Bergen, oder

Muster, oder nur das neumodische Habit des Kapitäns eines Knarrs – von Paris nach Herjolfsnes oder Brattahlid gelangen. Vielleicht trägt auch der Verkehr zwischen den Amtsbrüdern auf den Bischofssitzen zur Verbreitung der Mode bei. So übersendet 1308 der Bischof von Bergen an Bischof Thord in Gardar »einen Mantel, ein Überkleid und einen Hut von hellblauer Farbe, eingefaßt mit schwarzem Leder, dazu einen Rock von der gleichen Farbe«.

Auf alle Fälle steht man auf Grönland nicht hinter dem übrigen Europa zurück, und ein reicher Hofbesitzer geht in der Vesterbygd sonntags genauso gut und modern angezogen zur Kirche wie sein Kollege in Südschweden oder Holstein. Daß man mit der Mode sogar sehr schnell sein kann, zeigt das Beispiel des »gefältelten« Frauenkleides aus dem 15. Jahrhundert von Herjolfsnes, das in Kontinentaleuropa verbreitet ist, jedoch in Skandinavien keine Spur hinterlassen hat.

Wovon jede Spur fehlt, das ist eine »grönländische Mode«, eine Anpassung der Tracht an die Umwelt, an Winterkälte, an die Felshöhen um jeden Hof, an die harte Arbeit in diesem »Grünen Land«. Dafür hat man seine Spezialkleidung (die nicht erhalten ist), deren Form und Material sozusagen technologisch bestimmt sind und nichts mit Mode zu tun haben, oder eben – wie in einigen Gräbern gefunden – absolut schlichte Wollkleidung. In der »Tracht«, die zugleich ein Lebensgefühl ausdrückt, lebt man auch in dieser Neuen Welt in einer »Dependance« der Alten Welt mit voll europäischem Lebensgefühl und ist nicht zu Konzessionen an die Umwelt gezwungen.

Zum Leben: mehr als genug

In der alltäglichsten Tätigkeit, dem Essen, ist man der Alten Welt sogar ein gutes Stück voraus.

Der »Königsspiegel«, jenes bereits zitierte norwegische »Lehrgedicht« aus dem 13. Jahrhundert, scheint auf den ersten Blick allerdings ein anderes Bild zu vermitteln. Dort informiert der Vater seinen Sohn auch über die Ernährungslage auf Grönland, wobei er mit folgenden Worten beginnt:

»Zur Frage, ob dort irgendeine Art von Getreide wächst, ist meine Meinung, daß das Land nur ganz wenig Nutzen von dieser Nahrungsquelle zieht. Zwar haben dort Männer, die zu den Wohlhabendsten und Prominentesten des Landes zu zählen sind, versuchsweise Korn gesät. Die große Mehrheit weiß aber nicht, was Brot ist . . .«

Das klingt zunächst nicht sonderlich positiv als Urteil über die Ernährungsgrundlagen der Grönländer des Mittelalters. Zu jener Zeit ist für Bürger und Bauern wie auch bei Hofe Getreide überall das »Grundnahrungsmittel«, sei es als Brot oder als die tägliche Grütze. Doch lesen wir weiter:

»Man sagt, daß in Grönland gute Weidegebiete liegen, und da sind gute und große Höfe, denn man hält dort viele Rinder und Schafe, und man stellt dort viel Butter und Käse her, davon lebt man hauptsächlich, außerdem von Fleisch und allerlei Wild, von Rentierfleisch, Walfleisch, Seehundfleisch und Bärenfleisch.«

Das klingt nun völlig anders und bedeutet, daß in diesen Jahrhunderten, in denen in Europa die Fleisch- und Fettversorgung der Haushalte keineswegs reichlich ist, die Menschen auf

Grönland ein recht üppiges Leben führen. Man schreibt ihnen ja auch – wie der »Königsspiegel« aussagt – »gute und große« Höfe zu, obwohl sie kein Getreide anbauen können. Ein Paradies für Vegetarier ist das Land natürlich damals nicht, doch in jener Zeit einer im allgemeinen fleischarmen Kost ist das vegetarische Leben bestimmt nicht sehr gefragt.

Dieses keineswegs »hungrige« Leben in der »Großgemeinde Südgrönland« im Spätmittelalter steht auch im Einklang mit der Behaglichkeit innerhalb der Wohnräume und dem hohen Lebensstandard, den wir vorhin zu erfassen suchten.

Man ist als Mitteleuropäer des 20. Jahrhunderts gewohnt, sich ein Leben auf Grönland als einen Seiltanz über dem Abgrund des Hungers vorzustellen. Reiseberichte von Polarexpeditionen, Berichte von Hunger unter den Eingeborenen, Sagen und Mythen der Eskimo über den täglichen Kampf ums Dasein und um den Seehundsspeck für die nächsten Tage, die geographische Lage des Landes zwischen endlosem Inlandeis und eisigem Polarmeer – das alles vermittelt gefühlsmäßig eine solche Vorstellung.

Sie trifft aber auf die Grönländer des Mittelalters in keiner Weise zu. Man braucht sich nur an einige Sagazitate zu erinnern: In einem einzigen Fall ist von »Hunger« die Rede, nämlich als – in der »Saga von Erik dem Roten« – Thorbjörn in Herjolfsnes landet. Er wird mit seiner gesamten Schiffsbesatzung dort gastlich aufgenommen, obwohl ein Hungerwinter herrscht, dem die »Völva« Thorbjörg aber ein baldiges Ende prophezeit.

Doch dieser Hungerwinter, soweit er nicht Skaldenphantasie ist, ereignet sich noch vor der offiziellen Christianisierung auf Island und Grönland, also vor dem Jahr 1000, als die isländischen Auswanderer neu nach Grönland gekommen sind und ihre Landwirtschaft und Nahrungsmittelversorgung noch nicht den Umweltmöglichkeiten angepaßt haben können. Später hört man zwar von Krankheiten und von zweifellos deprimierenden Versorgungsstörungen bei Korn und Malz zum Bierbrauen, aber nie etwas von einer Verknappung der Nahrungsmittel. Besatzungen von Schiffen, die auf Grönland ankommen und, was fast normal ist, dort vor der Rückreise überwintern, werden ganz selbstverständlich auf den großen Höfen aufgenommen und über sieben oder acht oder mehr Monate mitverpflegt. Daß diese Gäste sich in irgendeiner Weise erkenntlich zeigen, wird ebenso selbstverständlich gewesen sein. Die Nahrungsmittel jedenfalls sind vorhanden, um auf einem großen Hof zusätzlich zehn, zwanzig oder dreißig Leute für so lange Zeit mitzuernähren.

Die im »Königsspiegel« aufgeführte Darstellung ist etwas unvollständig, auch wenn sie die Grundzüge des Speisezettels auf Grönland im Mittelalter richtig zeichnet. Ergänzen und konkretisieren wir sie.

Brot oder Grützbrei sind sicherlich Mangelware, denn das von den Gutsbesitzern versuchsweise angebaute Korn wird nie gereift sein. Im 20. Jahrhundert versuchen sich die Eskimonachfolger der Grönländer wieder im Getreideanbau, doch dieses Getreide reift ebenfalls nicht, sondern wird grün verfüttert oder möglicherweise siliert. Was die Grönländer im Mittelalter versucht haben, dafür gibt es nur einen winzigen paläobotanischen Hinweis: Der dänische Botaniker Dr. Bent Fredskild hat bei Pollenuntersuchungen in der Österbygd ein einziges Getreidepollenkorn – vom Hafer – aufgefunden. Dafür finden sich aber auf jedem größeren Hof Mahlsteine, wie sie üblicherweise benutzt werden, um Korn zu Mehl zu vermahlen. Dies Korn müßte importiert sein – wie und zu welchem Zweck es gemahlen wird, ist vorläufig unklar. Möglicherweise gebraucht man die Mahlsteine nur zum Zerkleinern von Gerste zum höheren Zweck des Bierbrauens.

Denkbar ist aber auch, daß man wilden Strandroggen erntet und vermahlt – für das damals im Norden übliche Flachbrot wird seine Backqualität genügt haben, auch wenn die Erntemengen nur gering sein mögen. Noch heute wächst um die Grönländerhöfe eine besondere Varietät dieser Küstenpflanze, die offenbar auf diesen Plätzen heimisch ist!

An Vitaminen in Form von Beeren und Gemüse fehlt es nicht. Um die Moore herum und auf den Felskuppen wachsen massenweise Beeren aller Art, und auf den nassen Wiesen und vermutlich in Gärten um die Häuser grünt die Universalgemüsepflanze Grönlands, die Engelwurz, die bis zweieinhalb Meter hoch werden kann. Die Grönländer nennen sie mit dem isländischen Namen »Kwan«, eine Bezeichnung, die auch in die Eskimosprache übergegangen ist. Denn die Eskimo haben offenbar von den Grönländern das Kwan-Essen gelernt und genießen die Stengel und Blattstiele roh. Man kann sich um die Häuser in den Grönländersiedlungen Gärten mit Kwan vorstellen, denn auch auf Island werden diese Gemüsegärten noch bis in das 20. Jahrhundert gepflegt.

Kwan kann als Salat oder Gemüse auf den Tisch gekommen sein (hier sind mangels konkreter Informationen der Phantasie des Lesers keine Schranken gesetzt); außerdem darf man unbesehen annehmen, daß Grönlands Hausfrauen ihre Rentier- oder Robbensuppe auch auf Kwanwurzeln kochen. Die ätherischen Öle der Pflanze mögen (wie bis ins 20. Jahrhundert) auch als Heilmittel zum Beispiel bei Magenkrankheiten interessant sein.

Für die Vitaminversorgung und als beliebtes Genußmittel dient angesäuerte Milch, die sich bei den Wintertemperaturen in den Speisekammern der Häuser monatelang hält und vielleicht Ähnlichkeit mit Yoghurt oder schwedischer Fil-Mjölk hat. In dieser Form als Sauermilchprodukt läßt sich ein Teil des Milchüberschusses, erwirtschaftet in der Zeit des Weidegangs der Kühe im Sommer und Herbst, bis tief in den Winter hinein speichern. In manchen Häusern finden sich teilweise riesige Fässer (auf Hof Sandnes in der Vesterbygd eines mit 1,65 Metern Durchmesser), die sicherlich die Wintervorräte an eingedickter Milch enthalten. Ihre Dimensionen vermitteln eine Ahnung vom Umfang der Milchproduktion und von den Bevorratungsproblemen.

Die im »Königsspiegel« enthaltene Liste der Auswahl an Fleischsorten führt nur die wesentlichsten auf. Man hat neben Rind, Schaf, Ren, Seehund, Wal und Bär noch eine reiche Auswahl anderer Tiere, wie zum Beispiel die Knochenfunde auf den Fußböden der Häuser und auf den Küchenmüllhaufen erkennen lassen: Hasen, verschiedene Wildvögel wie Alk oder Singschwan (er ist heute auf Grönland ausgestorben, doch Knochenreste sind vorhanden), dazu Lachs, Dorsch, sicherlich andere Fische und schließlich Muscheln. Pferdefleisch wird man nach einer Übergangsfrist wie auf Island nach der Christianisierung nicht mehr gegessen haben, dafür verbleibt ein anderes Haustier in der Gunst der Besiedler Grönlands: das Schwein, geheiligter Festtagsbraten der Germanen zum Jul.

Daß die Grönländer ihren »Jul-Eber« nicht entbehren mögen,

zeigt uns, daß sie auch für ihre Küche auf einen gewissen Luxuskonsum nicht zu verzichten brauchen: Luxus insofern, als das Schwein ein verhältnismäßig empfindliches Tier ist, das in warmen Ställen überwintern muß und im Gegensatz zu den übrigen, mit Gras oder Heu zufriedenen Haustieren der grönländischen Höfe kalorienreiches Kraftfutter braucht, um genügend Gewicht aufzunehmen, so daß es zum Winter geschlachtet werden kann. Solches Mastfutter, zum Beispiel in Form von Getreide, liefert jedoch ein grönländischer Hof nicht. Ein Schwein nur mit Küchenabfällen zu mästen – wie sie auf den größeren Höfen mit ihren Dutzenden von Essern sicherlich anfallen – dürfte auch nicht ganz einfach sein. Zusätzliches Kraftfutter können aber zum Beispiel die riesigen Schwärme der kleinen Lodden (»Angmagssat«-Fische) liefern: lachsartige, fünfzehn bis sechzehn Zentimeter lange Fische, die im Frühjahr an der Küste und in den Fjorden in solchen Massen laichen, daß sie mit Eimern geschöpft werden können. Auf den Klippen getrocknet, sind sie zwar für den Menschen mehr eine Notnahrung, doch sicherlich hervorragendes Kraftfutter für das dem Menschen in der Ernährungsweise verwandte Schwein (einen Allesfresser, der von Fleisch- wie von Pflanzennahrung leben kann). Die Lodden sind ernährungsphysiologisch ähnlich – doch in der Qualität sicherlich überlegen – dem Fischmehl-Kraftfutter, mit dem man heutzutage oft die Schweine mästet oder die Kühe füttert, damit sie eine hohe Milchleistung erbringen.

Als im Jahr 1910 erstmals ein Schweineknochen bei einem Hof in der Österbygd gefunden wurde, schien das dem Untersucher so erstaunlich, daß er eher an einen importierten Schinken (der Knochen stammt vom Hinterschinken) als an den Rest eines Haustiers der Grönländer glauben wollte. Inzwischen hat man Dutzende von Schweineknochen auf verschiedenen Höfen ausgegraben, darunter Schädelreste und Zehenknochen, also Teile, die man niemals per Schiff aus Island oder Norwegen verfrachtet hätte. Letzte Zweifel an einer Schweinehaltung der Grönländer beseitigt der Fund von Schweinedung, der in der Vesterbygd in einem Teil des Kuhstalls des Hofes Sandnes (also im wärmsten Stallbau des Hofes) mehr als ein halbes Jahrtausend überdauert hat.

Die Küche der Grönländer hat man sich also keineswegs als eintönig oder gar ärmlich zu denken.

Auch für die Form der Zubereitung gibt es überraschend viele Möglichkeiten: gebraten – eventuell am Spieß –, gekocht oder gegrillt, auch in Salzlake eingelegt (Salzvorkommen gibt es freilich auf Grönland nicht, doch man kann auch Meerwasser eindicken) oder gar geräuchert (dafür gibt es allerdings bisher keine Hinweise).

Zum Kochen dienen vielleicht Bronzekessel – es gibt einige Funde – und mit Sicherheit Specksteintöpfe. Dieser Speckstein, schon oft erwähnt, ist der Universalwerkstoff des Landes für alle Zwecke, für die man normalerweise Keramik verwendet (die auf Grönland nie hergestellt wurde). Für Küchenzwecke schneidet man aus ihm Schüsseln für die tägliche Suppe oder Sauermilch und Kochtöpfe aller Dimensionen. Einer der größten ist auf Gardar aufgetaucht – Inhalt knapp vierzig Liter –, ein Topf, in dem man schon das tägliche Fleisch für die auf dem Bischofshof zum Mittagstisch erscheinenden Dutzende von Priestern, Beamten und Arbeitern kochen kann, Stücke von zehn oder zwanzig Kilogramm. Nach zeitgenössischen Berichten sind Kessel bis zu mehreren hundert Litern Inhalt in Gebrauch – möglicherweise aber vor allem zum Bierbrauen.

Für die grönländische Küche vielleicht ebenso wichtig wie die stets etwas dickwandigen, nur langsam warmwerdenden und langsam abkühlenden Specksteinkochtöpfe sind offenbar die Kochgruben: mit glühenden Steinen gefüllte Gruben, in denen man dank der Wärme- und Infrarotstrahlung dieser Steine sehr große Fleischstücke sehr schnell garen kann – Grillgruben in der Sprache des 20. Jahrhunderts. Sie waren im Altertum und Frühmittelalter in Europa allgemein in Gebrauch, auf Grönland überleben sie lange: teils, weil sie energiesparend sind – in einer Füllung Steine lassen sich mehrere Stücke nacheinander braten –, teils, weil es wichtig ist, die ständigen Fleischgerichte möglichst abwechslungsreich und gaumengerecht zuzubereiten.

Wer Reisebücher liest, erinnert sich vielleicht an die romantischen Schilderungen früherer Jahrhunderte aus der Südsee, wo die braunen Eingeborenen unter dem Rauschen des Meeres ein ganzes Schwein, in Palmenblätter gewickelt, in die mit glühenden Steinen gefüllte Kochgrube senken (früher wurden auch Menschen so »zubereitet«). Diese Grillgruben waren auf einigen Inseln mindestens noch bis weit ins 20. Jahrhundert für große Feiertagsessen in Betrieb. Im eisigen Grönland haben die Europäer auf dem Boden der Neuen Welt immerhin bis zum Ende des 15. Jahrhunderts sich mit dem Grubengrill die leckersten Mahlzeiten zubereitet.

Und so sieht vielleicht eine typische Mahlzeit auf einem Grönländerhof aus:

Männer und Frauen sitzen um einen rohen Holztisch, unter dem gelblichen Schein der flackernden Seehundstran-Lampe, vor sich ihr Gedeck: eine Schale aus Speckstein für die duftende heiße Fleischbrühe und ein Schneidbrett für Fleisch mit einem Messer. Als Hauptgericht wird gegrillter Seehund serviert, in Stücken, die sicherlich kilogrammschwer sein können. Das Fett trieft von den Brettern. Einen Schöpflöffel »Skyr« (gedickte Milch) als Dessert, vielleicht eine Portion Kwan-Salat. Das Ganze eine hochvitaminhaltige und hochkalorige Mahlzeit, nichts für Schlankheitsapostel, doch notwendig für das harte Klima – vor allem kein Grund, das europäische Festland um seine Grützetöpfe mit dem dazugehörigen Salzhering zu beneiden.

Diese Speisekarte ist zugegebenermaßen ein Phantasiegebilde – daß Mahlzeiten aus drei Gängen aufgetischt werden, wollen wir nicht strikt behaupten. Da jedoch keine Chance besteht, noch original grönländische Speisekarten oder Rezepte aus dem Mittelalter in Runen geschnitten aufzufinden (so banale Dinge werden nicht schriftlich fixiert), soll unser Phantasieprodukt als bare Münze gelten.

Das Tischgerät ist authentisch, durch Funde belegt: Löffel, oft aus Horn schön geschnitzt, dazu Holzschachteln, in denen jeder seine Löffel aufbewahrt, Messer (relativ selten, Eisen ist kostbar hier) und, in verblüffenden Mengen – dort, wo Holz konserviert ist –, Fleischbretter. Man darf aus der großen Anzahl der gefundenen Fleischbretter wieder auf die große Bedeutung des Fleischs als täglicher Mahlzeit auf Grönland schließen.

Anders in den südlichen Gefilden Europas. Dort gibt es zwar einige mittelalterliche Bilddarstellungen von solchen teils runden, teils viereckigen Schneidbrettern auf der Tafel, zum Beispiel auf einem Wandgemälde in der Kirche Veggelöse auf der dänischen Ostseeinsel Falster, wo Jesus mit seinen Jüngern in Emmaus dargestellt ist: Dort sind die Schneidbretter für Fleisch, vor denen die Jünger erwartungsvoll sitzen, viereckig. Funde sind außerhalb Grönlands sonst sehr selten. Aus Bergen gibt es ein paar – jedoch zinnerne – Schneidbretter, rund oder achteckig; ob auf ihnen Brot oder Fleisch geschnitten worden sind, ist unklar. Der Hof Sandnes, jener oft zitierte Vesterbygdhof mit den guterhaltenen Holzfunden, hat allein einundzwanzig durchweg viereckige Schneidbretter geliefert, teils nur grob behauene Planken, teils aber aufwendig geschnitzt – mit Kerben, Kreisen, einem Kreuz, gar einer Art Bild. Fast jedes dieser Bretter zeigt noch heute die Spuren der Messer jener Menschen, die vor vielen Jahrhunderten auf ihnen ihre Mahlzeiten zerkleinerten.

Sind die Mahlzeiten auch der Werktage auf den grönländischen Höfen nach mittelalterlichen Begriffen als üppig zu bezeichnen, so die Tischgetränke als beklagenswert frugal: Viel mehr als Milch oder Wasser steht kaum auf dem Tisch. Bier ist eine Rarität, wie schon erwähnt, und an Met (aus Honig hergestelltes Gärgetränk jener Zeit) ist gar nicht zu denken.

Es mag allerdings sein – und vor allem auf diesem Gebiet werden die Grönländer Phantasie entwickelt haben –, daß es findigen Köpfen gelang, Gärgetränke auf Basis von einheimischen Rohstoffen herzustellen, etwa von stärkereichen Wurzeln, vom zuckerhaltigen Birkensaft der Wälder oder von Beeren. Ein Bischof bringt von einem Europatrip zum Beispiel ein Rezept für die Herstellung von Wein aus den schwarzen Krähenbeeren mit, die üppig auf den grünen Bergwiesen wuchern. Es wurde in Norwegen entwickelt, wo man an Gärgetränken ebenfalls Mangel hat, und mag in erster Linie für die Produktion von Meßwein gedacht sein.

Auf der sichersten Seite lebt, wer die Mittel hat, um Wein zu importieren. Der Bischof Arni von Bergen zum Beispiel kündigt in einem schon einmal erwähnten Brief von 1308 seinem Amtsbruder Bischof Thord auf Gardar ein Fäßchen Wein an. Es ist kaum anzunehmen, daß wohlhabende Hofbesitzer sich diese Möglichkeit, eine empfindliche Versorgungslücke auszufüllen, entgehen lassen – und so werden die Knarrs auf dem Weg nach Grönland wohl stets ein paar Weinfässer an Bord haben.

Ernährungsbilanz, Betriebswirtschaft, Ökotechnik

Der Speisezettel der Grönländer ist nicht nur im Blick auf kulturhistorische Neugier so interessant, sondern auch als ein Hinweis auf ihre ungewöhnlichen und ideenreichen Methoden zur Sicherung ihrer Existenz.

Man erkennt bereits aus unseren kurzen, leicht feuilletonistisch gefärbten, Einblicken, daß die Grönländer die aus der Heimat – Island, Norwegen, vielleicht Schottland – mitgebrachte Methode der planmäßigen Erzeugung von Nahrungsmitteln kombinieren mit der Ausnutzung der Umwelt durch Jagd. Sie leben zwar auf der seit der Jungsteinzeit modernen Kulturstufe des Landwirts – in diesem Klima nur als Viehzüchter realisierbar –, doch zugleich auf der älteren Kulturstufe des »Wildbeuters«.

Daß man die Küchenvorräte durch Jagd zu ergänzen versucht, ist im Mittelalter in Europa im Prinzip selbstverständlich. Aber der Anteil von Jagd und Fischfang an der Gesamternährung ist dort stets gering, er macht nur einige Prozente oder Zehnerprozente aus. Auf Grönland jedoch läßt sich anhand der Knochenfunde in den Küchenmüllhaufen einer ganzen Reihe von Höfen nachweisen (Professor Dr. Thomas McGovern und Dr. Gerald Bigelow), daß Großwild etwa 60 bis über 70 Prozent der Fleischversorgung liefert. »Großwild« heißt in diesem Fall »verschiedene Robbenarten plus Karibu«. In den Rest teilen sich die Haustierarten Schaf und Ziege (zu vielleicht zwei Dritteln) und Rind (zu einem Drittel).

In Einzelfällen kann schon der Anteil der Robben fast 80 Prozent erreichen, so auf einem an der Küste gelegenen Hof (V 48) der Vesterbygd mit nachweislich sehr schlechtem Weideland. Auf solchem Hof nähert sich das »Ernährungsspektrum« schon sehr stark dem der Eskimo.

Natürlich läßt sich allein aus den im Küchenmüll gefundenen Knochen nicht auf die wirkliche Zusammensetzung der Gesamtnahrung schließen. Die »Küchenmüllstatistik« zählt beispielsweise nicht das Niederwild (Schneehasen oder Füchse) und das Federwild (verschiedene Vogelarten), deren Knochen zwar gefunden werden, doch schlecht erhalten und nicht quantifiziert sind. Es fehlt in der Statistik der Fisch: Fischknochen sind in den Küchenabfallhaufen unendlich selten, obwohl zum Beispiel die einzige bisher erfolgreiche Ausgrabung einer Vorratskammer vor wenigen Jahren durch Dr. Jürgen Meldgaard in den Ruinen des küstenfernen »Inlandshofes« in der Vesterbygd, V 54 (von den Eskimo wie schon erwähnt »Nipaitsoq« genannt), gleich die Reste von drei »Lodden« und einem Dorsch in den Vorräten zutage gefördert hat. Aus der Seltenheit des Vorkommens läßt sich nur schließen, daß entweder die Fischknochen zu empfindlich sind, um in den Küchenmüllhaufen über Jahrhunderte erhalten zu bleiben (sie sind ja tatsächlich schwächer verkalkt als Säugetierknochen), oder daß man die Fischabfälle an die Haustiere, ob Hund, Schwein oder Kuh, verfüttert. Vielleicht trifft auch beides zu.

Vor allem fehlt für eine Quantifizierung der Ernährungsbilanz der Anteil, den Milch und Milchprodukte ausmachen. Dieser kann hier kaum abgeschätzt werden. Man weiß zwar, daß allein in der Österbygd rund viertausend Kühe gehalten werden, also ebensoviel oder sogar etwas mehr, als dort Menschen leben. Doch ist es uns hier nicht möglich, daraus nähere Schlüsse über deren Milchbeitrag zur Ernährung zu ziehen. Wie hoch ist die Jahresmilcherzeugung einer grönländischen Kuh – einer kleinen und unregelmäßig ernährten Rasse? Hochgezüchtete Kühe des 20. Jahrhunderts liefern bis zu zehntausend Litern Milch im Jahr (Extremwert), die kleinen Kühe der primitiven Rasse mögen es auf Grönland vielleicht auf tausend Liter pro Jahr bringen – doch es können auch nur achthundert oder aber fünfzehnhundert sein, d. h. pro Tier und Tag entweder zwei, drei, vier oder mehr Liter Milch. Doch wie hoch ist der Eiweiß- und Butterfett-Gehalt der Milch dieser Rasse der Grönlandkuh (denn erst diese

Gehalte und nicht die Milchmenge sind entscheidend für die Beurteilung des Beitrags der Kuhhaltung zur Ernährung des Landes)? Hierfür gibt es vorläufig keine Anhaltspunkte.

Milch zum Säuern oder zur Erzeugung von Butter und Käse liefern aber auch Schafe und Ziegen – und sicher in nicht unbedeutenden Mengen. Doch wie groß die Herden dieses Kleinviehs sind, wissen wir nicht. Es mögen viele Zehntausende von Tieren sein – im modernen Grönland des 20. Jahrhunderts halten allein in der Österbygd die Eskimo zwanzigtausend Schafe, und sie wollen die Herden auf dreißigtausend Schafe vergrößern. Dabei nutzen die Eskimo das Land lange nicht so intensiv aus wie die Grönländer. Ebenso haben wir keine Ahnung, wie groß die Mengen und die Qualität dieser Milch sind. Fest steht lediglich, daß die Schafe auch gemolken werden: Auf vielen Höfen sind Pferche vorhanden, in denen die Mutterschafe nachts von den Lämmern getrennt untergebracht sind, damit sie am Morgen gemolken werden können. Erst dann dürfen die Lämmer sich bei den Müttern im Lauf des Tages versorgen.

Kurz: Die tatsächliche Ernährungsbilanz der Bewohner der europäischen Siedlungen in der Neuen Welt kennen wir noch nicht. Höchstens für solche Höfe wie V 48, die ganz wenig Vieh halten, können wir sagen, daß deren Bewohner weit überwiegend von der Jagd leben. Doch auch wenn man sich darüber klar ist, daß der archäologisch vorläufig nicht nachweisbare oder nicht von der Forschung erfaßte Anteil der Jagdtiere und vor allem der noch weniger nachweisbare, aber bestimmt im Durchschnitt sehr hohe Anteil aus der Milchwirtschaft mit einkalkuliert werden müssen: Der Anteil aus Jagd und Fischerei ist verglichen mit den Verhältnissen im übrigen Europa enorm hoch. Aus den bisher vorliegenden Daten für wenige Höfe läßt sich kein Landesdurchschnitt errechnen, doch kann er sich in diesem Produktionsbereich zwischen einem Viertel oder Drittel bis heran an zwei Drittel bewegen – um versuchsweise Zahlen zu nennen, die von der Forschung eines Tages verifiziert werden mögen.

Das mindert die Bedeutung der Viehhaltung nicht: Sie ist so unentbehrlich wie die »Wildbeuter-Betätigung« und sichert die Versorgung in den endlosen Wintermonaten, wenn Jagd und

Fischerei kaum oder nur sporadisch möglich sind. Die Kolonisatoren der Neuen Welt des Mittelalters haben die ihnen vertraute Form der Landwirtschaft nicht nur nicht vergessen, sondern sie haben sie entscheidend verbessert, um aus ihrer neuen Umwelt eine möglichst hohe Agrarproduktion zu erzielen. Das ist bei einem Viehzuchtbetrieb primär durch Verbreiterung der Futtergrundlage möglich.

Seit Archäologen das mittelalterliche Grönland erforschen, staunen sie über die Intensität der Viehhaltung – vor allem der Rindviehhaltung. Zwar gibt es in der Nähe der Fjorde viele kleine Flächen südwärts geneigter oder flacher Wiesen mit guter Sonneneinstrahlung und guter Humusdecke, die reichlich Gras liefern. Doch deren Anteil an der Nutzfläche der Höfe ist meist sehr bescheiden.

Vegetationskartierungen im Ein-Kilometer-Umkreis einiger typischer Höfe der Vesterbygd zeigen zum Beispiel, daß zu einem reichen Hof (Sandnes) in solchem Umkreis etwa 35 Prozent bestes Weideland (Feuchtwiese) gehören, dazu 40 Prozent trockenere Grashänge. Der Rest der Fläche ist mit Unterholz oder Heidekraut bedeckt und trocken, also nur ganz wenig produktiv. Der »Küstenhof« V 48 dagegen hat überhaupt keine Feuchtwiesen, nur 10 Prozent Grashänge, 75 Prozent mit Unterholz oder Heidekraut bedeckte trockene oder schlecht besonnte Flächen und noch 10 Prozent Hänge mit nacktem Fels.

Selbst für große Höfe in bester Lage ist nur ein Teil des Umlandes wirklich wertvolles Weideland. Trotzdem hat es zweierlei Funktionen zu erfüllen: Das Vieh muß den Sommer über dort grasen, um Fett für die Wintermonate oder für die Schlachtung anzusetzen, und ein anderer Teil muß als Mähwiesen vor allem Heu für die Stallfütterung liefern, damit das Vieh über den Winter kommt.

Es gibt aus dem mittelalterlichen Island gewisse Mengenberechnungen über den Bedarf einer Kuh an Winterheu: Er wird auf 12,5 Kilogramm pro Tier und Tag geschätzt – eine Menge, die auch für Grönland zutreffen könnte, wo ja die aus Island mitgebrachte Kuhrasse weitergezüchtet wird. Das bedeutet für eine Zeit der Aufstallung von etwa zweihundert Tagen auf Grönland einen Heuvorrat von rund 2,5 Tonnen pro Kuh. Die Kuhställe der großen Höfe beherbergen bis zu zwanzig oder fünfundzwanzig Kühe: Das ist ein Kuhbestand, wie er heute, gegen Ende des 20. Jahrhunderts, auch auf größeren Mittelbetrieben gehalten wird, und wie wir schon lasen, hat der einzige Großgutsbetrieb des Landes, der des Bischofssitzes, einen Stall für rund hundert Tiere: Das ist der Bestand eines Großbetriebes oder Gutshofes von heute. Diese Größe der Herden beweist zwar, daß die einzelnen Betriebe gut gestellt sind, doch sie läßt auch erkennen, welche Probleme die Winterfütterung allein des Rindviehbestandes aufwirft: Ein Großbauer muß fünfzig und mehr Tonnen, der Verwalter des Bischofssitzes mehrere hundert Tonnen Heu machen, das dann in den Scheunen mit deren direktem Zugang zu den Ställen oder aber in Heustadeln im Freien gespeichert wird. Dazu kommt noch Heu für die Schafe und Ziegen, die zwar sicher nicht volle sieben Monate aufgestallt, also wenn möglich auch winters viel im Freien sind, aber doch nicht sich selbst versorgen können, wie es zum Beispiel auf Island der Fall ist.

Bestimmt werden die fast bewegungslos im Dunkel der Ställe stehenden Tiere nur spärlich gefüttert, es sei denn, sie sollen kalben und Milch abgeben. Im Frühjahr sind dann viele von ihnen sicherlich so entkräftet, daß sie auf Tragen aus dem Stall auf die Weide gebracht werden müssen. Im Notfall kann man Weiden- und Birkenzweige sammeln oder Seetang vom Fjordufer und Futterfisch oder Küchenabfälle zufüttern.

Trotzdem bleibt das Winterheu zentrales Problem des grönländischen Bauern – sowohl die Mengenproduktion als auch der Transport. Auf Island zum Beispiel wird das Heu mit Ponys eingeholt – ein Pony kann jeweils etwa hundert Kilogramm als Ladung mitnehmen, das heißt, es muß fünfundzwanzigmal von der Heuwiese zum Hof wandern, damit eine Kuh überwintern kann. Diese genügsamen »arktischen Pferde« gibt es zwar auch auf Grönland, doch den Funden nach zu urteilen nur in geringer Anzahl. Möglicherweise wird das Heu dort mehr auf Booten transportiert.

Doch grundsätzlich wird das zweifache Problem, nämlich Heu zu produzieren und zu transportieren, wie folgt gelöst (auch von Island bekannt): Man räumt rings um den Hof ein Stück Land den ganzen Sommer über von allem Vieh und zäunt es mit Wällen aus Stein oder Torfsoden ein. Ein solches »Hoffeld«, mit dem Rinderdung aus den Ställen intensiv gedüngt, liefert sehr starken Graswuchs für die Heuwerbung. Diese Düngung wirkt wegen ihrer Intensität noch bis heute – also ein halbes Jahrtausend lang – nach: Die Vegetation auf den ehemaligen Hoffeldern ist so kräftig, daß man oft dort, wo kaum mehr Ruinen der Gebäude zu sehen sind, einen Hof der Grönländer an diesem dichten Gras- und Kräuterwuchs erkennen kann. Da diese Mähwiesen rings um den Hof und dessen Scheunen liegen, sind die Transportwege für den Dünger und vor allem für das Heu nur kurz und mit den wenigen Pferden oder mit Tragen zu bewältigen.

Der dänische Archäologe Dr. Knud Krogh hat darüber hinaus bei seinen Geländeforschungen zwischen 1970 und 1980 entdeckt, daß die Grönländer durch Almwirtschaft zusätzlich Futter für ihren Viehbestand beschaffen: Sie senden ihre Schafe und vielleicht auch die Jungrinder auf die Höhengebiete (in Höhen um drei- bis fünfhundert Meter, von denen man bisher glaubte, sie seien von den nahe der Meereshöhe wohnenden Siedlern nicht bewirtschaftet worden). In einem Modellgebiet im heutigen Tal »Quordlortoq« in der Österbygd besitzt jeder der etwa sechs im Tal gelegenen Höfe eine dazugehörige »Almhütte«. Die fetteren Weiden und Wiesen im Tal bleiben damit für die empfindlicheren Kühe und eventuell für Heugewinnung außerhalb des Hoffeldes reserviert.

Trotz dieser die Futterflächen in Hofnähe schützenden Betriebsorganisation blieb es bis in die letzten Jahre unverständlich, wie das »Hoffeld« und vielleicht nahe liegende Flächen ausreichend Heu für die Winterfütterung liefern können. So hat der Bischofssitz mit seinen hundert Kühen nur ein Hoffeld von etwa fünfzehn Hektar. Selbst wenn man annimmt, daß ein Teil der Kühe (oder Jungtiere) aus dem Riesenstall über Winter geschlachtet wird, also nur für kurze Zeit Futter benötigt (das ist eine »Hilfshypothese«), muß doch ein großer Teil des Bestandes den Winter überleben, um die Herde in voller Größe mit voller Milchleistung wieder aufzubauen. Dafür scheinen fünfzehn Hektar bitter wenig – zu wenig.

Der Widerspruch zwischen der Größe der Ställe und der Kleinheit der Mähwiesen ist durch moderne Forschungen geklärt worden: Dr. Knud Krogh hat Bewässerungsanlagen von zum Teil erstaunlichen Dimensionen entdeckt, mit deren Hilfe die Grönländer die Erträge ihrer Mähwiesen erheblich steigern konnten.

Derartige Bewässerungsanlagen fanden sich zuerst auf dem Hof Brattahlid, dem »Zentralhof« des europäischen Grönland. Dort sind sie noch verhältnismäßig bescheiden. Doch als in den sechziger Jahren unseres Jahrhunderts Eskimosiedler, die auf den Wiesen des ehemaligen Bischofshofes Gardar ihre Schafe weiden, sich eine moderne Bewässerungsanlage zulegten, entdeckten sie, daß man ein halbes Jahrtausend vorher schon den gleichen Gedanken gehabt hatte. Nachforschungen des Nationalmuseums Kopenhagen erschlossen eine Bewässerungsanlage von erstaunlichen Dimensionen, die Hochachtung vor der Ingenieurtechnik der Grönländer hervorruft.

Bewässerungsanlage des Bischofshofes Gardar: Auf den Höhen wird Wasser gestaut, das dann über das »Hoffeld« verteilt wird.

Die Wiesen in den Innenfjorden Südgrönlands werden im Sommer immer wieder durch einen föhnartigen warmen und trockenen Fallwind ausgetrocknet. Vom Inlandeis her wehend, tritt er im »Lee« (d. h. auf der windabgewandten Seite) der landeinwärts liegenden Höhen auf. Linsenartige Höhenwölkchen (die auch in den Alpen, z. B. in Südbayern, die »Leewinde« erkennen lassen) sind erste Anzeichen dieses gefürchteten Windes, der mit einer Heuernte-Katastrophe droht. Um seine Wirkungen zu neutralisieren und die Wärme, die er mitbringt, zur Wachstumsbeschleunigung zu nutzen, muß man die Wiesen bewässern.

Und das praktizieren die Grönländer des Mittelalters vorbildlich:

Auf Gardar wird in je einem Staubecken das Wasser zweier Flüßchen gestaut, die von den etwa zweihundert Meter über den Wiesen und Gebäuden des Bischofshofes gelegenen Felshöhen kommen, und in einem dritten Reservoir auf halber Höhe zwischengespeichert. Von dort strömt es dann talwärts über eine Verteilerschleuse in mehrere Kanäle nach allen Seiten auf die Wiesen des Hoffeldes. Mit Hilfe dieser Zwischenspeicherung und der Verteilerschleuse kann das Wasser genau dosiert werden, so daß die einzelnen Flächen soviel von dem kostbaren Naß erhalten, wie sie optimal benötigen.

Die Staudämme sind sorgfältig konstruiert. Ihren Kern bilden Rasensoden, jener grönländische Universalbaustoff. Dadurch sind sie wasserdicht. Wasserseitig wird dieser Kern durch eine Steinpackung geschützt, außenseitig durch eine sehr schwere Steinpackung, die dem Innendruck bei Füllung der Reservoirs standhalten muß.

Mit Hilfe dieser Bewässerung wird der Graswuchs bei den »Südostwind-Lagen« nicht nur gesichert, sondern ganz erheblich gesteigert.

Auf der landwirtschaftlichen Versuchsstation Uperniaviarssuk in der ehemaligen Österbygd gibt es moderne Anbauversuche, bei denen man mit Bewässerung und unterschiedlichen Futterpflanzen arbeitet: teils mit den einheimischen »Wildgräsern«, teils mit importierten hochgezüchteten Futtergräsern und Futtergetreiden. Diese Versuche weisen nach, daß nicht die importierten und mit Saatgutkosten belasteten Zuchtgräser oder Futtergetreide die höchsten Erträge von den Wiesen Südgrönlands bringen, sondern die einheimischen Wildgrasgemeinschaften. Sie weisen nach, daß diese Erträge durch künstliche Bewässerung (d. h. Optimierung des Wasserangebots an die Wiesenpflanzen) um mehr als das Doppelte, verglichen mit nicht bewässerten Flächen, gesteigert werden können. Sie weisen schließlich nach, daß für den Graswuchs eine ausreichende Bewässerung weit wichtiger ist als die Lufttemperaturen des Sommers.

Damit löst sich weitgehend das Rätsel der relativ groß erscheinenden Rindviehbestände im mittelalterlichen Grönland: Die Grönländer erzielen durch ihre Kunstbewässerung so hohe Heuerträge, wie sie die Archäologen früherer Jahrzehnte nicht erwarteten. Da sie natürlich nur die einheimischen Wiesenpflanzen kultivieren und mit Sicherheit keine Grassaat aus Hochzuchten des Kontinents einführen, liefern ihre bewässerten Wiesen die höchstmöglichen Gras- und damit Heumengen.

Außerdem werden sie durch die Bewässerung unabhängig von der wechselnden Witterung der verschiedenen Jahre: Ist der Sommer extrem kalt, so beeinträchtigt das den Graswuchs ja kaum, wie experimentell nachgewiesen, und ist er kalt und trocken, so wird bewässert. Wenn er extrem warm ist, kann mit der Bewässerung, ohne Rücksicht auf die Niederschlagsmenge in trockenen und feuchten Zeiten, der Graswuchs noch gesteigert werden.

Diese Bewässerung wird auf nahezu allen großen und sogar kleinen Höfen praktiziert, wie es scheint. Das heißt, die fünfhundertjährige Mittelalter-Kolonie der Europäer auf Grönland ist dank ihrem planmäßigen und intensiven Futterbau auch in ihrer Fleisch-, Milch- und Wollerzeugung aus dem Viehzuchtbetrieb weitgehend von Klimaschwankungen unabhängig.

Bewundernswert nicht nur die Ingenieurtechnik, mit der die Grönländer des Mittelalters dies Überlebensproblem in ihrer Klimazone bewältigen, sondern vor allem die Dimensionen der Bewässerungsanlagen für den Bischofshof: Der eine Damm des Stausees auf dem »Fjell« über dem Hof hat eine Länge von gut hundert Metern! Die andern sind nicht genau erfaßt, doch von ähnlichen Größenordnungen. Solcher Staudammbau kann nur in einem einzigen Sommer errichtet werden, kaum in mehreren aufeinanderfolgenden Jahren, weil sonst die Winterschneeschmelze die halbfertigen Dämme wieder fortspülen würde. Es müssen also sicher viele Hunderte von Männern über Monate hin mobilisiert werden, um die Tausende von Kubikmetern Rasensoden und Tausende von Tonnen Packsteinen mit Tragen zusammenzuschleppen und fachgerecht zu einem wasserdichten Staudamm aufzuschichten.

Derartige Großarbeitsprojekte wirken fremdartig in der losen Gemeinschaft der individualistischen grönländischen Bauern, wie wir sie kennen und wie sie aus den Sagas sichtbar sind. Vielleicht ist es die Autorität der neuen sozialen Oberschicht der Geistlichkeit, die solche Gemeinschaftsleistungen ermöglicht. Die Macht der Kirche ist ja ohnehin im Lauf der Jahrhunderte immer mehr gewachsen. Wie wir sehen, erweist sich solche Autorität für die Sicherung der Nahrungsmittelerzeugung und ihre Steigerung über Rationalisierungsmaßnahmen (wie die Erhöhung der Flächenproduktivität der Mähwiesen) als unter Umständen zweckmäßig.

Damit ist etwa um 1200 eine Landwirtschaftsnutzung Grönlands von einer Intensität erreicht, die nicht nur bewundernswert ist, sondern auch bis in das 20. Jahrhundert nie wieder erreicht wird. Zwar beginnen die neuen Bewohner des Landes, die Eskimo, schon im 19. Jahrhundert Viehzucht auf den gleichen Wiesen und Weiden, auf denen die grönländischen Bauern ihre Rinder- und Schafherden weideten. Doch erst in der Mitte des 20. Jahrhunderts beginnt man mit Bewässerung zur Steigerung der Graserzeugung – und erst etwa seit 1980 untersuchen Archäologen planmäßig die »Ökotechnik« der Grönländer, mit dem Ziel, deren Entwicklungen für die moderne Eskimo-Landwirtschaft nutzbar zu machen.

Die Grönländer rationalisieren ähnlich auch die Jagd, die ihnen einen so wesentlichen Teil ihrer Fleischversorgung liefert.

Ein großer Teil des Jagdertrages besteht aus Robben verschiedener Arten. Groß-Seesäugetiere wie Wale werden zwar auch gegessen, aber nicht planmäßig gejagt, denn hierfür fehlt die Fangtechnik. Man begnügt sich mit gestrandeten Tieren als willkommener Zusatzbeute. Die Robbenjagd hingegen wird regelmäßig betrieben, wie die Mengen an Knochen in den Küchenabfallhaufen bezeugen.

Unter den Robbenarten ist am häufigsten die Sattelrobbe, die im Frühjahr vor Neufundland auf dem Eis ihre Jungen wirft und dann in großen Herden zur Westküste Grönlands wandert. Dort schwimmt sie zwar auch in die Fjorde, bleibt jedoch zur Hauptsache an der Außenküste. Ein ähnlicher Fernwanderer unter den Robben ist die »Klappmütze«, die mit der Sattelrobbe bei Grönland ankommt, dann aber die ostgrönländische Küste aufwärts zieht und nur im Süden der Österbygd gefangen wird. Dritte Robbe von Bedeutung für die Grönländer ist der gewöhnliche Seehund. Diese Tiere leben einzeln an der Küste und in den Fjorden. Im Frühjahr jedoch sammeln sie sich in großen Schwärmen an der Außenküste und jungen auf dem Eis. Andere Robbenarten, wie die Ringel- und die Bartrobbe, werden von den Grönländern zwar auch gegessen, sind aber unter den Knochenfunden wenig vertreten.

Daß Robben von großer Bedeutung für die Ernährung der europäischen Neuweltler des Mittelalters sind, zeigt zum einen die Häufigkeit der Knochen, zum andern indirekt eine grönländische Fangstatistik des 19. und 20. Jahrhunderts: Jährlich werden bis zu rund fünfundzwanzigtausend Sattelrobben und fünfzehntausend Seehunde erbeutet. Da zum Beispiel ein Seehund um hundert Kilogramm wiegt, eine Sattelrobbe vielleicht etwas mehr, können diese Robbenarten erhebliche Mengen an Fleisch und Fett liefern, durchaus in einer Größenordnung wie vielleicht die Schaf- und Rinderherden der Grönländer-Höfe, oder auch mehr.

Obwohl die Robben eine so große potentielle Bedeutung für die Siedler haben können und tatsächlich haben (auch wenn der Jahresfang nicht näher quantifizierbar ist), gibt es unter den Funden aus den Siedlungen keinerlei Fanggerätschaften: keine Harpunen, keine Speere mit Widerhaken, wie man sie zum Erlegen einer Robbe benötigt. Offenbar werden die Robben in Massenjagden mit Booten an Land getrieben und dort erschlagen, oder sie werden mit Netzen gefangen oder auf dem treibenden Eis vor der Außenküste erschlagen. Für diese Massenjagden, in Nordeuropa bis heute praktiziert, müssen aber zahlreiche Männer und viele Boote zusammenarbeiten, um die Robben zu treiben oder ihr Entkommen in freies Wasser zu verhindern. Die Jagden müssen organisiert sein, voran durch Exploration in den Fanggebieten, die in erster Linie vor den Außenfjorden liegen, d. h. oft viele Dutzende von Kilometern von den Siedlungen entfernt. Möglicherweise werden Kundschafterboote ausgesandt oder aber Beobachtungsposten auf den Felshöhen installiert. (Ein Bauwerk, das womöglich solchen Posten beherbergt hat, ist gefunden worden.) Sind die ankommenden Wanderrobben oder die ersten Ansammlungen jungender Seehunde auf dem Küsteneis entdeckt, so müssen die Jagdpartien mobilisiert und unter einheitlichem Kommando nach tagelangem Rudern zur Küste angesetzt werden. Nur dann liefern die Robbenjagden auch entsprechende Massenbeute für die Küchen der Dutzende von Höfen in jedem Fjord.

Ähnlich rationalisiert wird auch die Renjagd betrieben, die, wie oben dargelegt, einen wesentlichen Anteil an der Fleischversorgung hat. Die Rene werden nicht mit Pfeil und Bogen geschossen oder mit Speeren gejagt, sondern mit Unterstützung durch langbeinige Hunde (ihre Knochenreste finden sich immer wieder, sie erinnern an norwegische Elchhunde) von Treibjagdmannschaften in Fallen hineingetrieben, die aus Steinreihen aufgebaut sind. Diese Steinreihen verjüngen sich immer mehr und münden an steilen Klippen, über die die verängstigten Tiere hinab in den Tod stürzen, so daß ihre Kadaver nur noch aufgesammelt zu werden brauchen. Solche Jagdmethoden schrieben die Archäologen bisher den Altsteinzeitbewohnern zum Beispiel Frankreichs zu, wo unter Felskliffen riesige Knochenmassen unter anderem von Wildpferden gefunden wurden. Freilich wird die Anwendung dieser Jagdmethode dort neuerdings wieder oft bezweifelt.

Um so verblüffender ist ihr Nachweis im Hochmittelalter auf Grönland: 1976 entdeckten zwei norwegische Forscher zwei solche Klippenfallen und 1981 zwei Forscher aus den USA, Prof. Dr. Thomas McGovern und Dr. Dick Jordan, zwei weitere derartige Einrichtungen. Seitdem gibt es keinen Zweifel mehr daran, daß die Grönländer mit Hilfe des von ihnen wiedererfundenen Systems die Produktion von Rentierfleisch hochrationell im großen betrieben haben. Interessanter zusätzlicher Beweis für den Klippensturz der Rene: ein Fußknochen eines Rens, eingeklemmt in einer Felsspalte am Steilhang vor solcher Absturzfalle beim Hof »Nipaitsoq« (V 54) in der Vesterbygd.

Dieser Streifzug durch die grönländische Betriebswirtschaft zeigt die Nahrungsmittelerzeugung insgesamt als Massenproduktion einer unter einheitlicher Leitung stehenden sozialen Organisation. Diese hat sich weit über die Anfänge der individualistischen Siedlungszeit hinaus entwickelt; wir können sie freilich nicht exakt fassen, sondern sehen nur ihr Wirken. Sie mag unter der Leitung der Priesterschaft stehen.

Ihre Leistung: Spitzenerträge in Futterbau und Viehzucht, Unabhängigkeit von Wetter- und Klimaschwankungen, sehr hohe Jagderträge (gemessen an der Zahl der beteiligten Jäger). Wie hoch letztere sind, ist nicht fixierbar, doch machen sie mit Bestimmtheit ein hohes Vielfaches dessen aus, was eine Individualjagd erbringen würde.

Diese Produktionstechnik sichert nicht nur das Überleben auch bei Umweltveränderungen – denn sie ist dank der Vielfalt der Möglichkeiten flexibel –, sondern auch hohe Überschüsse. Da sie den Bedarf an täglicher Nahrung für jedes Mitglied der Gemeinschaft weit übersteigen, setzen sie ein Arbeitspotential frei, das Leistungen anderer Art, zum Beispiel kulturelle oder soziale, erbringen kann.

Steuerzahler müssen auf Walroßfang

Eine jener sozialen »Überschußleistungen« über die Erzeugung des täglichen Brots (oder Seehundsfleischs) hinaus sind die Steuerabgaben. Die Grönländer zahlen mindestens seit der Ankunft ihres Bischofs im Jahr 1126 ihren Zehnten an die Kirche, dann päpstliche Sondersteuern aller Art und nach 1261 (dem Jahr des Anschlusses an Norwegen) auch Steuern an ihren König. Sie werden nicht in Geld entrichtet (das man im skandinavischen Norden ja seit der Jahrtausendwende ebenfalls kennt) und nicht in dem statt des Geldes lange üblichen ungemünzten Bruch- und Hacksilber (aus zerkleinerten Schmuckstücken, nach Gewicht gerechnet), sondern nach allem, was man weiß, in Form von Naturalien. Die mächtige »Zehntscheune« des Bischofssitzes – aus ganz besonders massiven Steinquadern errichtet – ist wohl der Speicher, in dem die Naturalabgaben eines oder mehrerer Jahre gesammelt werden.

Diese Abgaben können Trockenfleisch sein (gelegentlich werden Schafkeulen hundertweise aufgezählt) oder Seehundsleder, Walroßhäute oder andere haltbare Güter mehr. Doch weit wertvoller und beliebter sind die Stoßzähne des Walrosses und die Narwalzähne (die schraubenförmig gedreht sind und als »Einhornzähne« gelten). Die Verwertung der meisten Naturalsteuern ist keine reine Freude, wenn sie auf dem Kontinent ankommen. So zählt ein Papstbrief vom 4. März 1282 auf, was an Abgaben vom Bistum Gardar für den nächsten Kreuzzug (Kreuzzugszehnter) an den Erzbischof von Trondheim gegangen ist. Aus dem Schreiben ist klar erkennbar, daß der Erzbischof Verwertungsprobleme mit Ochsen- und Seehundsleder hat und daß er vom Papst beauftragt ist, diese Waren zum bestmöglichen Preis in Gold oder Silber umzusetzen.

Derartige Schwierigkeiten gibt es in jenen Jahrhunderten mit dem »Elfenbein aus Grönland«, den Walroß- und Narwal-Stoßzähnen, nicht: Sie sind so gut wie bares Geld und obendrein leicht transportabel, so daß sie an Orte mit entsprechender Nachfrage weiterversandt werden können, etwa nach Flandern, wo große Elfenbeinschnitzereien arbeiten. Dort benötigt man Rohstoff für Marienbilder, Heiligenbilder, Kruzifixe und zahllose andere Objekte. Afrikanisches Elefantenelfenbein ist schwer beschaffbar, knapp und teuer, was die Preise für Walroßelfenbein hochtreibt, das im 12., 13. und sogar im 14. Jahrhundert einen guten Markt hat. An der Westküste Grönlands leben die größten Walroßherden – ein bodenständiges Rohstoffvorkommen von enormer Bedeutung, sozusagen die Gold- und Devisenquelle der Grönländer. Sie wird schon in den ersten Anfängen der Siedlung ausgebeutet, um Importe zu bezahlen, später mehr und mehr zur Finanzierung der Steuern an die Obrigkeit.

Diese »Goldgrube« ist nicht so ganz klein. Ein päpstlicher Steuereinnehmer meldet zum Beispiel, er habe aus dem »grönländischen Stift« am 11. August 1327 »127 Lispfund in Walroßzähnen« erhalten und sie in Flandern für »12 Pfund und 14 Tournosen verkaufen lassen«. Diese Abgabe wird geleistet als Zehnter für einen Sechsjahreszeitraum, wie auf einem Kirchentreffen in Wien 1312 beschlossen. In verständlichere Maßeinheiten umgerechnet, zahlt das Bistum Grönland sechshundertfünfunddreißig Kilogramm Walroßzähne von vermutlich rund hundertneunzig Walrossen. Das entspricht rund achthundert Gramm reinem Gold. (Die Hälfte davon geht an den König von Norwegen, die andere Hälfte an den Papst.) Diese Sendung Walroßzähne ist jedoch sicherlich nur ein Teil der Ausbeute der grönländischen »Goldgruben« aus der gleichen Zeit, die ja neben den normalen Kirchen- und Staatssteuern noch die ständigen Sondersteuern für kirchliche Unternehmen sowie Devisen für Importe aufzubringen haben.

Allerdings leben die Walroßherden nicht in der Nähe der Siedlungen: Um sie zu finden, muß man die grönländische Westküste aufwärts segeln und rudern entlang den »Obyggdir« (den unbewohnten Küstenstrichen) bis in die »Nordrsetur«, wo die Walrosse reichlich, die Narwale auch noch häufig vorkommen.

Die »Nordrsetur« (die »nördlichen Wohnplätze«) sind jene hochpolaren Küstengebiete, deren wilde Schönheit, wie wir lasen, einen grönländischen Dichter zu einer Ode reizte.

Wo liegen die »Nordrsetur«? Das ist nicht ganz klar. Vielleicht in der Disko-Bucht (dort befinden sich große Ansammlungen von Walrossen) oder weiter nördlich? Man segelt dorthin über »Greipar« und »Krogsfjordheidi« (nach der Bezeichnung – eine »heidi« ist ein hochliegendes Plateau – könnte es sich um das Basaltsäulenplateau der Nûgssuaq-Halbinsel handeln) weit über tausend Kilometer nordwärts. Dabei passiert man etwas unheimliche Landgebiete, wo die Geächteten hausen, ein wildes und gefährliches Volk. Die nördlichen Fangplätze ziehen sich dann noch über Hunderte von Kilometern hin.

Bekannt sind die Nordrsetur schon aus den Landnahmezeiten, und seitdem bilden sie stets das Ziel sommerlicher Jagdexpeditionen. Dort, jenseits des Polarkreises, wo viele Wochen lang die Sonne nicht untergeht, wo Gletscher kalben ins eisblaue Wasser hinein, wo plumpe Seeungeheuer röhren und es an Land von Eisbären wimmelt, liegt für die jungen Männer aus den Grönländersiedlungen das Land des großen Sommerabenteuers.

Wie sie unter der Mitternachtssonne mit den tonnenschweren Walroß-Bullen kämpfen, um deren Stoßzähne es in erster Linie geht – wir wissen es nicht. Fest steht, daß sie jährlich einige

Dutzende der Bullen erlegen (man kann es aus den Zahlen über die Steuerabgaben in Form von Walroßzähnen errechnen). Bestimmt geht es dabei nicht ohne Tote und Verletzte unter den Jägern ab. Doch das Hochgefühl des Kampfes gegen Ungeheuer in der Öde und dem unwirklichen Licht der Polarlandschaft wiegt das Risiko auf – vom materiellen Gewinn nicht zu reden. Etwas von diesem Hochgefühl atmet das in der »Edda« überlieferte Bruchstück der »Nordrsetur«-Oden des Dichters Swein.

Die »Nordrsetur« liefern nicht nur Elfenbein, sie liefern auch Fleischmassen: In den Häusern der Siedlungen kommt im Herbst immer wieder Walroß auf den Tisch, wie Knochenreste ausweisen. Und sie liefern lebende Eisbären, die in Steinfallen gefangen werden, sowie Eisbärfleisch mit den »Bärentatzen« als Delikatesse (darf man vermuten). Die Walroßhäute sind eine Zeitlang hoch im Kurs, weil man aus ihnen Schiffstaue von großer Haltbarkeit dreht (so stark, daß fünfzig Mann sie nicht zerreißen können). Außerdem fängt man dort die schönsten grönländischen Jagdfalken, im Mittelalter eine hochbezahlte Rarität. Zwar lebt der begehrte weiße grönländische Falke auf der ganzen Rieseninsel, doch je weiter nördlich, um so weißer ist sein Federkleid, um so kostbarer ist er. Wie hoch er geschätzt wird, läßt sich daran ablesen, daß 1396 der Herzog von Burgund als Lösegeld für seinen von den Mauren gefangengehaltenen Sohn dem Osmanen-Sultan Bayezid zwölf grönländische Falken übersendet.

So kehren die Nordrsetur-Fahrer im Spätsommer mit schwerbeladenen Booten in die Vesterbygd und Österbygd zurück. Unausgenutzter Platz wird mit Treibholz ausgefüllt, das hoch im Norden immer noch reichlich, dagegen in der Heimat schon knapp ist. Am Walroßelfenbein können sie sich nicht selbst erfreuen, das wird sofort für die nächsten Zahltermine reserviert. Die grönländischen Schnitzkünstler arbeiten offenbar nur ganz selten in ihrem heimischen Elfenbein, und dann ganz winzige Stücke. Doch auch die Backzähne des Walrosses werden als ein gutes Schnitzmaterial verwertet.

Die Walroßschädel werden in die Heimat mitgenommen, wo man ihnen die Zähne ausbricht. Danach wirft man diese Schädel nicht etwa auf den nächsten Küchenabfallhaufen: Man begräbt sie vielmehr feierlich in oder bei der Kirche!

Was die Grönländer dazu veranlaßt, die Schädel der Walrosse, jener Ungeheuer mit den fast menschlichen Gesichtszügen, auf so ganz besondere Weise zu behandeln? Vielleicht ist eine Art heidnischen Jagdzaubers damit verbunden, ein Hauch der Glaubenswelt der Eskimo, in der es keine scharfe Trennung zwischen Tier und Mensch gibt wie im christlichen Glauben, sondern in der man dem Geist des getöteten Tieres seine Ehrfurcht bezeigen muß, um nicht alle Verwandten dieses Tieres zu verärgern und zu vertreiben.

Anders ist es nicht erklärlich, daß in der bischöflichen Domkirche in Gardar selbst sowie um sie herum fast dreißig Walroßschädel beerdigt sind – teilweise in Reihen unter der Kanzel dieser höchsten Kirche der Neuen Welt im Mittelalter! Auch Narwalschädel fand man dort, in der gleichen Weise beerdigt. Ob der Bischof oder sein geistlicher Stellvertreter davon wissen? Kaum vorstellbar. Doch unter dem dunklen Winterhimmel Grönlands mit seinen langen Nächten geschieht vieles an Magie und Zauberei, was das Licht der christlichen Welt zu scheuen hat – warum keine übernatürlichen Kräfte zu Hilfe rufen, durch die man sich die Ausbeute der nächsten Expedition zur Beschaffung von Mitteln für die Steuerzahlung sichern kann?

Auch diese Fangreisen sind Teil des Produktionssystems der Grönländer: Hier investieren sie überschüssige Produktivität in ein Unternehmen, das die in der Nahrungsmittelerzeugung nicht benötigte Arbeitskraft in besonders hochwertige Spezialerzeugnisse konvertiert.

Die Kirchen-Hochkultur

Für die Nachwelt noch weit bedeutender und eindrucksvoller sind die Überschußleistungen auf kulturellem Gebiet.

Erfolge einer Rationalisierung beim Erzeugen des schlichten Lebensbedarfs werden in allen Kulturen zum Teil in Kunstschätze, zum Teil in Bauwerke umgesetzt: Das ist eindrucksvoll erkennbar in den Hochkulturen des Vorderen Orient. Dort werden in der Jungsteinzeit und Bronzezeit durch die Kultivierung und Bewässerung der fruchtbaren Flußniederungen etwa im Zwischenstromland oder im Niltal, erzwungenermaßen in Gemeinschaftsarbeit großer Gruppen, immer größere soziale Organisationen aufgebaut. Die Nahrungsmittelproduktion wird durch die Massenleistungen des Getreideanbaus auf den kultivierten Böden vervielfacht, weit stärker, als dies zum Beispiel im grönländischen Klima möglich ist. Entsprechend hoch sind die erzeugten Überschüsse, denen wir die berühmten Kunstwerke und die vielbewunderten Bauwerke – von den Städten und Tempeln Mesopotamiens bis zu den Pyramiden Ägyptens – verdanken.

Ähnlich manifestiert sich die hohe Produktivität der grönländischen Wirtschaft auch in Monumentalbauten. Man braucht dieses Wort nicht durch Anführungszeichen zu relativieren, denn ein »Volk« von vier- oder fünftausend Menschen am »Ende der Welt« und am Rande des Inlandeises unter den gegebenen Umweltbedingungen kann naturgemäß keine ganz so monumentalen Bauten hinterlassen, wie es die Hochkulturen mit einem Arbeitskräftereservoir für Überschußleistungen von vielen Zehntausenden von Menschen vermögen. (Im Pyramidenbau in Ägypten allein wurden z. B. an »aktiven Arbeitern« bis zu zwanzigtausend beschäftigt; die Versorgungsorganisationen werden in der Größenordnung nicht viel kleiner gewesen sein, ganz abgesehen von den zahllosen gleichzeitig tätigen Bau- und Kunsthandwerkern für andere Monumentalbauten und repräsentative Kunstwerke.)

Grönlands volkswirtschaftliches »Überschußpotential« fließt in seine Kirchen. Das sonstige kunsthandwerkliche Schaffen scheint weniger bedeutend und in erster Linie »Heimkunst« zu sein.

Die Kirchen jedoch überragen damals die unter rasensodenbewachsenen Hügeln geschützt liegenden Wohnhäuser und Höfe und auch das nicht viel höhere Bischofspalais – Mahnmale einer christlich-europäischen Hochkultur des Mittelalters auf dem Boden des Vorpostens der Neuen Welt.

Die Archäologie hat bis 1981 siebzehn Kirchen in der Österbygd und drei Kirchen in der Vesterbygd entdeckt. Manche davon stehen sozusagen übereinander, wenn modernere Kirchen über älteren und kleineren errichtet wurden, wie auf Brattahlid. Nach den schriftlichen Quellen und den Schätzungen des heute besten Kenners des Kirchenbaus auf Grönland, Dr. Knud Krogh, könnten noch weitere Kirchen entdeckt werden. Bis jetzt gibt es, einschließlich der »Wiederholungsbauten«, insgesamt dreiundzwanzig.

Bei einer Einwohnerzahl von vier- bis fünftausend, wie wir sie immer unterstellen, entfällt also auf je zweihundert Einwohner eine Kirche. Das ist rein statistisch gesehen ein erstaunlich dichter Kirchenbestand. Allerdings sind einige der Kirchen Privatkirchen großer Hofbesitzer, die sich durch den Besitz einer eigenen Kirche die Kirchensteuern gewissermaßen selber in die Tasche zahlen. Außerdem sind zwei der Kirchen Klosterkirchen, doch sicherlich für alle Gläubigen zugänglich.

Unendlich viel eindrucksvoller als die bloße Zahl der Kirchen ist ihr äußeres Erscheinungsbild: Mindestens zehn von ihnen sind Großbauten aus Stein, zu denen es in den Nordländersiedlungen des Nordatlantik (Island, Färöer usw.) jener Zeit nichts Vergleichbares gibt.

Ihre Spitzenleistung vollbringt die grönländische Monumentalarchitektur mit der Domkirche zu Gardar, einer St. Nikolai-Kathedrale, wie man weiß, d. h. dem Heiligen und Schutzpatron der Seefahrer geweiht. Siebenundzwanzig Meter breit und sechzehn Meter lang, ist sie Nordeuropas (Norwegen eingeschlossen) zweitgrößte Kirche ihrer Zeit. Nur die dem Erzbischof des Nordens in Trondheim erbaute Domkirche übertrifft die Gardar-Kathedrale: um zwei Längenmeter! Ein paar Tausende von Einwohnern des kleinsten Bistums Nordeuropas errichten sich also für ihren Bischofssitz diesen mächtigen Bau, von dem 1492 Papst Alexander VI. etwas mitleidig schreibt: »Die Kirche zu Gardar liegt am Ende der Welt, man kann sie nur über das entfernteste und wildeste Meer erreichen.«

Die grönländischen Kirchen wirken teilweise ein wenig seltsam, weil ihr Mauerwerk – und dies bei sieben der größten Kirchen – meist nicht den Westgiebel umfaßt: Er scheint offen. In Wahrheit ist er zur Zeit der Grönländer mit sicherlich schnitzverziertem Plankenwerk verkleidet, so daß die Gemeinde durch eine repräsentative Front in den Kirchenraum schreiten kann. Neueste Forschungen lassen sogar vermuten, daß die Kirchen innen völlig aus Holz bestehen und daß sie nicht prinzipiell anders sind als die Kirchen Islands: Dort umgibt man die Holzkirche mit Rasensoden, um ihr Inneres zu wärmen und zu schützen, auf Grönland mit Steinmauerwerk.

Doch dieses Steinmauerwerk ist so sorgfältig ausgeführt, daß es eine solche Kirche zu einem repräsentativen Bau macht. Er wird aus natürlich gewachsenen Steinplatten aufgeschichtet: unbehauenen, aber mit großer Sorgfalt ausgewählten Platten. Schichten dünner Steinplatten wechseln mit solchen dicker Platten, an anderen Kirchen wechseln dunkle Schichten mit hellen. In der Kirche von Anavik in der Vesterbygd geht man mit der Verwendung von Stein so weit, die Wand hinter der Kanzel mit einer einzigen, rund neun Quadratmeter großen Steinplatte zu verkleiden. Die eindrucksvollste polychrome Außenwand zeigt die Kirche von Undir Höfda in der Österbygd, deren Steinplatten nicht nur Farbwechsel zeigen, sondern äußerst sorgfältig parallel geschichtet sind. Zweifellos war die – fast völlig zusammengefallene – Domkirche zu Gardar noch sorgfältiger gebaut als alle anderen Kirchen: allein deshalb, weil der rote »Igaliko-Sandstein« ganz glatte Spaltplatten liefert, also sehr gleichmäßig aufgemauert werden kann. Das Mauerwerk wird normalerweise in Ton gelegt, um es abzudichten (Reste dieser Ton»vermörtelung« sind noch in den Kirchen von Gardar und Anavik zu erkennen).

Die eindrucksvollste aller Kirchen ist für den Besucher in unseren Tagen die bis in Höhe des Dachansatzes erhalten gebliebene Kirche von Hvalsey. Ihr Vorbild kann man in Norwegen finden, wo in Eidfjord (Westnorwegen) eine Steinkirche ähnlicher Dimensionen und mit gleicher Verteilung der Fenster steht. Das schönste Stück Monumentalarchitektur des mittelalterlichen Grönland, nämlich das mit größtem Arbeitsaufwand gebaute Bogenfenster der Kirche von Hvalsey, ziert auch die Eidfjord-Kirche. Die Kirche von Hvalsey, jüngste aller Kirchen der europäischen Besiedler im Mittelalter, wurde ausnahmsweise mit Kalkmörtel gebaut und ist deshalb so stabil, daß sie bis heute steht. Die Aufhellung des Bauwerks durch den weißen Kalkmörtel hat dem ganzen Fjord, an dem diese Kirche liegt, später den Eskimo-Namen »Quaquortoq« eingetragen: der »weiße Fjord«.

Den Höhepunkt der Steinarchitektur der Siedlungen bildet ohne Zweifel die vor 1200 fertiggestellte Domkirche zu Gardar – nur sind von ihr nicht viel mehr als die Grundrisse erkennbar. Aus zwei profilierten Specksteinstücken läßt sich rekonstruieren, daß die Eingangstüren mit geschnitzten Speckstein-Säulen und -Profilen verziert waren. Ein Stück grünen Glases weist darauf hin, daß irgendwelche oder sogar alle Fenster der Domkirche verglast waren. Diese Kirche verfügt als einzige über einen Glockenturm, einen frei neben der Kirche stehenden »Campanile«. Er hat einen Grundriß von 2,7 mal 2,7 Metern, ist aus massivem, sorgfältig geschichtetem Sandstein aufgebaut und obendrein kalkvermörtelt, um ihn zu stabilisieren. Derartige schlanke, frei stehende Glockentürme kennt man im europäischen Norden von Irland und Schottland. Die größten ragen bis achtunddreißig Meter hoch und sind bis in unser Jahrhundert erhalten. Wie hoch der Campanile von Gardar seine Glocke oder Glocken emporgehoben hat, läßt sich kaum feststellen. Sein Umfang entspricht dem der höchsten Glockentürme auf Irland, sein Mauerwerk ist sehr massiv. Er könnte fünfundzwanzig oder sogar dreißig Meter hoch gewesen sein, also höchstes Bauwerk des Landes, dessen Glockenstimme weit über den

Einarsfjord und in den nördlich liegenden Eriksfjord drang.

Von den Glocken dieses einzigen Campanile der Kirchen des mittelalterlichen Grönland ist nichts erhalten außer einem kleinen Bruchstück der Aufhängung einer Glocke. Aus dessen Dimensionen läßt sich errechnen, daß sie, wie ganz allgemein die mittelalterlichen Glocken, nicht sehr groß gewesen sein kann – etwa vierzig Zentimeter hoch. Etliche andere Kirchen haben ebenfalls Glocken besessen, doch ohne eigenen Turm. Man findet auch von diesen Glocken höchstens winzige Bruchstücke im Boden. Doch Hunderte von Glockenbruchstücken sind über die Eskimosiedlungen ganz Grönlands verstreut – ein seltsames Phänomen, das später noch einmal zur Sprache kommen wird.

Die Ruinen der Kirchen Grönlands vermitteln einem Beschauer des 20. Jahrhunderts nur einen schwachen Abglanz ihrer ehemaligen Großartigkeit als steinern-aufrechte Zeugen des Glaubens des Abendlandes in der Neuen Welt. Nur die Kirche von Hvalsey kann noch als Bau erkennen lassen, wie ernst die Grönländer ihre Kirchen nahmen, deren Baumeister sie über den ganzen Atlantik holten. Am erschütterndsten ist die Ruine der einst so großartigen Domkirche des heiligen Nikolaus, des Patrons der Seefahrer, zu Gardar, von deren specksteingeschnitzten Türstöcken und Fensterbögen nur ein paar handgroße Trümmer zeugen, deren sicher kostbarer Altar und kunstvoll gearbeitete Kanzel ganz verschwunden sind, deren Mauern jahrhundertelang als Steinbruch gedient haben.

Welchen Aufwand das Heranschaffen der schweren Glocken und der zerbrechlichen Fenstergläser über das »wildeste Meer« von Norwegen her mit den offenen Knarrs erfordert hat, läßt sich nur ahnen.

Zur Weihe des Ortes gehört auch das kostbarste Bischofsgrab, in der Nordkapelle: Dort beerdigt man 1209 den ersten grönländischen Bischof, der in seinem Amt auf seinem Bischofssitz stirbt, Jon Smyrill Arnason, einen Pflegesohn des norwegischen Königs Sverre: in vollem Ornat, den goldenen Bischofsring am Finger, im Arm den Bischofsstab aus Eschenholz (das Holz muß aus Norwegen kommen) mit einem aus Walroßelfenbein geschnittenen Kopf – ein kühner, wenn auch grob geschnitzter Entwurf mit geschmackvollen Linien. Vermutlich ist er ein Werk der »kunstfertigen Margret«, der erwähnten Ehefrau eines Priesters auf Island.

Auch wenn die Ruinen der Kirchen »Alt-Grönlands« dem Beschauer nur noch einen Hauch ihrer ehemaligen Großartigkeit als Zeugen des Glaubens des Abendlandes in der heidnischen Neuen Welt vermitteln: Man kann diese Welt noch träumen – am eindrucksvollsten die St.-Nikolai-Kathedrale in Gardar, diesen Monumentalbau, der im Winter durch seine grünen Fenstergläser flackerndes Kerzenlicht über den meterhohen Schnee wirft, während drinnen der Bischof feierlich eine Messe zelebriert, zwischen bunten Wand- und Altarvorhängen die Gläubigen lauschen und Weihrauchduft über die schön geschnitzte Kanzel und den Altar zieht . . .

Das Bild der Kirchen-Hierarchie, die die grönländische Gemeinde trägt, muß noch ergänzt werden durch die beiden Klöster des Landes: ein Männerkloster des Augustinerordens im engen Ketilsfjord und ein Frauenkloster der Benediktinerinnen im Siglufjord (beide in der Österbygd). Allerdings sind hier Mönche und Nonnen werktätig an der Gemeinschaft beteiligt. Beide Klöster sind vollständige Wirtschaftshöfe, auf Selbstversorgung eingerichtet. Das Männerkloster ist klein, es beherbergt nur wenige Mönche (kein Dutzend). Das Nonnenkloster dagegen ist eine ausgedehnte Hofanlage mit Kirche und fünfundzwanzig Gebäuden, dem Wohnhaus mit den Zellen und Kuhstall, Scheunen, Schafstall sowie allen Nebengebäuden. Es dient zugleich als Krankenhaus und Kuranstalt: Man hat es unmittelbar neben die einzigen warmen Quellen Grönlands gesetzt, so daß die Nonnen den Badebetrieb lenken können. Daß dieser in jenen Jahrhunderten, als Rheuma – nicht nur auf Grönland – eine fast universale Volkskrankheit ist, floriert, dürfen wir unterstellen. Da dem Nonnenorden der gesamte Fjord gehört, die Quellen eingeschlossen, hat das Kloster eine sehr einträgliche Lage, was die Größe des Hofes erklärt.

Das Grönland der Europäer auf seinem Höhepunkt

Die Evolution dieses winzigen Staates der Wikingernachkommen auf dem Boden der Neuen Welt erreicht irgendwann zwischen dem Ende des 12. und dem Anfang des 14. Jahrhunderts einen gewissen Höhepunkt. Es ist der Zeitraum, in dem die Domkirche von Gardar, das bedeutendste Baumonument, und die Kirche von Hvalsey, das letzte wichtige Baumonument, fertiggestellt werden und die Bewässerungsanlagen entstehen.

Zwar gibt es keine Hinweise, daß die Bevölkerung in dieser Zeit nennenswert zugenommen hat: Die Zahl der Höfe und damit der darin wohnenden Menschen scheint vielmehr erstaunlich stabil trotz der erzeugten Nahrungsmittelüberschüsse. Doch in dieser Zeit hat sich das Wirtschaftssystem zu voller Funktionsfähigkeit entwickelt, die Grönländer beherrschen ihr Land ökotechnisch. Da sie auch die weitere Umwelt außerhalb der Höfe und ihrer Ländereien ausnutzen – die Renweiden am Rand der Gletscher, die Robbenfangplätze an der Außenküste, die Nordrsetur im hohen Norden –, sichert ihnen das Land ein relatives Wohlleben.

Keine Sorgen um das tägliche Fleisch, hohe Produktionsüberschüsse für kulturelle Leistungen (zu denen der Unterhalt der Geistlichkeit und des Bischofs wie auch der Kirchenbau gehören): Die Kombination von Jagd mit Viehzucht, alles hochrationell betrieben, ermöglicht die Existenz in diesem so lebensfeindlich erscheinenden Riesen-Inselland. Das Land der Grönländer reicht vom 73. Breitengrad in der Höhe von Ellesmere-Island bis an die Südspitze Grönlands bei Kap Farewell, von den Fischfangplätzen und robbenbesetzten Eisfeldern vor der Küste bis auf die höchsten Berggipfel, wo zum Beispiel auf dem siebzehnhundert Meter hohen Burfell im Hintergrund des Eriksfjords noch ein Beobachtungsposten eingerichtet ist.

Auf dem Weg zur grönländischen Rasse und Kultur

Anthropologische Untersuchungen von rund fünfzig Skeletten und Skeletteilen aus Gräbern der Vesterbygd von etwa 1300 durch Professor Dr. K. Fischer-Möller, Kopenhagen, im Jahr 1942 – es sind die einzigen bisher veröffentlichten modernen Untersuchungen –, führten zu folgenden Ergebnissen:

Die Grönländer sind zwar etwas kleiner als die Skandinavier der gleichen Zeit, doch auffallend gut bemuskelt, ohne erkennbare Krankheiten außer Rheuma (in jenen Jahrhunderten und unter den Klima- und Wohnverhältnissen unvermeidbar), mit stark abgenutzten, doch kariesfreien Zähnen. Von Degeneration oder gar Hungererscheinungen kann nicht die Rede sein.

Besonders auffällig ist für den Anthropologen die relativ einheitliche Ausbildung der Körpermerkmale – der Körpergröße, der Schädelform, der massiven Gliedmaßenknochen mit Muskelansätzen. Das verhältnismäßig isolierte Leben dieser Gemeinschaft, nach den »Landnahme«jahren ohne nennenswerte Zuwanderung (wie auch an der Stabilität der Zahl der Höfe erkennbar), zusammen mit der Auslese durch die Umwelt, führt dazu, daß aus den ständig auftretenden Variationen und Kleinstmutationen sich möglicherweise »der Anfang einer grönländisch-nordischen Rasse« entwickelt.

Die Anthropologie ist heute, vierzig Jahre nach Professor Fischer-Möller, mit der Anwendung des Rassenbegriffs beim Menschen äußerst vorsichtig, dennoch kann nicht geleugnet werden, daß die Lebensbedingungen dieser ersten Europäersiedlung in der Neuen Welt genau die sind, wie sie am Anfang einer Rassendifferenzierung stehen.

Diese Lebensbedingungen fördern nicht nur die Evolution hin zu einem sehr homogenen Menschentyp und zur Rassenbildung, sondern auch in Richtung auf eine durchaus eigenständige Kultur.

Man kann diese Menschen – da die Archäologie gern die Werkstoffanwendung zur Charakterisierung einer Kultur benutzt – Träger einer Specksteinkultur nennen: Nirgends in Europa und nirgends bei den einwandernden Eskimo wird Speckstein so universell benutzt wie bei den Grönländern, von der Architektur über das Küchengerät bis zum Tischgerät und Werkzeug (Spindeln, Webgewichte).

Gleichzeitig entwickelt aber auch die Runenschrift einige Eigentümlichkeiten, die »grönländisch« sind und die erkennen lassen, daß sich in der Bevölkerung eine eigene Tradition der Schrift entwickelt und weitergegeben wird. So ritzt man eine grönländische Form der Rune für »u«, das »k« wird umgekehrt geschnitten wie sonst im Bereich der jüngeren nordischen Runenschrift.

Daß es grönländische Dichter gibt, zeigen die »Nordrsetur-Oden«, und eine in Grönland entstandene »Saga von Atli« ist überliefert – nach Auffassung der modernen Fachwelt allerdings kein Ruhmesblatt für die »einheimischen« Poeten. Was an dichterischen Werken verloren ist, läßt sich nicht abschätzen, doch vielleicht mehr, als man annimmt: Von den Nordrsetur-Oden kennt man ja schließlich auch nur Verszeilen und weiß trotzdem, daß sie einst viel umfangreicher waren.

Man darf diese Indizien insgesamt nicht überbewerten: Sie summieren sich nicht zum Beweis dafür, daß diese vier- bis fünftausend Menschen eine landesspezifische Kultur haben, sondern mehr dafür, daß sie im Begriff sind, eine solche zu entwickeln und sich zunehmend auf eigene Füße zu stellen.

Soziale Umschichtungen größten Ausmaßes: Ivar Bardarssons Topographie

Diese Eigenentwicklung und die enormen Fortschritte in der wirtschaftlichen Produktivität sind jedoch erkauft mit – oder mindestens gekoppelt mit (je nach Standpunkt) – einer radikalen sozialen Umstrukturierung. Die Siedlungen begannen zur Landnahmezeit mit der Inbesitznahme der Fjorde durch die Großbauern oder Gutsbesitzer, wie man sie nennen will, die mit ihren Leibeigenen große Höfe bewirtschaften und als »Fjordhäuptlinge« die Respektspersonen auch für die kleinen freien Bauern sind und im Landesthing die maßgebende Rolle spielen. Von dieser Sozialschichtung ist drei Jahrhunderte später nicht mehr viel erkennbar. Die großen Landbesitzer sind jetzt die Kirchen und der Bischof.

Über diese Situation informiert verhältnismäßig ausführlich der hier gelegentlich schon zitierte Bericht aus der Mitte des 14. Jahrhunderts, eine »Topographie« des europäischen Grönland, von Ivar Bardarsson.

Ivar Bardarsson ist ein Priester aus Norwegen, der am 8. August 1341 von Bischof Hakon aus Bergen einen Ausreisepaß nach Grönland erhält, »in unseren und unserer Kirche Geschäften«, und der – nach einer Quittung von Bischof Botolf in Stavanger – 1364 wieder in Norwegen ist. Ivar scheint sich also über zwanzig Jahre in Grönland aufgehalten zu haben, wo er als Bischofsstellvertreter und Verwalter des Bischofssitzes fungiert (der für Grönland geweihte Bischof Jon Skalle bleibt in Norwegen und kommt nie in sein Bistum), und kann als Kenner des Landes gelten. In seiner Aufgabe als Überwacher der Steuereingänge des ganzen Landes muß er dieses Land mit seinen Pflichten und Rechten gegenüber der Kirche schon detailliert kennen.

Ivars »Landesbeschreibung« ist nicht von ihm aufgezeichnet, sondern von Dritten. Man kann sich vorstellen, daß diese Darstellung für eine vorgesetzte Behörde oder den Erzbischof in Trondheim zu Papier gebracht worden ist, denn darauf deuten die Redewendungen (»Ivar Bardarsson erzählte uns«) sowie die ausführlichen Beschreibungen des Kirchenbesitzes.

Die logisch geordnete Schilderung beginnt mit dem Kurs, der einzuhalten ist, um die Südspitze Grönlands mit Herjolfsnes zu erreichen, schweift kurz nach dem unbewohnten Ostgrönland ab und nimmt sich dann Fjord für Fjord einzeln vor, von Süden nach Norden voranschreitend, durch die ganze Österbygd. Die Vesterbygd wird nur kurz erwähnt, mit einer nicht ganz klaren, doch wie ein Drama klingenden Feststellung Ivars: »Untergegangen, es lebt kein Mensch mehr dort.« Davon später mehr.

In der Darstellung sind alle Kirchen und die Klöster namentlich aufgeführt mit ihrer Lage an den verschiedenen Fjorden, das Ganze eine wertvollste Quelle für die Rekonstruktion der Geographie des europäischen Grönland. Als roter Faden zieht sich die Fixierung der Besitztümer der Kirche hindurch, und diese besitzt so ziemlich das ganze Land, einen ganzen Fjord hinter dem andern.

Schon in Ostgrönland – wo niemand wohnt – hat der Bischof Besitz, nämlich eine große Insel, die Kreuz-Insel, auf der Eisbären gejagt werden, »mit Erlaubnis des Bischofs«: Sie gehört der Kathedrale (der Domkirche zu Gardar). Nicht weit entfernt ist ein Fjord, der »Bärinnenfjord«, in dem es nie an Fischen fehlt und in dem allgemein Wale gejagt werden, doch nur »mit Erlaubnis des Bischofs«, denn der Fjord gehört der Kathedrale. Auf der Westseite Grönlands, wo die Siedlungen liegen, ist von Herjolfsnes nicht viel die Rede: Hier scheint die Kirche keinen Besitz zu haben. Doch dann geht es Fjord für Fjord weiter.

Den nach Westen nächstfolgenden Fjord, Ketilsfjord, besitzt der »Konvent« (das Mönchskloster), die Außenküste bis nach Herjolfsnes mit »Inseln, Strandgut und allem anderen« die dort gelegene Kirche Aros. Danach folgt der Hrafnsfjord (bei Ivar in der Abschrift des 16. Jahrhunderts fälschlich »Rampnessfjord« genannt), ihn teilen sich das Nonnenkloster und die dortige Kirche von Vagar mit der Kathedrale. Westlich weiter liegt dann einmal ein Hof, der dem norwegischen König gehört, dann der Einarsfjord selbst, wo Gardar liegt, mit einem »großen Wald, der der Kathedrale gehört und in dem alles Vieh, groß und klein, weidet«. Im übrigen gehört ohnehin der ganze Fjord der Kathedrale. Ihr gehört auch eine Insel außen im Fjord, die »Rentierinsel«, wo im Herbst jede Zahl von Rentieren läuft und allgemeiner Fang von Fischen und Walen ist, »doch nicht ohne Erlaubnis des Bischofs«. Auf dieser Insel findet man auch den besten Seifenstein Grönlands. Eine weiter außen liegende Insel mit acht Höfen gehört ebenfalls der Kathedrale, doch die Kirche von Hvalsey erhält dort den Zehnten. Nicht anders sieht es in dem westlich nächstfolgenden Eriksfjord aus, wo ebenfalls Kirchen und Kathedrale sich in nahezu alles Land teilen, während die dann folgenden Fjorde, Breidafjord und Isafjord, mehr in privatem Besitz zu sein scheinen: Von ihnen werden wenig Details mitgeteilt, Hinweise auf die Besitztümer der Kirchen und der Kathedrale fehlen.

Aus diesen Angaben kann man nicht genau quantifizieren, wieviel an Landfläche und Höfen Eigentum der Kirche und ihrer

Organisationen sind. Doch gehören ihnen mit Sicherheit mehr als die Hälfte der Fjordgebiete, die Fjorde mit den wertvollsten Weide- und Fischgründen, den besten Walfang- und Rentier-Jagdgründen.

All dies ist in den drei Jahrhunderten seit der Übernahme des Christentums in Grönland aus der Hand der Fjordhäuptlinge und Bauern in die Hand der katholischen Kirche übergegangen – wie, ist unbekannt. Sicher spielen Schenkungen und testamentarische Überschreibungen dabei eine große Rolle. Wieweit Zwangsübereignungen, etwa wegen nicht bezahlter Kirchensteuern, dazu beitragen, sei dahingestellt.

Die soziale Umwälzung ist jedenfalls vollständig. Man kann Grönland in diesem Zustand nicht mehr als eine »aristokratische Republik« bezeichnen, eher ist es ein Kirchenstaat unter dem Deckmantel einer Selbstverwaltung im Thing. Daß die im Thing Stimmberechtigten es wagen können, Beschlüsse gegen ihren Verpächter und Grundherrn, die Kirche oder den Bischof, zu fassen, läßt sich wohl ausschließen.

Inwiefern diese weitgehende faktische Herrschaft der Kirche für die Grönländer ein Glück oder ein Unglück bedeutet, das ist eine heikle Frage. Die in diesem Land erbrachten Leistungen in Landeskultur und Kirchenbau, die Organisation der Jagden – das alles sind Gemeinschaftsunternehmungen, deren Erfolg von einer einheitlichen Leitung mit großen Befugnissen abhängt, wie sie eigentlich nur die Kirche im Grönland dieser Jahrhunderte hat. Da deren Wirken erfolgreich ist – was die gute Nahrungsmittelversorgung, der gute Gesundheitszustand der Einwohner und der Umfang der in die »Monumentalbauten« einfließenden Produktionsüberschüsse andeuten –, kann man das Wirken der Kirche nicht ohne weiteres als negativ ansehen. Mit Blick auf die Lage der Grönländer ist es vielleicht sogar ausgesprochen positiv, solange der faktisch »oberste Landesherr«, der Bischof, und seine Geistlichen ihre Macht verantwortungsbewußt gebrauchen. Auch die Klöster des Mittelalters auf dem Kontinent sind ja unter ihrer geistlichen Leitung oft blühende Wirtschaftsunternehmen. Die Bau- und Ingenieurleistungen der Grönländer kommen wohl auch kaum ohne Leitung durch fremde Fachkräfte zustande, etwa durch Baumeister aus Norwegen, die nur die Kirche herangeholt haben kann.

Grönland bekommt einen König

Es ist auffällig, daß die Grönländer ausgerechnet in ihrer Hochblütezeit ihre staatliche Selbständigkeit endgültig aufgeben: Im Jahr 1261 erkennen sie, wie ein Jahr später Island, die Oberhoheit des Königs von Norwegen an – auch dies eine soziale Neuorientierung, nominell der Verlust ihrer 956 gewonnenen Freiheit auf der Insel. Faktisch frei sind sie in einem Land, das zu mehr als der Hälfte der Kirche gehört, wohl ohnehin nicht mehr.

Der norwegische König jener Zeit, Haakon Haakonsson, gebärdet sich schon länger hochimperialistisch und versucht, sein »Großreich« über möglichst alle einst von den Wikingern kolonisierten Länder um den Nordatlantik auszudehnen. Schwerpunkte seiner Bemühungen sind Island und Grönland. Gegen beide kann er einen gewissen Druck ausüben: Sie sind vom Außenhandel abhängig, der über Bergen läuft und von den Norwegern gestoppt oder zumindest sehr erschwert werden kann. Als es zum »Übergabevertrag« kommt, garantiert der König zum Beispiel den Isländern auch einen jährlichen Verkehr mit sechs Schiffen, den Grönländern offenbar nur mit einem Schiff.

Vielleicht bleibt den Grönländern keine andere Wahl, wenn sie nicht isoliert werden wollen – vor allem sobald Island, wie 1261 schon vorherzusehen, sich dem machthungrigen Norweger ausliefert. Vielleicht sehen sie es sogar nicht einmal ungern, daß sie nicht nur von der Kirche kontrolliert werden, sondern zugleich von der weltlichen Macht (die sich beide gegenseitig im Zaum halten). In diesem Fall können Bischof und Geistlichkeit kaum opponieren, da sie ja von dem in Norwegen mit dem König kooperierenden Erzbistum abhängig sind.

Eine Kapitulation ist dieser Schritt jedenfalls in dem Zustand des grönländischen Kleinstaates nicht mehr.

In der Saga von König Haakon Haakonsson liest sich das Ereignis so:

»In diesem Herbst (1261) kamen Odd von Sjoltum, Paul Magnusson und Knarrar-Leif zurück von Grönland. Sie waren dort vier Winter lang und berichteten, die Grönländer hätten versprochen, dem König Steuern und Wergeld für jeden Mord zu zahlen. Ganz gleich, ob die Getöteten Norweger oder Grönländer waren und die Tat in den Siedlungen oder in den Nordrsetur geschah, der König würde das Wergeld erhalten.«

Haakon Haakonsson dürfte selig gewesen sein, als sich sein Lebenswerk– die Schaffung des norwegischen Großreichs – erfüllt. Sein Hofskalde Sturla gratuliert ihm mit einem Poem, das wir hier in Prosa bringen:

»Nun erstreckt sich Euer Majestät Reich bis zu den eisigen Zonen des Meeres, dort, wo der glänzende Leitstern des Pols in fernen nördlichen Himmeln blitzt.

Niemals hat ein Monarch ein Königreich regiert, das diesem vergleichbar ist, Euer Ruhm breitet sich aus und reicht bis dorthin, wo die Sonnenstrahlen selten leuchten.«

Objektiv gesehen hat Sturla recht, denn dieses Reich rings um den Nordatlantik umfaßt ja als einziges Staatengebilde jener Zeit sogar einen Teil der Neuen Welt.

Wieweit diese Königsherrschaft die Grönländer belastet – wenigstens anfangs –, ist nicht erkennbar. Ob sie plötzlich den Zehnten doppelt zahlen müssen, oder ob sich künftig König und Kirche in die gleichen Abgaben wie vorher teilen (wir hörten ja oben im Zusammenhang mit dem Verkauf der Walroßzähne in Flandern, daß König und Kirche je fünfzig Prozent des Erlöses erhalten), geht aus den bekannten Literaturquellen nicht hervor.

Es kommt ein Königsbeauftragter nach Grönland, der insgesamt nur zwei Höfe erwirbt (einen davon hat Ivar Bardarsson benannt) und dessen Macht im Vergleich zur Macht der Kirche wohl beschränkt bleibt. Er erhebt allerdings Schiffahrtszölle, die später mehr als lästig werden.

Holz: Versorgungsproblem Nummer eins

In diesem insgesamt sehr erfreulichen Bild der Volkswirtschaft des europäischen Grönland im Mittelalter gibt es einen dunklen Punkt: Das ist der Mangel an Holz.

Wir hörten, daß Treibholz anfangs reichlich vorhanden ist und später knapper wird, daß man es aus den Nordrsetur mitbringt, daß man es mindestens teilweise durch Seehundsspeck ersetzen kann (bei der Beheizung).

Doch Holz wird außerdem für Bauzwecke benötigt, auch dafür kann Treibholz herhalten, nicht aber für Schiffbau und Eisengewinnung: Für diese Zwecke braucht man an Land geschlagenes Holz.

Treibholz, vor allem das Treibholz Grönlands, das aus Sibirien kommt und viele Jahre umherdriftet, bevor es die Neue Welt erreicht, ist nicht mehr elastisch, denn die Holzfasern verändern sich während des Driftens im Salzwasser. Die Druckfestigkeit vermindert sich nicht, wohl aber die Biegefestigkeit. Das für den Bau jener geklinkerten Boote der Wikingertradition verwendete Holz muß aber hochelastisch und biegsam sein. Die Planken müssen sich zur eleganten Linie der Außenhaut biegen lassen, die eingebundenen Spanten elastisch mit den Planken im Seegang arbeiten können, wenn ein solches Boot nicht im Seegang zerbrechen soll.

Die Grönländer können sich also aus ihrem Treibholz keine Schiffe bauen. Ihr »Waldholz« (aus den niedrigen Birkenwäldern) ist nur krummes »Krüppelholz«, verwendbar im Hausbau für Dachständer und Balken und, äußerstenfalls, für ein paar kleine Schiffsspanten, doch keineswegs für größere Boote oder gar Schiffsplanken.

Sie sind jedoch für den Inlandsverkehr auf Schiffe angewiesen. Er spielt sich weitgehend auf dem Wasser der Fjorde ab (die Rolle des Pferds als Transportmittel ist vermutlich sehr bescheiden), die gesamten Siedlungen sind auf dies Verkehrssystem ausgerichtet. Wer seinen Nachbarn besuchen möchte oder seine Ochsen auf der Weide kontrollieren will, die möglicherweise auf der Gegenseite des Fjords grasen, benötigt ein Boot. Wer das Thing oder die Kirche besuchen will, ist auf den Wasserweg angewiesen. Der Verkehr von einem Fjord zum andern innerhalb der Siedlungen muß großenteils über das Wasser laufen, ein Verkehr zwischen der Österbygd und der Vesterbygd ist nur über See möglich, die Fernreise in die Nordrsetur ohnehin.

Praktisch muß jeder Hof sein kleines Boot und jede Fjordgemeinschaft einige große Boote von vielleicht acht bis zehn Meter Länge zur Verfügung haben – sonst können die Wirtschaft und das Gemeinschaftsleben nicht funktionieren.

Eigentlich müßte man auch Hochseeschiffe für den Überseeverkehr einsetzen können, doch diese sind etwa seit dem

12. Jahrhundert nicht mehr vorhanden. Da sind die Grönländer auf fremde Handelsschiffe angewiesen. (Den Isländern geht es nicht besser: Etwa seit dem 12. Jahrhundert besitzen auch sie kein Hochseeschiff mehr.)

Boote für den Inlandsverkehr sind jedoch vorhanden (sonst wäre das kleine Staatswesen bald zusammengebrochen), und laufend werden neue gebaut.

Ein Bootsbauzentrum ist aus den archäologischen Funden erkennbar: Es liegt um den reichen Hof mit Kirche Sandnes in der Vesterbygd (von wo einst Bischof Erik nach Vinland fuhr und verschwand).

Auf dem Hof fand man Baumodelle für Bug und Heck – Vorder- und Achtersteven –, aus denen ein Bootsbauer oder Schiffszimmermann die Form und das Einfügen der Planken lernen kann, außerdem einige Bootsplanken und einen Mastfuß. Die Lehrmodelle sprechen sehr deutlich dafür, daß hier vielleicht ein Werftbesitzer und Schiffbaumeister sein Heim hat.

Direkt nebenan, nur vielleicht eine halbe Stunde Fußweg entfernt, liegt der Hof V 52, jener Hof, in dem das Bett der Hofbesitzer noch erhalten ist. Auch dort finden sich mehrere Bootsplanken. Ob man aus ihnen schließen soll, daß der Hofbesitzer auch Bootsbauer ist (vielleicht beschäftigt auf der Werft des großen Hofes Sandnes) oder daß er viel zur See fährt, läßt sich vorläufig noch nicht sagen. Weit interessanter aber ist: Dort findet sich als einziges Boot der grönländischen Flotte (die Dutzende oder Hunderte von Booten umfaßt haben muß) nur ein Modell – ein Spielzeug, mit dem ein Kind des Hauses auf einem Wasserbottich in der Sauna des Hofes »Schiffchen fahren« gespielt hat.

Badehäuser (Saunen) gehören auf Grönland zur selbstverständlichen Alltagshygiene und sind öfters ausgegraben worden. Doch nur hier auf diesem »Bootsbauerhof« ist die Sauna fast komplett erkennbar: Man findet noch die hölzerne Liege, auf der Männer und Frauen nackt im Dampf schwitzen, bevor sie sich in das Kaltwasser des nächsten Baches oder in den Schnee stürzen. Der Ofen, auf dessen erhitzte Steine man kaltes Wasser gießt, ist erkennbar, ein Holzschöpfer für diese Dampferzeugung liegt unter der Plattform. Nur der Bottich, aus dem das Kaltwasser geschöpft wird, ist vergangen. Doch liegenblieb bis ins 20. Jahrhundert eben jenes etwa fünfzehn Zentimeter lange Spielzeugboot aus Holz: Kein Zweifel, hier hat ein Kind der Familientradition gehuldigt, indem es wie der Vater im Boot regiert, im Schöpfwasser der Sauna. Sein Bootchen ist so modellähnlich geschnitzt, daß es eigentlich nur von einem erfahrenen Fachmann hergestellt worden sein kann, vielleicht dem Meister im Bootsbaubetrieb. Nichts fehlt, weder die Klinkerung der Planken noch die eleganten Linien, noch der scharfe Schwung von Bug und Heck in echt skandinavischer Schiffbautradition. Es mag einen Vierruderer nachbilden, bis zu zehn Meter lang, gut geeignet für den lebenswichtigen Fjord- und Küstenverkehr.

Die hochwertigen Langhölzer für den Schiffbau müssen also auch verfügbar sein. Sie kommen aus Importen – von ihnen berichtet der »Königsspiegel« –, und sie kommen vom amerikanischen Kontinent, wohin die Grönländer ja immer noch segeln, wie der isländische Bericht von 1347 über die Ankunft des Achtzehn-Mann-Schiffes auf Island bezeugt, das aus Markland (Labrador) offenbar derartiges Holz holen sollte. Vielleicht war es von der Werft Sandnes ausgesandt ...

Große Hochseeschiffe können jedoch mit den technischen Mitteln und den erreichbaren Hölzern auf Grönland nicht gebaut werden, aber man kann kleinere Schiffe bauen, die eigentlich nur für die Küstenfahrt entlang der grönländischen Westküste taugen. Trotzdem geht man offensichtlich das Risiko ein, mit solchen Schiffen die Davis-Straße zu überqueren, um in Markland Holz zu holen. Daß das getan wird, läßt erkennen, wie bitter notwendig Holz gebraucht wird.

Die Grönländer leben hier in einem Circulus vitiosus, einem Teufelskreis: ohne Boote kein Holz, ohne Holz keine Boote. Das bedeutet einen Balanceakt auf einem sehr schmalen Grat, der jedoch lange Zeit hindurch bewältigt wird.

Ähnlich entscheidende Bedeutung wie für den Schiffbau hat an Land geschlagenes Holz für die Eisenversorgung.

Eisen ist für die grönländische Kultur unentbehrlich: Man lebt ja mitten in der »Eisenzeit«. Die wichtigsten Waffen sowie Werkzeug und Hausgerät sind aus Eisen gefertigt, Voraussetzung einer normalen Existenz für die Europäer, die die Neue Welt an deren »Außenrand« erschließen.

Man kann auch Eisen auf Grönland gewinnen. Die für diesen Zweck nach der Technologie der Zeit notwendigen Erze sind vorhanden (Raseneisenerz, auch Sumpferz genannt), und es wird tatsächlich Eisen gewonnen, auf mindestens vier Plätzen: Gardar, Brattahlid, Undir Höfda und Sandnes. Dort liegen die Schlacken der kleinen »Rennfeueröfen« des Mittelalters, in denen das Raseneisenerz mit Holzkohle erhitzt wird, bis sich in einem halbflüssigen Brei von Schlacke reines Eisen tröpfchenweise ausscheidet. Dieser »Brei« (die »Luppe« genannt) muß dann aber immer wieder zerkleinert, noch heiß mit dem Hammer bearbeitet, wieder erhitzt und abermals gehämmert werden, bis die Schlacke herausgequetscht und nur einigermaßen reines Eisen übrig ist: ein mühsamer, zeitraubender und vor allem viel Holzkohle erfordernder Prozeß.

Daß die aus Island zugewanderten Grönländer ihn beherrschen – jedenfalls einige von ihnen –, ist selbstverständlich. Überall im europäischen Norden wird nach diesem Verfahren in jener Zeit Eisen gewonnen. Doch sind die Funde von Rennfeuerschlacke (die noch Körnchen von reinem Eisen enthält) hier in Grönland äußerst bescheiden. Verglichen mit den Schlackenhaufen in anderen Zentren der Eisengewinnung Nordeuropas sind sie winzig. Das Ganze wirkt den Dimensionen nach mehr wie ein Versuchsbetrieb. Es scheint kaum vorstellbar, daß ein wesentlicher Teil des Eisenbedarfs aus den einheimischen Erzen gedeckt wird. Der gut informierte Vater, der im »Königsspiegel« seinem wißbegierigen Sohn Fragen über Grönland beantwortet, äußert sich auch wie folgt: »Alles, was benötigt wird, um dem Land zu helfen, muß von anderen Ländern gekauft werden, beides, Eisen und Holz für den Bau der Häuser.«

Von dem »Holz für den Bau der Häuser« soll hier nicht die Rede sein, es ist zweifellos nicht lebenswichtig. Funde weisen nach, daß man Wohnhäuser auch mit Treibholz und dem Krüppelholz der eigenen Wälder baut. Eisen jedoch ist lebenswichtig. Weshalb extrahieren es die Grönländer nicht selbst?

Wir können die Frage nur damit beantworten, daß wie gesagt der Rennfeuerprozeß enorme Mengen Holzkohle erfordert, die einfach nicht vorhanden sind. Die bescheidenen Wälder reichen mit Sicherheit nicht für den Aufbau einer eigenen noch so kleinen »Eisenindustrie«. Treibholz kann man nicht verwenden, denn es ist mit Salz imprägniert und absorbiert die im Meerwasser gelösten Metalle – vor allem wenn es so lange driftet wie das sibirische Treibholz, das die Herde und Langfeuer Grönlands heizt. Beim Verschwelen von Treibholz im Kohlenmeiler zu Holzkohle, mit der man den Rennfeuerofen erhitzt und durch die man das Eisen des Erzes aus seiner Bindung zum Sauerstoff durch »Reduktion« freisetzt zu Metall, bleiben diese Fremdmetalle in der Holzkohle wenigstens teilweise erhalten. In dem heiß-zähen Mischbrei von Erz und Holzkohle im Ofen geht dann ein Teil der Fremdmetalle in das Eisen über, und diese unkontrollierte Zulegierung verändert das Eisen so, daß es sich für die Schmiedetechnik jener Jahrhunderte nicht verwenden läßt. Höchstwahrscheinlich wird es spröde.

Diese Begründung ist bis jetzt noch nicht belegt, etwa durch Analysen von heutigen grönländischen Treibhölzern. Doch die einfachen Kausalzusammenhänge zwingen zu dem Schluß: Das Problem der Eisenverhüttung auf Grönland besteht nicht in einem Mangel an Holz schlechthin, sondern im Mangel an unverändertem »Waldholz«.

Es ist zu auffällig, daß die Schiffsbesatzungen, die in den ersten Jahrzehnten der »Landnahme« auf Grönland bis auf den amerikanischen Kontinent vorstoßen und in ihrem »Vinland« in »L'Anse aux Meadows« ihre Häuser für kurze Zeit errichten, nichts Eiligeres zu tun haben, als einen Kohlenmeier aufzurichten und Eisen zu gewinnen. Man bekommt den Eindruck, der Schmied, den sie mit an Bord haben, stürze sich geradezu genußvoll auf das schöne Holz, um seinen Rennfeuerofen in Gang zu bringen.

Ein weiteres interessantes Indiz: Die Schmiede in Gardar wird außer mit Holzkohle vor allem mit Tierknochen befeuert, die vor der kleinen Hütte aufgehäuft sind, zum Beispiel Walknochen. Dort in der Hütte des Schmieds wird allerdings kein Eisen gewonnen, sondern entweder Luppe ausgehämmert, um das Eisen anzureichern, oder Alteisen umgeschmiedet. Doch auch dazu benötigt man möglichst Holzkohle, um hohe Temperaturen zu erzielen. Holz kann eigentlich auf dem Bischofshof nicht knapp sein, wo noch die Riesenhalle mit einem Langfeuer geheizt wird, doch eben mit Treibholz. Was fehlt, ist die »Schmiedekohle«, für die Tierknochen nur ein sehr fragwürdiger Ersatz sind, aber doch besser als verkohltes Treibholz, mit adsorbierten Metallen beladen.

So leben die Grönländer in dauerndem und erkennbarem Mangel an Eisen. Ihre Brennstoff-Vorräte ermöglichen vielleicht gerade das Umschmieden von Alteisen und das Verarbeiten von Fertig-Eisenbarren, die sie von den eintreffenden Händlern kaufen, jedoch keine nennenswerte Eisengewinnung. Sparsamkeit ist erstes Gebot für die Schmiede.

Dabei entstehen die zwerghaft wirkenden eisernen Waffen und Geräte, die für die grönländische Kultur so bezeichnend sind, allerdings nur ganz selten gefunden werden: eine Streitaxt zum Beispiel, kleiner als alle, die aus der gleichen Zeit aus Dänemark bekannt sind, ähnlich »verzwergte« Speerspitzen und Pfeilspitzen und Sensen zur Heugewinnung. Eiserne Messer werden immer wieder geschliffen und weiterbenutzt, bis ihre Klingen nur noch zentimeterlange Stümpfe sind.

Findige Köpfe ersetzen Eisen durch Knochen. So wird die Universalwaffe des freien Mannes jener Tage, die Streitaxt, auch aus Walknochen gefertigt – mit rund hundert Gramm Gewicht etwas leichter als eine vergleichbare Eisenaxt (Eisen: rund 150 Gramm in solcher Größe), doch mit passendem Stiel zweifellos ebenso zu fürchten. Penisknochen der Walrosse – sehr massiv – scheinen als Keulen zu dienen. Pfeilspitzen aus Knochen, sogar ein Vorhängeschloß für irgendeinen Schrank oder eine Truhe aus Knochen gefertigt, Schulterblätter von Robben als Spaten ... machbar ist ersichtlich alles. Ein oben schon zitierter Bericht schildert ein nach Island kommendes Schiff aus Grönland, das ohne Eisennägel konstruiert ist. Die Särge des Friedhofs Herjolfsnes werden mit Holznägeln und nicht mit Eisennägeln getischlert.

Über dieser ersten in die Neue Welt verpflanzten Eisenzeitkultur liegt wieder ein Hauch von Steinzeit.

Doch mit Erfindungsgabe und mit Importen aus Europa meistern die Grönländer auch diese Werkstoffprobleme, die zwar erkennbar stören und sicher immer wieder mal lästig sind, aber den Aufstieg des Landes zu einem wohlgeordneten und gut versorgten Gemeinwesen nicht hemmen können.

Die Konkurrenz aus dem Norden

Das Verhängnis, dem die Grönländer eines Tages erliegen werden, ist jedoch längst vom Norden her unterwegs – zunächst in aller Stille, aber schon vom gleichen Augenblick an, als die Grönländer sich in ihrer offenbar menschenleeren neuen Heimat, diesem weiten Raum mit den vielen Chancen, einzurichten beginnen.

Die vermutlich irgendwann Ende des 12. Jahrhunderts lateinisch geschriebene »Historia Norvegiae« (Geschichte Norwegens) notiert neben anderen teils vernünftigen, teils unvernünftigen Dingen über Grönland:

»Auf der anderen Seite von Grönland (der Westseite) nach Norden zu haben Jäger einige kleine Menschen entdeckt, die sie Skraelinge nennen. Ihre Konstitution ist so, daß ihre Wunden nicht bluten, wenn sie durch Waffen verletzt werden, doch wenn sie tödlich verwundet sind, läuft das Blut fast ohne aufzuhören. Sie haben überhaupt kein Eisen, sie benutzen für Wurfgeschosse Walroßzähne und für Messer scharfe Steine.«

Dieser Text klingt so, als sei etwas Nebensächliches passiert – eine völkerkundlich interessante Beobachtung über die physiologische Reaktion einer neuentdeckten Rasse auf die eisernen Waffen der Grönländer. Diese sind auf ihrem Jagdterritorium (der »Norden«: das können nur die »Nördlichen Jagdgründe«, die »Nordrsetur«, sein) nicht nur auf Walrosse, Narwale und Eisbären gestoßen, sondern plötzlich auch auf Menschen. Man hat sie offensichtlich ohne Debatte so behandelt wie das Jagdwild – und seine Studien dabei gemacht.

Allerdings ist den Grönländern bei diesem Treffen etwas

eingefallen – eine Vokabel aus ihrer heroischen »Landnahme«-zeit, der vergeblichen Besiedlung Vinlands: »Skraelinge«. Vor ihnen, den Eingeborenen des begehrten Vinland, hatte man sich wieder nach Grönland zurückgezogen, wo man »unter sich« ist ... und nun sind die Skraelinge plötzlich auch auf Grönland. Möglicherweise schütteln daheim in den Siedlungen einige erfahrene Männer die Köpfe. Mehr passiert allerdings vorerst nicht – besser gesagt: Mehr ist für die Nachwelt nicht erkennbar.

Ethnographisch gesehen sind die »Skraelinge«, die einst die Expeditionen der verschiedenen Kinder Eriks des Roten aus dem »Vinland« ihrer Träume (d. h. aus Neufundland) vertrieben haben, keineswegs identisch mit den Menschen, die so unvermutet in den »Nordrsetur« auftauchen. Die »Vinland-Skraelinge« waren indianisch verwandte »Dorset-Leute«, Angehörige der »Dorset-Kultur« (erinnern wir uns: Menschen, die beim Warten auf Seehunde vor deren Atemloch Lampen unter ihre Mäntel stellen und sich dabei die Bauchhaut verbrennen), also »Paläo-Eskimo«, d. h. »Alt-Eskimo«, einst Bewohner von Grönland, das sie aus unerfindlichen Gründen verlassen haben. Die »Nordrsetur«-Skraelinge sind nach der Klassifizierung der Archäologen »Neo-Eskimo«, d. h. »Neu-Eskimo«: eine Volksgruppe, die mit modernster Überlebenstechnik sich in die Polargebiete wagt und dort höchst erfolgreich ist.

Diese Neo-Eskimo stammen wahrscheinlich aus Nordasien und scheinen etwas näher verwandt mit den Einwohnern der nördlichen Inseln Japans. Doch ist ihre Herkunft noch sehr dunkel. Kurz vor der Jahrtausendwende strömen sie in zunehmender Zahl und in mehreren Einwanderungswellen nach Alaska und auf die Arktischen Inseln, verdrängen die Dorset-Leute (oder vernichten sie). Nach Süden erreichen sie mit der Zeit Labrador, nach Osten hin überqueren sie eines Tages den Smith-Sund (er ist ja nur 30 Kilometer breit) und erscheinen ihrerseits in einem für sie neuen und menschenleer erscheinenden Land: Grönland. Dort bauen sie im Distrikt des heutigen Thule ihre ersten Häuser. Diesem Ort verdanken sie ihren Namen in der modernen Anthropologie: Sie sind die Thule-Eskimo.

Wann sie auf Grönland auftauchen, ist nicht ganz genau zu

fixieren. Einige Radiokohlenstoffdaten der ältesten Fundstücke von Thule (so Walroßzähne) liefern Datierungen aus der Mitte des 10. Jahrhunderts, wobei mit einem Irrtum von ± hundert Jahren gerechnet werden muß. Grob gesprochen: Die Thule-Eskimo setzen den Fuß etwa zur gleichen Zeit auf den Boden Grönlands an der äußersten Nordwestecke wie die landsuchenden Isländer der Kolonisationsflotte Eriks des Roten den ihren an der äußersten Südspitze, ohne vorerst etwas voneinander zu wissen.

Diese Thule-Eskimo sind ein erfindungsreiches Volk, das in dem Kampf ums Überleben in der Arktis – wo nur Jagd und Fischfang und keine geplante Nahrungsmittelproduktion möglich sind – Erstaunliches leistet. Ihre Jagd konzentriert sich nicht so sehr auf das Ren, sondern auf große Robben und sogar Wale (obwohl sie ebenso alles Wild auf dem Land und jeden Fisch als Beute mitnehmen, deren sie habhaft werden können).

Für die Jagd auf ihr Großwild haben sie Harpunen entwickelt, mit schwerer Spitze und einer Schwimmblase an der langen Fangleine, die ihnen anzeigt, wo sich das getroffene Tier aufhält. Ihr Kajak – das Jagdfahrzeug des Mannes – ist blitzschnell. Für Transport- und Reisezwecke haben sie einen zweiten, größeren und von Frauen geruderten Bootstyp, das »Frauenboot«, Umiak genannt. Sie scheuen sich nicht, von ihren Booten aus auch den riesigen, bis hundert Tonnen schweren Grönlandwal auf dem Wasser anzugreifen, ihn zu harpunieren, auf das (allerdings nur langsam) schwimmende Tier zu springen und es mit Lanzen abzustechen oder ihm bei noch lebendigem Leibe Stücke aus dem Rücken zu schneiden. Taucht der Wal unter, so lassen sie sich ins Wasser fallen.

Ingeniös ihr Winterhaus, das aus Steinen aufgeschichtet und mit Seehundsspeck-Lampen beheizt wird. Man erreicht es durch einen mehrere Meter langen unterirdischen Gang, der in der Mitte stark vertieft ist, so daß sich vordringende Kaltluft dort sammelt und nicht in das warme Haus gelangen kann – eine »Kältefalle«.

Sie sind ein kriegerisches Volk, diese »Neu-Eskimo«, wenn auch sozial nicht organisiert für eine geschlossene Kriegführung. Ihre Kriegstechnik ist soweit entwickelt, daß gewisse Stämme von ihnen in Alaska sich mit Panzern für den Kampf ausrüsten. Jeder der Männer ist ein gefährlicher Einzelkämpfer: Die Anwendung von Pfeil und Bogen und vor allem das Schleudern von Harpunen, beides über größte Entfernungen und mit höchster Treffsicherheit, sind entscheidend für das Überleben des einzelnen und seiner Familie – mit der Wurfharpune erbeutet der Jäger den Seehund, sein »tägliches Brot« –, und sie sind sozialer Auslesefaktor: Von ihnen hängen das Ansehen des Mannes in der Gemeinschaft und sein Erfolg bei der Wahl einer Frau ab.

Diese Eskimo sind reise- und wanderlustig, umweltinteressiert und neugierig. Dafür gibt es als Beleg einen Bericht aus dem 19. Jahrhundert: Auf dem nördlichen Teil von Baffins-Island leben etwa vierzig Eskimo. Sie haben keine Nahrungssorgen, doch irgendwann um 1865 begeben sie sich auf die Wanderschaft – offensichtlich nur deshalb, weil sie gehört haben, daß auf der andern Seite des großen Meeres ebenfalls Menschen leben. Nach zwei Jahren und tausend Kilometern Fahrt mit Kajak und Umiak kehrt ein Teil von ihnen wieder um, die übrigen wandern weiter über den Smith-Sund, den altbekannten Invasionsweg der Eskimo nach Grönland. Sie kommen, wie ihre Urahnen, im Gebiet von Thule an, bleiben dort sechs Jahre; dann erfaßt ihren Führer das Heimweh. Die meisten folgen ihm zurück nach Baffins-Island. Doch der Führer stirbt auf der Reise, die Gruppe wird von Hungersnot geplagt, weil der Seehundfang erfolglos bleibt; der Hunger führt zu Kannibalismus. Zwei Jungen flüchten vor Angst aus der Gruppe und gehen wieder nach Thule zurück, wo 1903 eine dänische Expedition noch einen dieser Wanderer lebend antrifft. Es scheint, daß sie, die Baffin-Eskimo, die Thule-Eskimo erst wieder den Gebrauch von Pfeil und Bogen und des Kajaks gelehrt haben, die in Thule vergessen worden waren.

Ihre Wanderlust treibt die kurz vor der Jahrtausendwende auf Grönland angekommenen Eskimo weiter voran. Möglicherweise drücken auch neue Einwandererwellen nach. Aus Radiokohlenstoffdaten läßt sich ablesen, wie die Thule-Eskimo nach und nach an der Küste Grönlands ostwärts und südwärts ziehen. Zwangsläufig müssen sie eines Tages auf die Grönländer treffen.

Ob in den Grönländersiedlungen eine leichte Unruhe herrscht nach den Meldungen von dem (ohne Zweifel siegreich und problemlos verlaufenden) ersten Kampf gegen die auf den Nordrsetur-Fangplätzen störenden »Skraelinge«? Oder ob es zu nicht belegten neuen Treffen kommt (die die Grönländer vermutlich nicht besonders tragisch nehmen – sonst wären diese Treffen z. B. auf Island überliefert, wo man in den »Annalen« auch für Grönland eine historische Buchführung macht)?

Unruhig wird man jedoch im Jahr 1266: Da bringen Boote von der Außenküste der Grönländersiedlung einige Stücke Treibholz an Land, die Spuren der Bearbeitung durch kleine Äxte oder Beile zeigen, wie sie von den Grönländern nicht benutzt werden. In einem der Stücke steckt sogar noch ein Keil aus Knochen oder Walroßzahn. (Über diesen Fund schreibt im Jahr 1270 ein Priester aus Grönland an einen Amtsbruder, früheren Priester auf Grönland nach Norwegen.)

Diese Spuren der Aktivität fremder Menschen – nach dem benutzten Werkzeug zu urteilen Menschen von der Art der Skraelinge – sind bedrohliche Anzeichen dafür, daß die Grönländer nicht mehr allein in ihrem Land sind und Fremde vielleicht nicht mehr so weit entfernt wohnen. Im gleichen Jahr kommt die jährliche Fangexpedition nach den Nordrsetur mit ähnlich erregenden Neuigkeiten heim: Einige Männer haben im Norden jener »Nördlichen Fanggründe« Wohnplätze der Skraelinge gesehen.

So erregend wirken diese Nachrichten, daß »die Priester« schon im nächsten Jahr ein Schiff auf eine Expedition aussenden. Es soll über die Nordrsetur hinaus weiter als je nach Norden vorstoßen. (Man erkennt aus der Information, daß die Priesterschaft jetzt entscheidenden Einfluß auf das Leben dieses Europäer-Kleinstaates gewonnen hat.)

Im Jahr 1267 segelt das Schiff nach Norden ab. Es wird von der Küste abgetrieben, kommt wieder an Land, sichtet eine Küste mit vielen Gletschern, vielen Inseln, vielen Walrossen, Seehunden und Eisbären – und mehreren Wohnplätzen der Skraelinge. Man gelangt so weit nordwärts, daß es im Hochsommer am Jakobsmessetag (25. Juli) gefriert, während die Mitternachtssonne am Himmel steht.

Wie weit nordwärts diese Expedition wirklich vordringt, mit der die Einwohner Grönlands die »weiteste aller Reisen« unternehmen, ist nicht feststellbar. Der Hinweis auf die vielen Gletscher an der Küste paßt eigentlich auf das ganze Gebiet nördlich von Upernavik durch die Melville-Bucht bis zum Kap York, vom 73. bis 76. Breitengrad, wo nach Norden hin die Gletscher immer mehr bis direkt an die Küste heranreichen.

Dokumentarisch gesichert: Mindestens drei Mann einer Grönländer-Expedition sind irgendwann bis an den 73. Breitengrad gelangt. Sie errichten auf der kleinen Insel Kingigtorssuaq nahe Upernavik ein Steinmal, in dem sie einen Runenstein deponieren (er wurde 1824 von einem Eskimo entdeckt). Auf diesem Runenstein verewigen drei Grönländer ihren Erfolg, bis hierher vorgedrungen zu sein, immerhin hundert Kilometer oder mehr über die Nordrsetur hinaus. Ihre Namen sind der Nachwelt so erhalten:

»Erling Sighvatsson und Bjarni Thordarson und Eindridi Jonsson errichteten diesen Steinhügel am Sonnabend vor dem Gangtag und . . .«.

Was der »Gangtag« meint, ist unklar, denn es gibt zwei solcher christlichen Feiertage, den »kleinen« und den »großen« Gangtag (der »große Gangtag« ist Himmelfahrt) – ein Fest mit verschiebbarem Datum also. Da auch keine Jahreszahl für dieses Ereignis auf dem Stein erhalten ist, eignet sich das Datum nicht für ein von der Nachwelt gefeiertes Jubiläum irgendwelcher Art. Nach der Runenschrift zu urteilen, haben die drei den Stein in der zweiten Hälfte des 13. Jahrhunderts beschriftet. Sie können zum Beispiel zu der Expedition gehört haben, die »die Priester aussandten«.

So oder so ist dieses Steinmal mit der Handschrift der drei Grönländer hier im Norden Grönlands ein eindrucksvoller Fund. Sind sie heimgekehrt, diese Männer, die sich ihrer Umwelt und der Topographie ihres Heimatlandes so sehr bewußt sind, daß sie ihren Erfolg in Runen ritzen?

Es ist nicht einmal undenkbar, daß die Suche nach der Heimat der Skraelinge – denn das bezweckt sie vielleicht, diese» »Reise der Priester« – noch viel weiter nördlich geführt hat, als man je dachte. Ein kanadisches Forscherteam hat 1978 und 1979 auf einigen kleinen zu Ellesmere-Island gehörenden Inseln in Eskimosiedlungen Hinterlassenschaften der Grönländer ausgegraben: Eisenmesser, Bootsnieten aus Eisen, Wollgewebe und Stücke eines Kettenpanzers. Nach einer Darlegung von Professor Peter Schledermann könnten es Hinterlassenschaften einer solchen Expedition sein. In diesem Fall wäre sie aber mißglückt: Kaum denkbar, daß die Grönländer freiwillig Teile ihrer Kettenpanzer oder gar Nieten ihrer Boote den Skraelingen überlassen. Doch gibt es derartige Kollektionen von Grönländer-Inventar in Eskimohäusern auf Grönland von Norden bis Süden: Sammlungen, die alle nicht den Eindruck machen, sie seien von Expeditionen zurückgelassen worden. In diesen Sammlungen finden sich zum Beispiel immer wieder Bruchstücke von Kirchenglokken – zweifellos kein Artikel, den eine Expedition der Grönländer in den höchsten Norden mitführt. Auch Kettenpanzer-Fetzen sind regelmäßig zu finden.

Diese Kollektionen werden neuerdings – so Dr. Jörgen Meldgaard, Kopenhagen – mehr und mehr als eine Art von Kuriositätensammlung bewertet: eine Zusammenstellung des merkwürdigsten Kulturguts aus dem Besitz der merkwürdigen hellhäutigen Rieseneinwohner des Südens von Grönland, zum eigenen Andenken und zur Befriedigung der Neugier der Nachbarschaft im hohen Norden . . . vielleicht auch noch aus anderen Motiven, auf die wir später noch eingehen werden.

Die Funde von Ellesmere-Island wirken eher wie eine solche Kollektion und weniger als Beweis, daß die »Expedition der Priester« bis nach Ellesmere-Island gelangt ist. Sie ist ja auch zurückgekehrt ohne Verluste an Schiff und Kriegern, die man sonst aus den Kettenpanzerstücken und der Schiffsniete vermuten müßte.

Die Eskimo jedoch gelangen immer weiter südwärts in das Land der Grönländer hinein.

Die Skraelinge sind da!

Zwar melden die historischen Quellen ein Jahrhundert lang keine Aktivitäten an der »Skraelingsfront«. Was sich an Zusammenstößen in den Nordrsetur abspielt, wo die Eskimo sich mitten in der Goldgrube der Grönländer niedergelassen haben (Hausreste sind ausgegraben worden), wissen wir nicht.

Doch auf einmal sind die Skraelinge mitten in der Heimat der Grönländer: in der Vesterbygd.

Das haben wir schriftlich von dem schon erwähnten Ivar Bardarsson in seinem Rechenschaftsbericht über die Reichtümer der katholischen Kirche in Grönland.

Darin liest man (für ein Jahr, das nicht genau feststellbar ist, die Forschung unterstellt heute für etwa 1350):

»Betreffend: Von der Österbygd nach der Vesterbygd sind es zwölf Meilen, die ganze Strecke ist unbewohnt. Dort in der Vesterbygd steht eine große Kirche, die Stensnes genannt wird. Diese Kirche war eine Zeitlang Kathedrale und Bischofssitz. Jetzt haben die Skraelinge die ganze Vesterbygd. Dort leben noch Pferde, Ziegen, Rinder und Schafe, alle wild, und keine Menschen, weder Christen noch Heiden.«

»Betreffend: Dieses alles, was hier aufgeführt wird, ist uns erzählt von Ivar Bardarsson, einem Grönländer, der viele Jahre lang Verwalter des Bischofssitzes in Gardar war: wie er das alles gesehen hat, und daß er einer der Männer war, die vom ›Gesetzessprecher‹ ausgesucht wurden, um in die Vesterbygd gegen die Skraelinge zu ziehen und sie aus der Siedlung zu vertreiben. Doch wie sie ankamen, war dort kein Mensch, weder Christ noch Heide, lediglich wilde Rinder und Schafe. Sie schlachteten

Rinder und Schafe als Proviant, soviel die Schiffe tragen konnten, und segelten damit zurück. Der obengenannte Ivar Bardarsson war mit bei dieser Fahrt.«

Bevor wir näher auf diesen Bericht eingehen, kurz – zur Vermeidung von Irrtümern – einige Hinweise: Die Kirche »Stensnes« haben wir unter dem korrekteren Namen »Sandnes« als neben der Bootswerft gelegen und als Sitz des in Vinland verschollenen Bischofs Erik kennengelernt. Ivar Bardarsson wird nur deshalb »Grönländer« genannt, weil er sehr lange in Grönland gelebt hat.

Sein Bericht ist von größter Bedeutung, weil hier von Zeitgenossen miterlebt und geschildert wird, wann und wie die kleinere Hälfte der mittelalterlichen Europäerkolonie in der »Neuen Welt« bereits untergeht. Die Art und Weise dieses Untergangs ist nicht so ganz klar. Doch das Verschwinden der Grönländer aus der Vesterbygd, in der sie dreieinhalb Jahrhunderte gelebt haben, signalisiert auch bereits das Verschwinden der Grönländer aus der Österbygd rund anderthalb Jahrhunderte später, das sich ohne alle europäischen Zeugen im Dunkel der Polarnacht am »Ende der Welt« vollzieht.

Läßt sich das Ende der Vesterbygd genauer klären, so hat man möglicherweise den Schlüssel für dieses ganze kleine Stück Weltgeschichte in der Hand, das Drama, mit dem die erste Eroberung der »Neuen Welt« durch die Weißen endet.

Ivar Bardarssons Bericht weist immer wieder auf die Skraelinge hin, denen jetzt die Vesterbygd gehört und die von dort wieder vertrieben werden sollen. Man trifft sie zwar bei der Expedition nicht an, doch das ist auch gar nicht zu erwarten. Sie haben nicht den geringsten Anlaß, sich der zweifellos bis an die Zähne bewaffneten Streitmacht der Österbygd zu einem Kampf zu stellen. Wenn sie sich zur Zeit von deren Ankunft im Bereich der Siedlungen aufhalten, so ziehen sie sich gewiß ein paar hundert Meter oder ein paar Kilometer in die Einsamkeit zurück und warten ab. Daß sie plötzlich die Herren dieses Gebietes sind, daß sie auf ihrer Wanderung nach Süden jetzt an das Tor der Grönländer klopfen, ist jedenfalls nicht fortzudiskutieren.

Doch wo sind die Menschen geblieben, die so lange in der Vesterbygd wohnten und sie kultivierten?

Die Grönlandforscher, die am Anfang des 20. Jahrhunderts

dort arbeiten und mit noch wenig europäisierten Eskimo in Berührung kommen, leben in den skandinavischen Traditionen früher Jahrhunderte und zweifeln deshalb überhaupt nicht daran, daß die Eskimo mit allen Bewohnern der Vesterbygd kurzen Prozeß gemacht und sie ausgerottet haben. Erst im Lauf unseres Jahrhunderts tauchen immer wieder Stimmen auf, die entweder nach mehr Beweisen dafür rufen oder neue, die Eskimo entlastende Erklärungen finden. Voran steht eine Autorität wie Dr. Fridtjof Nansen, der sich nicht vorstellen kann, daß die im 20. Jahrhundert so friedlich zusammenlebenden Eskimo einst die Grönländer vernichtet haben sollen.

Von den vielen Hypothesen zu dieser Frage seien nur die wichtigsten erwähnt. Danach könnten (1) die Vesterbygder ausgewandert sein, weil eine Klimaverschlechterung im Hochmittelalter ihnen das Leben erschwert habe, von der die weiter südlich lebenden Österbygder nicht so stark betroffen worden seien. Sie könnten (2) vor den Eskimo geflohen sein. Sie könnten (3) durch die Pest ausgerottet worden sein, die um die Zeit des Endes der Vesterbygd in Bergen fürchterlich haust (1349). Und schließlich (4): Sie könnten von den Eskimo umgebracht worden sein.

Hypothese 1, die Klimaverschlechterung, kann nicht zutreffen (wir werden später ausführlicher davon hören). Eine tatsächliche Klimaverschlechterung im 13. und 14. Jahrhundert ist nicht allzu gravierend und bewegt sich nur in den Grenzen, die die Produktionstechnik der Grönländer überwinden kann. Außerdem sind zur Zeit des Endes der Vesterbygd schon wieder eine Reihe warmer, alles andere als ungünstiger Sommer zu verzeichnen.

Zu Hypothese 2: Daß die Menschen aus der Vesterbygd auswandern – gleich aus welchen Gründen – und diese deshalb entvölkert ist, so daß die Skraelinge sie »ganz haben«, ist an sich nicht undenkbar. Es gibt freilich einen mysteriösen Bericht aus dem sonst gut unterrichteten Island, die »Annalen des Bischofs Gisli Oddson« für 1342:

»Die Einwohner von Grönland haben freiwillig den wahren Glauben aufgegeben, die christliche Religion, haben schon alle guten Wege und wahren Tugenden verlassen und sich mit den Leuten von Amerika zusammengetan.«

Die zitierten »Annalen« haben mit den vorher oft genannten »Skaalholt«-Annalen nichts zu tun. Diese »Annalen des Bischofs Gisli Oddson« sind erst Jahrhunderte nach dem Aussterben der Menschen der Vesterbygd in die heutige Form gebracht worden. Daran, daß sie die »Einwohner Amerikas« benennen – der Name »Amerika« wurde der Neuen Welt schließlich erst nach der Wiederentdeckung durch Kolumbus gegeben –, ist zu erkennen, daß diese Annalen relativ modernen Datums sind. Im Vergleich zu Originalbeobachtungen wie denen des Ivar Bardarsson ist ihr Wert äußerst gering.

Das Ganze ist also im höchsten Grad unglaubwürdig. Denn zu der Zeit, da diese Annalen angeblich entstehen, lebt Ivar Bardarsson auf Grönland und kümmert sich darum, welche Wälder und Inseln der Kirche gehören. Nach diesem Zeitpunkt entstehen noch bürokratische Dokumente über formvollendete kirchliche Hochzeiten in der Österbygd und über Zollpolitik, begräbt man ein Jahrhundert lang auf Herjolfsnes christlich mit Grabkreuzen unter Anrufung aller Heiligen. Man darf den Bericht also in dieser Form als eine Mystifikation ansehen und wieder vergessen.

Auch sonst ist eine Massenauswanderung aus der Vesterbygd absolut unglaubhaft. Ivar Bardarsson müßte davon wissen – ihm als dem Bischofssitz-Verwalter unterstehen die Steuereinnahmen, und welcher Finanzbeamte wüßte nichts davon, wenn seine Steuerzahler das Weite suchen? Außerdem sind auch in der Vesterbygd die Priester als führende Persönlichkeiten der Gemeinde dem Bischof oder seinem Stellvertreter verantwortlich und würden mit Sicherheit eine Nachricht gegeben haben, wenn sie mit ihren Schäflein die Wohnsitze aufgeben und irgendwohin umsiedeln.

Wären sie wirklich ausgewandert, so könnte das nur nach der Österbygd sein, und es müßten sich dort entsprechend große, aus der Zeit der Mitte des 14. Jahrhunderts stammende Neuansiedlungen finden. (Immerhin lebte fast ein Drittel der Grönländer in der Vesterbygd.) Davon ist aber bisher nichts gefunden. Selbst wenn es zum Beispiel nach Auffassung von Dr. Knud Krogh möglich ist, daß noch in manchen Fjorden im südlichen Teil der Österbygd Höfe neu entdeckt werden, so kann das kaum eine so große Zahl sein, um in ihnen die Höfe der

»heimatvertriebenen« oder ausgewanderten Vesterbygder sehen zu können.

Vor allem aber gäbe dann der Bericht Ivar Bardarssons gar keinen Sinn: Weshalb soll eine Expedition die Skraelinge aus der Vesterbygd vertreiben, wenn die Grönländer von dort schon emigriert sind? Und weshalb hätten diese ihren kostbarsten Besitz, ihr Vieh, bei der Auswanderung zurückgelassen, anstatt die Tiere mitzunehmen, auf denen sie ihre Existenz ja neu aufbauen müssen?

Alle diese Argumente dafür, daß die Vesterbygd den Skraelingen nahezu freiwillig überlassen wurde, gezwungen höchstens durch Umweltverhältnisse, klingen weit hergeholt oder sind eindeutig widerlegbar.

Das wenige, was die Archäologie dokumentiert, spricht eine ganz andere Sprache.

So werden am Anfang des 20. Jahrhunderts in der Nähe des Hofes Niaqussat in der Vesterbygd zwei Schädel gefunden, die sozusagen lose in der Gegend umherliegen. Die Schädel stammen offenbar von Weißen, in ihnen stecken Pfeilspitzen.

Als kurz vor dem Ersten Weltkrieg der dänische Kapitän Daniel Bruun eine Grönlandreise unternimmt (und danach ein stark auf den Sagas fußendes und von eigenem Erleben der Landschaft geprägtes Buch über die »Alten Nordleute« schreibt), findet er die beiden Schädel aber nicht mehr vor. Sie waren von einem Missionar der Herrnhuter Brüdergemeine mitgenommen worden, der Grönland schon verlassen hatte, und so der Forschung entgangen.

Kapitän Daniel Bruun deutet diesen Fund als die Reste von Grönländern, die beim Kampf um die Vesterbygd fielen und von den Eskimo – in deren Scheu vor allen Toten – dort liegengelassen wurden, wo sie starben.

Bei diesem Fundplatz in der Vesterbygd – von den Eskimo »Niaqussat« genannt, wo ein Grönländerhof an der Küste des Fjords liegt, auf dessen Küchenmüllhaufen die beiden Schädel gelegen haben sollen – setzt 1976 eine Ausgrabung an. Sie läuft im Rahmen eines internationalen Forschungsprojekts zur Klärung des Verhältnisses zwischen Grönländern und Eskimo im Mittelalter (Inuit-Norsemen-Projekt: Als »Inuit« bezeichnen sich die grönländischen Eskimo heute). Zwar findet man keine

Schädel mehr, doch in den obersten Schichten des Müllhaufens einen weiteren Menschenknochen!

Besser kann die Tradition von den »Nordleute-Schädeln« auf dem Müll dieses Hofes eigentlich kaum bestätigt werden.

Da die Grönländer ihre Toten auf das Sorgfältigste beerdigen und größte Mühe darauf wenden, sie in christliche Erde zu betten, können zu der Zeit, als irgendwelche von ihnen auf dem Müllhaufen des Hofes sterben (oder tot dorthin geschleift werden), hier keine Grönländer mehr am Leben oder aktionsfähig sein. Da der Küchenmüllhaufen gleichzeitig außer Benutzung kommt, sprechen diese Funde eine sehr klare Sprache über das Ende wenigstens der Menschen dieses Hofes – auch wenn man gerne noch Näheres und Präziseres wüßte.

In ähnliche Richtung deuten die Grabungsresultate des gleichen Projekts in der Vesterbygd, im ehemaligen »Austmannadal« (dem »Ostmännertal«, das ostwärts vom Hauptfjord der Siedlung ins Gebirge hineinführt): Dort liegt Hof V 54 der Archäologenbuchführung, heute »Nipaitsoq«, einige Stunden Fußweg von der Küste entfernt. Von früheren Grabungen dort ist bekannt, daß dieser Hof – ein »Zentralisierter Hof«, in dem aus Sicherheitsgründen schon Vieh und Menschen zusammen unter einem Dach leben – niedergebrannt worden ist und in seinen Wänden steinerne Pfeile stecken, die nur von Eskimo stammen können. Das sieht nach Belagerung aus. Man kann also Aufschlüsse über das Verhältnis »Grönländer-Eskimo« erwarten.

Leider sind die Resultate der Grabungen von 1976 noch nicht vollständig veröffentlicht. Doch ein indirekter Beweis ist außerordentlich bedeutungsvoll: Die Speisekammer des Hofes ist sozusagen randvoll, als der Hof durch Feuer vernichtet und so zurückgelassen wird, daß niemand mehr in diesen Raum mit seinem reichen Inhalt gelangt.

Der zehn Meter lange Vorratsraum – »Speisekammer« ist etwas untertrieben – enthält: eine Tonne voll gesäuerter Milch, ein Rückenstück vom Ren (das Filet, also das beste Stück), Teile von einem Seehund, von Rindern und Schafen, Muscheln, vier kleine Fische (Lodden) und einen großen Kabeljau, vier schon geköpfte Schneehühner, einen Hasen, der frisch erlegt scheint, und einiges mehr. Der Hase war wohl an den Hinterläufen aufgehängt, als das Ende für die Menschen des Hofes kam, er ist dann herabgefallen. Außerdem haben die Bewohner gerade frisch geschlachtet: Die Haut einer Kuh ist hinter der Feuerstelle zum Trocknen aufgehängt gewesen (von ihr sind nur die Fußknochen übrig, die man an der Haut belassen hatte). Sie ist übrigens die einzige Grönländer Kuh, die einen Namen hat: »Rosa«, ihr allerdings erst von den Ausgräbern verliehen.

Als das Leben auf diesem Hof erlischt, ist die Vorratskammer also bestens gefüllt – und niemand mehr hat Zeit und Gelegenheit, etwas mitzunehmen oder sie zu plündern. Ähnliche Befunde sollen auch aus anderen Höfen der Vesterbygd bekannt sein, wenn auch nicht so deutlich.

Dieser Zustand der Vorratskammer des Hofes V 54 widerlegt noch einmal die schon von uns auf ihre Wahrscheinlichkeit abgeklopften verschiedenen Hypothesen über das Verlassen der Vesterbygd auf dem Weg der freiwilligen Auswanderung – sei es wegen Klimaverschlechterung und damit Ernährungsschwierigkeiten, sei es wegen Zuwendung zu den »Leuten von Amerika« oder aus Furcht vor deren Vordringen. Freiwillig verläßt in einem Land, wo Nahrung hart erarbeitet werden muß, niemand seinen Wohnsitz und einen Vorratsraum voll Delikatessen.

Pest oder Völkermord?

Nach Dr. Jörgen Meldgaard, der einen Vorbericht über die Grabungen geliefert hat, bleiben als Erklärung für diese Beobachtungen auf dem Hof V 54 und damit für den Verlust der Vesterbygd nur die Hypothesen 3 oder 4: »Ausbrechen der Pest« oder »Abschlachten der Einwohner durch die Eskimo«.

Die Möglichkeit, daß die Pest – die in Norwegen furchtbar haust, wohin sie von England 1349 mit einem Schiff gebracht worden war – die Vesterbygd entvölkert hat, klingt plausibel. Sie tritt in Nordeuropa als Lungenpest auf, ist nahezu immer tödlich und hochinfektiös: Ist sie einmal eingeschleppt, kann sie eine Siedlung wie die Vesterbygd völlig entvölkern.

Die isländischen Annalen verzeichnen freilich kein Schiff, das im Jahre 1349 Grönland ansteuert. Zwar ist zwei Jahre vorher das ungewöhnlich kleine Schiff der Grönländer in Island angekommen, das bei einer Holzfahrt nach Markland südwärts verschlagen worden ist. Und für 1348 wird berichtet, daß ein isländischer Häuptling nach Bergen reist. Da die Isländer keine eigenen Überseeschiffe mehr haben, könnte dieser Mann das Grönländerschiff gechartert haben, das dann nach dem üblichen Rhythmus 1349 von Bergen heimwärts nach Grönland gefahren wäre (vielleicht ohne Island anzulaufen, weshalb es nicht in den Annalen Islands erfaßt worden wäre). Jenes Schiff hätte dann die Pestinfektion eingeschleppt.

Doch diese Vorstellung ist mit so vielen »Wenn« und »Aber« belastet und erfordert soviel Voraussetzungen verschiedener Art (schon daß die Grönländer mit ihrem für die Hochseefahrt ungeeigneten Schiff weiter nach Bergen und dann direkt, ohne

Island anzulaufen, zurück nach Grönland fahren, wäre seemännisch gesehen höchster Leichtsinn), daß ihr keine Wahrscheinlichkeit zukommt. Dr. Jörgen Meldgaard stellt seine Pesthypothese denn auch mehr als Denkanstoß auf, ohne sich irgendwie festzulegen. Sie ist auch deshalb ganz unwahrscheinlich, weil jedes vom Nordmeer kommende Schiff nach dem Umrunden von Kap Farewell erst in Herjolfsnes anlegt, bevor es weiter in das Land der Grönländer segelt. Das viel zu kleine Marklandschiff hätte das mit Sicherheit auch getan und damit zunächst dort die Pest in die Österbygd eingeschleppt. Dies furchtbare Ereignis jedoch wäre von Ivar Bardarsson in seinem Rechenschaftsbericht zweifellos vermerkt worden: Es hätte einen Einschnitt im Leben der Österbygd bedeutet, der nicht unregistriert geblieben wäre, und hätte keine Mannschaft für eine Ersatzexpedition in die Vesterbygd übriggelassen.

Nein, die Pest hat die Vesterbygd nicht entvölkert, sondern allein Hypothese 4 kann zutreffen: Es waren die Skraelinge.

Man müßte den vorliegenden Befunden und dem Bericht des Bischofsstellvertreters Gewalt antun, wollte man sie anders deuten als wie folgt:

Wenn die Vesterbygd entvölkert ist und den Skraelingen gehört, so deshalb, weil diese die Bevölkerung ausgerottet haben, und zwar in Überfällen auf die Höfe. Hof V 54 ist am Schluß des Lebens dort abgebrannt, die Wände sind mit Pfeilspitzen gespickt, und die reichen Nahrungsmittelvorräte verwesen. Bei Hof V 48 bleiben die toten Nordländer, Pfeilspitzen im Kopf, auf dem Küchenmüllhaufen liegen, wo sie vermodern. Die Grabungen auf Hof Sandnes und Hof V 52 lassen erkennen, daß diese Höfe plötzlich und in größter Wirrnis verlassen werden, das Inventar (soweit nicht später als Beute fortgeschleppt) bleibt wahllos verstreut liegen, bis zu jenem Spielzeugschiffchen in der Sauna.

Ivar Bardarssons »Jetzt haben die Skraelinge die ganze Vesterbygd« muß nicht heißen, daß die Eskimo ein ganzes Heer aufgeboten und die ganze Vesterbygd an einem Tag ausgelöscht haben. Solch organisierte Kriegszüge mit Oberbefehl sind nicht ihre Art. Gemeinschaftsunternehmen in Gruppen mit ein paar Dutzend Männern sind dagegen durchaus üblich und in den Überlieferungen bezeugt. Solche Gruppen genügen auch, um einen Grönländerhof nach dem andern zu überfallen und seine Bewohner umzubringen. Diese Höfe sind ja so plaziert, daß sie zwar die nutzbaren Landflächen optimal, d. h. mit wenig internem Verkehrsaufwand, ausnutzen, aber zwischen den einzelnen Höfen liegen teils so viele Stunden Wasser- oder Fußweg, daß Hilfe vom nächsten Hof zu spät kommt, wenn sie je gewagt wird. Diese Verteilung ist bestens geeignet für eine – salopp gesagt – »Salami-Taktik« (Scheibchen für Scheibchen wird abgeschnitten) der Angreifer: Sie überwältigen möglicherweise die etwa neunzig Höfe der Vesterbygd im Zeitraum von Wochen oder Monaten nacheinander.

Vielleicht zieht sich das Ende der »Vesterbygder« auch über Jahre hin und Ivar Bardarssons Worte: »Jetzt haben ... die Skraelinge die ganze Vesterbygd«, müssen so gelesen werden, daß die Skraelinge vorher schon ein Drittel oder die Hälfte »hatten«. Nach örtlichen Überlieferungen unter den Eskimo in der Vesterbygd soll der Endkampf dann im Gebiet von Kirche und Hof Sandnes stattgefunden haben, von wo die archäologischen Befunde stammen. Für die Überwältigung der Grönländer entwickeln die Eskimo eine geschickte Taktik. Sie ist in einer Eskimosage wiedergegeben, die allerdings Kämpfe nahe der Kirche Hvalsey in der Österbygd schildert, doch so eindrücklich demonstriert, wie zum Beispiel der Hof V 54 untergegangen sein mag, daß wir sie an dieser Stelle unseres Buches bringen.

Es handelt sich um eine der zahlreichen Eskimosagen, die in der Mitte des 19. Jahrhunderts auf Grönland von dem Geologen, Kartographen und Königlichen Inspektor für Grönland Dr. Henrik Rink, einem großen Eskimofreund, aufgezeichnet worden sind. Die Glaubwürdigkeit dieser Sagen – soweit sie historische Ereignisse betreffen – ist oft angezweifelt worden, und das nicht völlig unbegründet: Diese Ereignisse haben sich vier- bis fünfhundert Jahre vor ihrer Aufzeichnung abgespielt. Nicht anders die Sagas aus Island: Auch sie sind erst zwei- bis dreihundert Jahre nach den Ereignissen niedergeschrieben worden, auch sie liefern der Nachwelt trotz aller Kritik wertvollste Informationen, die wir ja ebenfalls nutzen.

Die Sage von »Ungortoq, dem Häuptling von Quaqortoq« (»Ungortoq« mag der verballhornte nordische Name »Ingvar« sein, »Quaqortoq« ist der Fjord der Hvalsey-Kirche), erzählt, wie ein Eskimo mit seinem Kajak an einer Grönländersiedlung vorbeifährt und zweimal dort einen Grönländer am Ufer tötet: das eine Mal, weil ihn dieser herausgefordert hat, das andere Mal ganz unprovoziert. Jetzt üben die Grönländer Rache: Sie überfallen die Eskimosiedlung und töten fast alle Menschen.

Der Gegenschlag bleibt nicht aus. Die Eskimo tun sich zusammen und rüsten ein größeres Boot aus, mit dem sie den Hof der Grönländer ansteuern. Um nicht vorher entdeckt zu werden, haben sie das Boot durch übergezogene ganz helle Felle getarnt, so daß es wie ein etwas schmutziger kleiner Eisberg wirkt. Die

Eskimoangriff auf ein Haus der Grönländer: Während das Haus in Brand gesteckt wird, werden die Herausflüchtenden getötet. Illustration einer Eskimosage aus dem 19. Jahrhundert.

Grönländer lassen sich täuschen und ziehen ihre Wachen ein. Darauf stürmen die Eskimo auf das Haus zu, beladen mit Bündeln von Wacholder, die sie in die Tür und die anderen Öffnungen stecken und anzünden. Dieses Feuer breitet sich aus, die Grönländer, die nicht ersticken wollen, stürmen zur Tür hinaus und werden umgebracht.

Nur der Häuptling Ungortoq entkommt, mit seinem kleinen Sohn auf dem Arm. Er wirft ihn auf der Flucht in einen See, damit er nicht lebend den Eskimo in die Hände fällt, und wird zum Schluß selbst ein Opfer der Verfolger.

Man sieht: Die Eskimo haben nicht nur eine kluge Kriegslist in ihrem Programm, sondern auch die passende Taktik, um die Grönländer in ihrem Haus ohne allzuviel Risiko und Aufwand auszuräuchern und nacheinander zu töten. So wie in der »Ungortoq«-Sage kann man sich den Endkampf um den Hof V 54 vorstellen: Brennende Wacholderbüsche in der Tür, die Pfeile fliegen, wenn sich ein Mensch herauswagt ... bis sich kein Leben mehr rührt.

Vielleicht werden auch nur die Männer getötet und Kinder und Frauen als Gefangene mitgenommen. Daß die Eskimo solche Gefangene machen, wird zum Beispiel in den isländischen Annalen berichtet: Bei einem Angriff der Eskimo werden zwei Jungen und eine Leibeigene lebend von ihnen mitgenommen. Die auch von Dr. Henrik Rink aufgezeichnete Sage von dem Eskimo Pisaqsaq erzählt, wie die Eskimo zwei Grönländerfrauen rauben, die ihnen dann den Haushalt führen müssen.

Daß die Eskimo das nordische Wort für Frau (wie die Vokabeln für »Engelwurz« und für »Schaf«) in ihren Wortschatz übernehmen, ist auch ein Hinweis darauf, daß im Völkerkampf um Grönland zwischen den Europäern und den Eskimo die Sieger die weißen Frauen nicht verschmähen (wie immer wieder in Kriegen: Die Aneignung der Vokabel für »Frau« geht auch im Zweiten Weltkrieg z. B. in Osteuropa mit der Aneignung der Frauen parallel). Die Grönländer selbst handeln keineswegs anders: Unter dem von Professor Fischer-Möller untersuchten Knochenmaterial aus Gräbern der Vesterbygd befinden sich Frauenschädel, die deutlich Eskimomerkmale tragen.

Unter Umständen wird also nicht die gesamte Bevölkerung der Vesterbygd ausgerottet, sondern etliche Frauen und Kinder leben mit den Eskimo weiter. Wie die relativ hochzivilisiert lebenden Grönländerinnen mit ihren Moral- und Ehevorstellungen in der noch nomadischen Eskimo-Zivilisation mit deren sexueller Freizügigkeit überlebt haben, ist schwer auszumalen.

Die Tragödie der Vesterbygd um 1350 ist jedenfalls mit Hilfe der Überlieferungen und Ausgrabungen erklärbar und in manchen ihrer Details rekonstruierbar.

Sie hat ein Nachspiel auf dem Papier.

Im Jahr 1355 erteilt Norwegens König Magnus Smek, Oberherr der überlebenden Österbygd, in einem Schreiben vom

2. November seinem Hauptmann Paul Knudsson den Auftrag, mit einem Knarr nach Grönland zu fahren und hierfür eine Besatzung aus Männern des Königs oder anderen Männern zu werben. Der Beauftragte wird gebeten, guten Willen zu beweisen »zum Ruhme Gottes und um unseres Seelenheils willen, und für jene unsere Vorväter, die das Christentum nach Grönland gebracht und dort bis heute aufrechterhalten haben und die wir nicht in unseren Tagen untergehen lassen wollen«.

Das klingt dramatisch. Und dramatisch ist die Lage zweifellos auch nach dem Fall der Vesterbygd, der dem König vermutlich mit großer Verzögerung zu Ohren gekommen sein wird. Die Österbygd, letzter Hort der Christenheit und der Europäer auf dem Boden der Neuen Welt, muß damit rechnen, daß der Angriff der immer weiter nach Süden vordringenden »Skraelinge« bald auch bis zu ihr getragen wird.

Der Appell des norwegischen Königs wirkt zwar rhetorisch gewaltig, hat aber vermutlich gar keinen praktischen Effekt. Norwegen ist nach der Pestwelle von 1349 ohnehin weitgehend entvölkert. Kaum jemand wird bereit gewesen sein, wegen seines Seelenheils für das Überleben der Christenheit im fernen Grönland zu kämpfen. Denn darum geht es eindeutig, wenn ein Hauptmann die Männer des Königs um sich sammeln soll.

Man hört nie wieder etwas von der Expedition des Hauptmanns Paul Knudsson. Sollte sie dennoch stattgefunden haben, so war sie mit Sicherheit nutzlos: Die Eskimo sind keine Feinde, die man mit beschränkter Streitmacht in einer Feldschlacht schlagen und vernichten oder vertreiben kann. Diese mobilen Einzelkämpfer weichen solcher Streitmacht aus, brechen ihre Siedlungen ab und wandern mit Frau, Kindern und Haushalt im Umiak ein paar hundert Kilometer weiter, wenn ihnen Gefahr droht. Solchen Gegnern ist nur mit enormer Überlegenheit beizukommen, wie das Beispiel der Kämpfe zwischen mobilen Einzelkämpfern (den Indianern) und Truppen der übermächtigen Weißen in der Historie der USA zeigt.

Möglicherweise beruhigt König Magnus sein Gewissen, als er um diese Zeit zusammen mit seiner Königin der Kathedrale zu Gardar eine große Stiftung in Höhe von 100 Mark übermacht. Ob diese Summe die Empfängerkirche erreicht, ist allerdings höchst fraglich.

In der Österbygd geht das Leben weiter

In der Österbygd ist nach dem Abschluß der Tragödie in der Vesterbygd vorläufig nicht viel Ungewöhnliches zu verspüren. Das Leben nimmt seinen normalen Gang. Fast vierhundert Jahre existiert diese Europäersiedlung nun schon. Man mache sich klar: Zu dem Zeitpunkt, da die Vesterbygd fällt, besteht die Österbygd schon mindestens ebenso lange, wie zum Beispiel die USA insgesamt von Weißen besiedelt sind! Doch der Lebensfaden, durch den die Österbygd mit Europa verbunden ist, nämlich der Nachschub an Eisen und Holz von dort, wird allmählich schwächer.

Die Skraelinge haben sich nicht etwa zurückgezogen. Eine Nachricht aus den »Annalen« auf Island zeigt, daß sie sehr gegenwärtig sind: Im Jahr 1379 greifen die Skraelinge die Grönländer an, töten achtzehn Mann und nehmen zwei Jungen und eine Leibeigene als Gefangene mit. Zu dieser Attacke gibt es keine näheren Aufschlüsse – die Verluste sind nicht so ganz klein, wenn man bedenkt, daß die Österbygd vielleicht fünfhundert oder siebenhundert waffenfähige Männer zählen mag. (Das ist eine sehr vage Zahl, da wir weder die Größe der Bevölkerung noch den Bevölkerungsaufbau kennen. Wir greifen nur deshalb zu ihr, um eine grobe Vorstellung von dem Gewicht solchen Angriffs zu vermitteln.) Doch danach hört man nichts wieder von jenen »kleinen Menschen, die, von Waffen getroffen, so merkwürdig bluten und verbluten« und die die Grönländer einst jenseits ihrer eigenen Welt wähnten – es sei denn, man nimmt einen sehr umstrittenen Papstbrief Nikolaus' V. vom 20. September 1448 an die beiden Bischöfe auf Island als bare Münze. Darin werden diese Bischöfe aufgefordert, den Bewohnern Grönlands am äußersten Ende des Weltmeers nach Norden einen Bischof und Priester zu verschaffen, die sie nicht mehr hatten seit einem Einfall der Heiden vor dreißig Jahren. Bei diesem seien die meisten Kirchen zerstört und die Bewohner als Gefangene fortgeführt worden.

Damit ließe sich ein weiteres Stück des Weges zum Untergang der Österbygd datieren (auf 1418), und die Eskimo – nur um sie kann es sich bei den »Heiden« des Papstbriefes handeln – könnten als die Angreifer identifiziert werden, durch die dieser Untergang bewirkt wird. Doch ist der Papstbrief wie gesagt zu sehr umstritten, als daß wir allzu große Hypothesen auf ihm aufbauen dürften.

Daß im 15. Jahrhundert den Höfen und Kirchen in der Österbygd Unheil droht und daß die Skraelinge die Unheilbringer sind, darauf deutet auch eine kurze Beschreibung zu einer Karte Grönlands, die der dänische Hofkartograph Claudius Clavus Swart um 1420 entwirft. Die Karte ist ohne viel Wert – sie stimmt in keiner Weise mit der bekannten Topographie des Gebietes der Siedlungen überein –, und die schriftlichen Informationen sind nicht viel besser. Doch daß die »heidnischen Karelier mit einem gewaltigen Heer dort zur Stelle sind, die ohne Zweifel von der anderen Seite des Nordpols kommen« (die »Karelier« sind identisch mit den »Skraelingen«), mag zwar stark übertrieben sein, klingt aber dennoch etwas beängstigend. Daß diese nach Süden strömenden Menschen von der Nordpolargegend kommen müssen, ist eine im Prinzip richtige Darstellung.

Im europäischen Grönland jedoch lebt man so weiter wie bisher. Einige Dokumente über das Wirken der Bürokratie dort und über die geordnete Tätigkeit der Kirche geben bis zum Jahr 1410 die beruhigende Gewißheit, daß es so schlimm dort gar nicht sein kann und man ganz andere Sorgen hat als die mit den Skraelingen.

Im Jahr 1368 oder 1369 hat, wie es scheint, die jährliche Besegelung von Grönland durch ein Knarr (wie vermutlich im Übergabevertrag an den norwegischen König 1261 vereinbart) ihr Ende: Damals strandet das »Grönlandknarr« vor Norwegen, die Mannschaft wird gerettet, doch das Schiff ist verloren. Ein neues wird, wie es scheint, nicht in Fahrt genommen.

Da jedoch niemand ohne königliche Bewilligung aus Norwegen Grönland ansteuern darf, werden die Grönländer immer einsamer, und der Nachschub am Notwendigsten wird immer schwächer. Sie sind auch keine so hoch geschätzten Handelspartner mehr wie in früheren Jahrhunderten. Der Welthandel hat sich ausgeweitet. Man kann Elfenbein, Wolltuche und Häute auch anderwärts relativ preiswert kaufen, so daß die hohe Verdienstspanne, die bisher das große Risiko der Ansteuerung Grönlands lohnte, wohl nicht mehr erzielt wird.

Ein gewisser Trost ist es, daß immer wieder Schiffe, die nach Island steuern, von den Nordmeerstürmen an die Küste Grönlands getrieben werden.

Das Strandglück (der Grönländer) führt zum Beispiel etwa 1378 einen Isländer Björn vom Vatnsfjord mit seiner Familie nach Grönland, der von einer Pilgerfahrt nach Jerusalem zurückkehrt. Er rettet zwei Eskimokinder von einer Insel, auf der sie wegen Schiffbruchs verlassen vegetieren, und die Kinder leben sich so gut ein, daß sie in den Haushalt aufgenommen werden und dort die Kinder ihrer Retter betreuen. Diese rührende Geschichte wird immer wieder als Beweis für ein im Grunde doch friedliches Verhältnis zwischen den Europäern und den Eskimo zitiert, obwohl das Verhältnis hier höchst einseitig ist, weil den Eskimokindern überhaupt keine Wahl für ihr Verhalten bleibt. Und die Geschichte endet auch keineswegs gut, sondern tragisch: Der Jerusalempilger und seine Frau verlassen Grönland wieder, ohne ihre beiden Pflegekinder mitzunehmen – und die Zurückgelassenen stürzen sich verzweifelt von einem Felsen in die Tiefe.

Im Jahr 1385 kommen gleich vier isländische Schiffe nach Grönland, die verdriftet wurden, und bleiben vier Jahre.

1388 sendet den Grönländern der Meergott Ägir wieder ein Schiff, diesmal aus Norwegen, das im nächsten Jahr heimfährt. Der Schiffsmannschaft ergeht es jedoch schlecht: Die Männer werden 1389 vor ein Gericht der Königin Margarete gezerrt, weil sie angeblich ohne Bewilligung der Krone nach Grönland gesegelt sind, weil sie auf Grönland Waren ohne Genehmigung eingekauft und ohne Genehmigung Krongut aus Grönland nach Norwegen transportiert hätten. »Krongut« dürften die Naturalsteuern sein.

Dieser Prozeß beleuchtet die Bürokratie jener Jahrzehnte: Sie unterläuft die Interessen der Grönländer.

Es stellt sich heraus, daß die angeklagten »guten Männer« Grönland nur deshalb angesteuert haben, weil sie in Sturm und Seegang durch »Eisberge und Eis in große Gefahr gekommen sind und großen Schaden an ihrem Schiff haben, vor allem am Überwasserschiff, und geschworen haben, sie würden eine Wallfahrt machen, wenn sie heil an Land kämen«. Das bezeugt die gesamte Schiffsmannschaft. Sie haben grönländische Handelswaren eingekauft, weil das grönländische Thing beschlossen hat, niemand dürfe mehr an die Fremden, die an Land kommen, Lebensmittel verkaufen, wenn diese Fremden nicht gleichzeitig grönländische Handelswaren abnehmen. Krongut aus Grönland transportiert zu haben, leugnet die Schiffsmannschaft völlig: Der Beauftragte des Königs in Grönland hat ihnen kein Krongut mitgegeben, weil sie keine Genehmigung für den Abtransport hatten – sie hatten ihm jedoch das Angebot gemacht, solchen Transport zu übernehmen.

Ob diese »guten Männer«, die in Bergen vor Gericht stehen, nun wirklich in einen Sturm geraten sind, oder ob solche Stürme nicht manchmal als Ausrede herhalten müssen, um Grönland ansteuern und dort ohne Lizenz Handel treiben zu können, sei dahingestellt.

Fest steht, daß der grönländische Außenhandel am Tiefpunkt ist, wenn die Grönländer ihre Exportprodukte nur noch über Koppelungsgeschäfte mit den Schiffbrüchigen absetzen können (die natürlich Proviant benötigen): Kein Einkauf von Proviant ohne Kauf von Exportwaren!

Fest steht auch, daß der Verkehr zwischen der Krone in Norwegen und ihrem Repräsentanten und Steuereinnehmer auf Grönland höchst bürokratisch gehandhabt wird, wenn dieser Repräsentant es nicht einmal wagen kann, ohne Transportlizenz einem Schiff die Steuer-Naturalien mitzugeben.

Wir erfahren bei dieser Gelegenheit ferner, daß die »guten Männer« für die aus Grönland mitgebrachten Importe auch noch Einfuhrzoll (Saekkegeld) zu zahlen haben. Der norwegische Fiskus würgt deutlich mit seinen Maßnahmen den Grönlandhandel langsam ab und macht den Grönländern das Leben noch wesentlich schwerer.

Es geschehen aber auch interessantere Dinge auf Grönland. So wird im Jahr 1407 ein Mann namens Kolgrim als Hexer auf dem Scheiterhaufen verbrannt. Das ist ein so ungewöhnliches Ereignis, daß es bis in die isländischen Annalen gelangt. Kolgrim wurde für schuldig befunden, eine verheiratete Frau, die Tochter des isländischen Gesetzessprechers Hrafn, mit seiner Schwarzen Kunst verführt zu haben. Diese fürchterliche Form der Todesstrafe für Hexerei ist Anfang des 15. Jahrhunderts noch ganz unüblich und wird auch fast nur gegen Frauen verhängt. (Erst in den folgenden Jahrhunderten beginnt die Raserei der Kirchen gegen Hexen.) Weshalb man auf Grönland dieses Exempel statuiert und wieweit hier Recht oder Willkür gewaltet haben, läßt sich aus der Überlieferung nirgends erkennen. Es fällt auf, daß es sich bei dem Vater der verführten Frau ausgerechnet um den höchsten Repräsentanten von Island handelt – ist hier Staatsräson mit im Spiel?

Die Verführte erfreut sich der Rache an dem hexenden Kolgrim nicht – sie verfällt nach dessen Hinrichtung geistiger Umnachtung.

Kaum hat sich der schwarze Qualm des Scheiterhaufens in der Österbygd verflüchtigt, liefert die dokumentierte Historie als Abschluß der geschriebenen Grönland-Traditionen noch ein versöhnendes Bild, mit Blumen umkränzt:

Am Sonntag, dem 16. September 1408, hebt der Priester, Hochwürden Paal Andersson, in der heute noch stehenden Tür der Kirche zu Hvalsey seine Hände segnend über ein junges Hochzeitspaar. Der Isländer Thorstein Olafsson und die Isländerin Sigrid Björnsdottir werden, nach dreimaligem Aufgebot an den vorhergehenden Sonntagen, jetzt getraut, und vor dem Altar wird eine Hochzeitsmesse gelesen. Wir können heute – fast fünfhundert Jahre später – immer noch in diese Kirche und zu ihrer Altarstelle treten.

Die Brautleute stammen von einem nach Grönland verdrifteten Schiff, das 1406 von Norwegen kommend nicht die Insel erreicht. An Bord sind mehrere Passagiere, unter ihnen auch dieses Paar. Die Isländer reisen erst vier Winter später wieder nach ihrer Heimatinsel zurück (möglicherweise erschwert die damals starke Vereisung der Gewässer um Grönland die Abfahrt).

Nach Island zurückgekehrt, werden die beiden sich stark

darum bemühen müssen, daß ihre Ehe als gültig anerkannt wird. Deshalb stellt ihnen der Bischofsstellvertreter aus Gardar, Hochwürden Eindride Andresson, gemeinsam mit dem Priester, der die Trauung vollzogen hat, ein ausführliches Attest aus über ordnungsgemäßes Aufgebot und ordnungsgemäße Trauung. Dieses auf den 16. April 1409 in Gardar datierte einzigartige Dokument aus dem Leben auf Grönland ist nur als isländische Abschrift aufbewahrt.

Nach den vier Überwinterungen kehrt die isländische Reisegesellschaft auf ihre Insel zurück. Dort müssen die jungen Eheleute trotz des Dokuments aus der Bischofskanzlei in Gardar noch einmal die Rechtsgültigkeit ihrer Ehe nachweisen. Elf Mitreisende schwören, deren Namen protokollarisch festgehalten sind. Dadurch kennt man die Namen der letzten Nordländer, die nachweisbar die Österbygd gesehen und erlebt haben, solange darin Leben war.

Auch den Kapitän des Schiffes erwarten bei der Heimkehr nach Island Schwierigkeiten. Niemand hat mehr geglaubt, daß dieses Schiff jemals wiederkehren würde. Die Ehefrau des Kapitäns hat ihren Mann für tot erklären lassen und sich wieder verheiratet, kehrt aber zu ihrem ersten Mann zurück, als er dann doch noch auftaucht.

Während für die in Grönland »Notgelandeten« das Abenteuer glücklich endet, bleiben die Grönländer wohl mit einem Gefühl der Leere zurück, nachdem sie von einem Felsblock dem davonsegelnden Schiff zum letzten Mal nachgewinkt haben.

Niemand kann sagen, ob und wann wieder ein Schiff mit Neuigkeiten aus Europa, mit Anregungen, mit eisernen Waffen und Geräten oder anderen Schätzen ankommen wird, oder ob ein Sturm ihnen noch einmal Besuch beschert.

Grönland verschwindet weitgehend aus dem Bewußtsein der europäischen Welt. Die isländischen Annalen hören nichts mehr, die Regierung Norwegens – die inzwischen in Dänemark geführt wird – hat das Land nur noch auf dem Papier.

Ein dunkler Vorhang senkt sich über die paar Tausende von Grönländern, die ihre europäische Kultur und Zivilisation auf dem Boden der Neuen Welt noch aufrechterhalten.

Blicke hinter einen Vorhang

Als sich dieser Vorhang des Nicht-Wissens am Ende des 16. Jahrhunderts wieder lüftet, lebt niemand mehr von den »weißen Grönländern«.

Was inzwischen geschehen ist, wie ihr Ende war, darüber wird seit langer Zeit immer wieder spekuliert und diskutiert und geschrieben – weit mehr noch als über das Ende der Vesterbygd, das ja nur einen Teilabschnitt vom Ende »Europas auf Grönland« darstellt und für das man durch Ivar Bardarsson immerhin Anhaltspunkte hat.

Zunächst geht das Leben in der Österbygd zweifellos weiter wie immer: mit Viehaustrieb im Frühjahr, mit Düngung und Bewässerung der Mähwiesen, mit Heuernte, Viehaufstallung – und im Winter mit der nie endenden Wollverarbeitung, mit Spinnen, Weben, Schneidern, mit Schnitzarbeit und Schachspiel. Zwischendurch wird die Lodde mit Körben und Handnetzen aus dem Fjord gefischt, wird der Seehund gejagt, werden Renherden über die Absturzklippen getrieben, Vogeleier gesammelt und Vögel erlegt.

Die heroischen Zeiten der Nordrsetur-Fahrten sind aber schon vorbei. Man könnte das Fleisch der Walrosse und das Treibholz von dort gut gebrauchen. Doch die Seereise dorthin ist zu risikoreich: Sie wäre doppelt so lang wie vor dem Verlust der Vesterbygd und würde über teils menschenleere, teils jetzt mit potentiellen Feinden besetzte Küsten führen. Vermutlich hat man auch keine genügend großen Boote mehr. Denn nach dem Verlust der Vesterbygd ist auch die Marklandfahrt zur Beschaffung von Bauholz so gut wie unmöglich, da sie ja ebenfalls über diese ehemalige Siedlung zur kürzesten Überquerung der Davis-Straße in Richtung Labrador führt.

Vielleicht versucht es ab und zu eine mutige Gruppe, die die Gefahren nicht scheut. Doch dann werden die Verlustraten so hoch, daß diese Versuche aufgegeben werden müssen. Man kann sich denken, daß solche Glücksfälle wie die Ankunft des viermal überwinternden Hochseeschiffs aus Island 1406 noch einmal eine Chance für eine Nordrsetur-Fahrt bieten. Mit einem solchen Schiff kann man die Fahrt auch durch die Fjordmündungen wagen, wo sich irgendwann vor oder nach der Wende zum 15. Jahrhundert die ersten Eskimo angesiedelt haben. Diese leben zwar sicher nicht in ständigem Kriegszustand mit den Grönländern, bei dem beide Parteien einander umzubringen versuchen, wenn sie sich nur sehen: Derartige Feindseligkeiten werden immer wieder unterbrochen durch Perioden friedlicheren Zusammenlebens, zwar ohne gegenseitige Sympathie, doch mit gegenseitiger Duldung. Das lassen auch die Eskimosagen erkennen.

Daß die Grönländer, seit vier Jahrhunderten Herren dieses Landes, die aus dem Norden einströmenden Skraelinge in ihrem engsten Lebensraum nicht gerade mit offenen Armen empfangen, versteht sich freilich von selbst.

Die beiden Völker siedeln in verschiedenen »Biotopen« Grönlands: die Grönländer auf den grünen Wiesen der warmen Innenfjorde inmitten ihrer Herden, die Eskimo in der Nähe der Küste an den Außenfjorden nahe den Wegen der Wale und dem Eis mit den Robbenrudeln. Sie jagen sogar bevorzugt verschiedene Seehundsarten: die Grönländer die in Rudeln auftauchenden Sattelrobben, Klappmützen und Seehunde, die sie in Treibjagden mit der Keule oder dem Speer möglichst an Land erlegen, die Eskimo hingegen mehr die einzeln lebenden Ringelrobben, die mit Individualjagd das ganze Jahr über erbeutet werden können. Doch beide Seiten jagen auch das Ren und alles Kleinwild, die Eskimo möglicherweise auch die Haustiere der Grönländer, die für ein Volk ohne derartige Produktionskultur nichts anderes sein mögen als eine besondere Art von Wild. Außerdem jagen die Eskimo durchaus auch die saisonal herdenbildenden Robben, wenn sie Gelegenheit haben. Zudem durchstreifen sie in ihren schnellen Kajaks die Fjorde durch den Bereich der

Küstenhöfe und Kirchen der Grönländer hindurch, während die Grönländer auf der Fahrt zur Küste die Wohnbereiche der Eskimo passieren müssen, sobald diese sich an den Außenfjorden angesiedelt haben. Und das geschieht offensichtlich schon während der Zeit, als die Grönländer ihre Österbygd bewohnen.

Ausgrabungen vor dem Zweiten Weltkrieg durch dänische Forscher fanden an der Mündung mehrerer Fjorde Gruppen von Eskimohäusern, die offensichtlich schon zu »Lebzeiten« der Österbygd bestehen. Die größte Gruppe, ein für Eskimoverhältnisse schon riesiges »Dorf«, liegt nahe dem Eingang des Isafjords (heute: Sermilik-Fjord), und zwar so, daß es den gesamten Schiffsverkehr zu den im Innenfjord liegenden Grönländerhöfen kontrolliert, auf einer Landzunge der »Rentierinsel« (Tuqtutup Isua), die der Kathedrale zu Gardar gehört.

Es ist wahrscheinlich kein Zufall, daß sich die Eskimo auf diesem strategisch günstigen Fleck derart massieren.

Durch die wirtschaftlichen Probleme und den Mangel an Seetransportkapazität wird die Existenz der Grönländer zwar nicht gefährdet, aber doch erschwert.

Daß sie im 15. Jahrhundert nicht mehr aus dem vollen schöpfen, demonstriert einer der spätesten Wohnhaus-Neubauten der Österbygd, auf dem Gelände des Hofes Brattahlid errichtet, d. h. dem Wohnsitz des Gesetzessprechers. Es ist ein »Passagehaus« mit nur acht und sämtlich nicht sehr großen Räumen, in dem keine mächtigen Feuer mehr brennen. Nur drei kleine Feuerchen, davon zwei in der Küche, sind in Betrieb. Holz ist eindeutig knapp geworden. Man heizt nach Eskimoart mit Seehundsspeck-Lampen. Wie alt dies Haus genau ist, steht nicht fest. Die Entdecker taxieren es auf das 14. bis 15. Jahrhundert: sagen wir um 1400, also die Zeit, da der Vorhang sinkt oder bereits gesunken ist.

Ein zweiter Fund spricht eine weniger verständliche Sprache, obwohl er Wichtiges zu sagen hat.

In den Ruinen des Bischofshofes liegen wahllos verstreut zerbrochene Specksteinformen für Metallguß – etwas ganz Ungewöhnliches und Einmaliges hier in den Grönländersiedlungen. Gegossen werden darin zum Beispiel Pfeilspitzen und Spinnwirtel. Die Spinnwirtel sind schön dekoriert und zum Teil mit Runen beschriftet. Welches Metall in den Formen gegossen worden ist, läßt sich nicht direkt nachweisen. Doch in Gardar sind viele Bruchstücke von Kirchenglocken gefunden worden, davon ein Teil angeschmolzen: Kein Zweifel, daß man die Glockenbronze für den Guß von Waffen und Hausgerät nutzbar machen will.

Es ist kaum vorstellbar, daß, solange ein Bischof oder ein machtvoller Stellvertreter hier residiert, irgendwelche Leute auf dem Bischofshof eine Kirchenglocke zertrümmern, um daraus derart profane Dinge zu gießen. Selbst wenn die Kirchenglocke einen Sprung bekommen hat oder gar zerbrochen ist – könnte zum Beispiel der Glockenturm gerade umgestürzt sein? –, würde die Kirchenobrigkeit das sehr teure Glockenmetall sicher zurück nach Norwegen senden, um eine neue Glocke gießen zu lassen.

Diese ominösen Speckstein-Gußformen sind nicht näher datierbar. Nur aus den Zusammenhängen heraus läßt sich spekulieren, daß sie aus jener letzten Zeit der Abgeschnittenheit der Österbygd stammen und eine wachsende Gleichgültigkeit, vielleicht eine uneingestandene Verzweiflung oder eine zunehmende Kirchenfeindlichkeit demonstrieren könnten.

Ähnlich läßt sich die Verteilung der Grabkreuze auf dem Friedhof Herjolfsnes deuten, wo die weltberühmten Trachten aus den Gräbern gehoben worden sind, mit zahlreichen hölzernen Kreuzen als Beigaben, niedergelegt auf der Brust der Toten. Achtundfünfzig dieser Kreuze aus Fichtenholz (nur eins aus Wacholder) sind gefunden worden, doch sie verteilen sich nicht gleichmäßig über die Belegungszeit des Friedhofs. Die ältesten Kreuze sind am sorgfältigsten gefertigt, die jüngeren werden zunehmend roh zusammengeklopft. In der jüngeren Zeit, also im 15. Jahrhundert, werden die Toten offenbar schon zum Teil ohne Kreuz beigesetzt. Nimmt man die Religion nicht mehr so wichtig wie in früheren Jahrhunderten? Hat die Kirche an Einfluß verloren?

Das kann möglicherweise ein Papst-Brief von Alexander VI. belegen. Er setzt 1492 einen Mönch Matthias zum Bischof in Gardar ein, der persönlich dorthin reisen soll, um die verlorenen Seelen dort auf den Pfad der ewigen Seligkeit zurückzubringen:

»Da, wie wir gehört haben, die Kirche zu Gardar am Ende der Welt in Grönland liegt, wo die Einwohner aus Mangel an Brot, Wein und Öl gezwungen sind, sich von Trockenfisch und Milch zu ernähren, wohin man wegen des seltenen Schiffsverkehrs auf Grund des starken Gefrierens des Meers nur selten kommt, weshalb in den letzten 80 Jahren kein Schiff gelandet ist ..., so daß für rund 80 Jahre kein Bischof oder Priester persönlich den Kirchendienst wahrgenommen hat ..., hat ein großer Teil der Gemeinde, die früher gläubig waren, ihren Glauben abgelegt, und die Einwohner des Landes haben keine andere Erinnerung an den Christenglauben außer einem Korporale (einem Altartuch), das einmal im Jahr gezeigt wird ...«

Der Mönch Matthias reist natürlich nicht nach Grönland. Woher der Papst seine Informationen bezogen hat, da doch seit achtzig Jahren kein Schiff mehr in Grönland gelandet ist, wissen wir auch nicht. (Die Zeitangabe »80 Jahre« stimmt aber verblüffend gut überein mit der Rückkehr des Isländerschiffes mit dem Hochzeitspaar 1410 nach Island, dem letzten nachgewiesenen Kontakt der Grönländer mit Europa.)

Irgendwelche Gerüchte über die sinkende Gläubigkeit der Grönländer haben anscheinend Rom erreicht und bewirkt, daß sich der Heilige Vater selbst zu einer Aktion aufgerafft hat – ohne Ergebnis –, denn die Bischöfe zu Gardar waren zuletzt weiter nichts als römische Prälaten, die einen klingenden Titel führen, ohne den Grönländern von Nutzen zu sein.

Nimmt man alles zusammen, so ist die Stimmung im Land in jener dunkel-geheimnisvollen Endphase sicher nicht glänzend und vielleicht nicht mehr so kirchenfreundlich, weil man sich von der Kirche im Stich gelassen fühlt, der man einst das Land geöffnet hat – und die jetzt die halbe Österbygd besitzt, ohne ihre Pflichten zu erfüllen. Denn zu diesen Pflichten gehört es natürlich, daß im Land Priester wirken, die ordnungsgemäß ihre Weihe von den dafür vom Stellvertreter Christi in Rom eingesetzten Männern erhalten haben. Diese Priester, die noch der letzte Bischof Alf oder sein beamteter Stellvertreter auf Gardar geweiht hat, müssen aber nach 1400 altershalber gestorben sein. Ob sich Nachfolger finden, die aus eigener Berufung die Aufgaben der Kirche weiterführen – vielleicht aus den Kreisen der Mönche des Klosters am Ketilsfjord –, wissen wir nicht.

In dieser Situation müssen sich die Grönländer preisgegeben fühlen. Doch sie resignieren nicht.

Das dokumentieren aufs eindrücklichste die Trachten von Herjolfsnes.

Wir lasen schon in früheren Kapiteln, daß ein Teil dieser Trachten erst in der zweiten Hälfte des 15. Jahrhunderts geschneidert wird: so das kokette Frauenkleid mit dem Halsausschnitt und der eleganten Fältelung, so der hohe Burgunderhut. Man kann aus diesen Kleidungsstücken nur ganz ungefähr auf den Zeitpunkt schließen, an dem ihre Träger beerdigt wurden – vor allem deshalb, weil ja niemand weiß, wer wann die Vorbilder ins Land brachte, die Schnitte vorführte oder gar ein modernes Damenkleid verkaufte (es gibt einzelne Stücke aus der Kollektion, die importiert sein dürften).

Die Existenz dieser modernen Trachten aus Europa widerspricht natürlich dem von uns aufgestellten Motto für das Endkapitel im Leben der Grönländer, nämlich daß sich diese Phase im Dunkel hinter dem Vorhang des Nichtwissens abgespielt habe. Irgendwelche Schiffe müssen den Kurs auf das europäische Grönland genommen haben oder dorthin verschlagen worden sein, nachdem der offizielle Schiffsverkehr eingeschlafen ist. Doch die Männer, die dann noch Grönland erreichen, haben ihr Wissen für sich behalten. Entweder wissen sie, daß Grönland nicht angelaufen werden darf – nur mit Erlaubnis der norwegisch-dänischen Krone, die sich im 16. Jahrhundert beim englischen König über widerrechtliches Anlaufen der nordischen Untertanenlande (Island, Färöer, Grönland) beschwert –, oder sie machen so gute Geschäfte mit den Grönländern, daß sie darüber nicht weiter sprechen, höchstens beim Bier in Hafenkneipen, aus denen dann Gerüchte in die Welt sickern, wie sie beim Papst in Rom angekommen sein mögen. Viele gute Gründe sind denkbar.

Die Trachten zeigen, daß es für die Grönländer ab und zu Lichtblicke gibt in jenem Dunkel hinter dem Vorhang des Nichtwissens und der Verlassenheit. Ob es baskische Walfänger sind, die sie ihnen bringen, oder englische Händler (und zugleich Piraten), die auch auf Island kaufen, verkaufen und verwüsten – wir können nur raten.

Mit diesen unbekannten Schiffen, die die neue Mode nach

Grönland einführen, kommt sie sicher mit ganz erheblicher Verspätung ins Land. Bis dann die Kleider und Hüte gefertigt und so lange getragen sind, daß sie sich abgenutzt haben und ihre Träger selbst zu Grabe getragen werden, vergehen weitere Dezennien. Dr. Paul Nörlund, der Entdecker dieses kulturgeschichtlichen Schatzes, rechnet mit einer Zeitverzögerung um mehrere Jahrzehnte zwischen dem Aufkommen der Mode in Europa und dem Zeitpunkt, da man diese modischen Kleidungsstücke als Leichentücher in die Erde von Herjolfsnes bettet. Wichtige Anhaltspunkte für die Datierung, denn das bedeutet, in Jahreszahlen umgesetzt, daß die letzten Gräber von Herjolfsnes noch Ende des 15. Jahrhunderts – vielleicht 1480, vielleicht auch noch später – ausgehoben werden.

Bis dahin also leben sie noch (zumindest in Herjolfsnes), die zu Grönländern gewordenen Europäer, späte Nachfahren der ersten Entdecker der Neuen Welt. Ihre Wirtschaft liefert noch immer soviel Überschüsse, daß die »Frauen der Gesellschaft« (d. h. der großen Hofbesitzer) ausreichend Zeit haben, sich mit sorgfältig und professionell geschneiderten Kleidern des »dernier cri« zu beweisen, daß sie eben nicht am Ende der Welt leben, wie man in Rom denkt, selbst wenn ihre Nahrung nicht aus Öl und Wein und Brot besteht, sondern aus Butter, Hammelkeulen und Seehundsbraten (und nicht nur aus Trockenfisch und Milch, wie der Papst vermutet).

In der zweiten Hälfte des 15. Jahrhunderts sind die Grönländer jedenfalls nicht in Weltuntergangsstimmung, sondern behaupten fast ostentativ ihre Identität als Vorposten Europas. Ihre Wirtschaft floriert wohl kaum mehr so wie einst vor hundert bis zweihundert Jahren, aber sie funktioniert.

Es mag sein, daß das nur noch für die Südspitze von Grönland, für Herjolfsnes, zutrifft und daß weiter im Norden der Österbygd die Höfe schon menschenleer und die Klöster verlassen sind. Doch sehr wahrscheinlich ist das nicht. Würde Herjolfsnes sonst so lebensfähig sein, wie es das offenbar ist? Dieser Platz am Eingangstor zum Klein-Europa auf Grönland kann eigentlich allein gar nicht existieren: Die für den Futterbau und als Weiden brauchbaren Flächen sind viel zu klein, als daß sich ausreichend Viehbestände halten ließen. Einst, in der »Landnahme«zeit, wurde Herjolfsnes ja auch als Hafenumschlagsplatz von seinem Gründer ausgewählt. Für die Versorgung mit Zusatz-Lebensmitteln ist es auf sein Hinterland angewiesen, auf die weiter nördlich gelegenen Fjorde und deren Höfe. Offensichtlich pulsiert auch dort noch Leben.

Und falls ein Hauch von Weltuntergangsstimmung in der Luft liegt – die Grönländer leben mit ihr so, wie ihre Vorväter, die Helden der Sagas, dem ihnen zugeteilten Schicksal entgegengingen, ohne die Augen davor zu verschließen.

So ungefähr muß man die Trachtenfunde von Herjolfsnes als geschichtliche Dokumente deuten.

Wer spielt jetzt Schicksal?

Welche Kräfte dieses Fetzchen Europa auf dem Boden der Neuen Welt zu Fall bringen, darüber kann man wirklich debattieren, sofern man nicht gleich die historische Parallele zwischen dem unseres Erachtens recht eindeutigen Ende der Vesterbygd und dem hinter dem Vorhang ablaufenden Ende der Österbygd ziehen will.

Dr. Fridtjof Nansen hat in seinem vor dem Ersten Weltkrieg erschienenen Buch mit Vehemenz die Friedfertigkeit der Eskimo betont und behauptet, die Grönländer hätten sich nach dem Abbruch des Europaverkehrs mit den Eskimo vermischt und seien in ihnen aufgegangen. Seine Argumente dafür wirken allerdings etwas eigenartig und sehr individuell gefärbt. So meint er unter anderem, daß sich die »Nordleute« den Eskimo angeschlossen hätten, weil deren Frauen für die damaligen Männer sicher nicht minder verlockend gewesen wären, als sie es für die heutigen Nordleute seien. Darüber, welche Meinung die Frauen der Nordleute und die Männer der Eskimo zu diesem Vorgehen gehabt hätten, hat Nansen wohl nicht nachgedacht. Seitdem wurden von den Forschern etliche neue, zusätzliche Theorien für das Sterben der Österbygd aufgestellt.

Nansens Hypothese – von nichts getragen als von seinen persönlichen Erfahrungen mit den Eskimo des 19. Jahrhunderts – wurde eine Zeitlang scheinbar bestätigt, und zwar durch immer neue Funde von grönländischen Kulturgütern in Eskimosiedlungen durch ganz Grönland. Wie früher schon mehrmals erwähnt, finden sich solche Kollektionen bis in den höchsten Norden und Ellesmere-Island. Doch Dr. Jörgen Meldgaard hat neuerdings darauf hingewiesen, daß diese Objekte nicht aus einer Übernahme der grönländischen Kultur entstanden seien, man also aus ihnen nicht auf eine Mischkultur schließen könne, sondern daß die notorisch neugierigen und interessierten Eskimo sie als Kuriosa und Souvenirs betrachtet hätten. Das Inventar aus den Grönländer-Siedlungen ist, wenn es überhaupt benutzt wird, meist zweckentfremdet. Spinnwirtel werden durch Einstecken von Stäben zu Kreiseln, Bruchstücke von Kirchenglocken zu Ohrgehängen für eine Eskimo-Schöne, Schwertspitzen werden abgebrochen und als Messer verwendet. Natürlich finden viele erkennbar nützliche Dinge, zum Beispiel Messer und Löffel, auch als solche Verwendung. Doch es wird nichts Nennenswertes übernommen oder gar weiterentwickelt.

Man müßte außerdem skelettanatomische Hinweise auf eine ins Gewicht fallende Vermischung der beiden Rassen haben. Es existiert eine ganze Reihe von Funden aus Gräbern der frühen Eskimobesiedelung auf Grönland, doch von »Hybriden« ist keine Spur gefunden worden.

Der Fund von Herjolfsnes spricht auch ausdrücklich gegen jede derartige Vorstellung: Die dort lebenden Grönländer denken – trotz Isolation und bedrohter Lage – deutlich nicht daran, ihre Identität, ihre Zugehörigkeit zur europäischen Kulturgemeinschaft, aufzugeben und sich mit den Eskimo zu mischen. Sie sind ihnen ja als »Heiden« suspekt: Vermutlich hat der Priester von der Kanzel herab auch seit Jahrhunderten immer wieder gegen die heidnische und unbekehrbare Nachbarschaft gewettert und die guten Christen eindrücklich vor den Eskimo gewarnt.

Eine andere Hypothese sieht die Grönländer vernichtet durch Piratenangriffe – vielleicht der Basken oder der Engländer. Wir hörten ja schon, daß die englischen Kaufleute illegal nach Island kommen und bei ihren Aktivitäten Handel und Raub nicht scharf auseinanderhalten. Diese Geschäftsreisen mit Kombination von Seeraub und Handel werden aus Island für 1420 bis 1425 sowie für 1429 und 1443 gemeldet. Eine der Reisen führt die Engländer auch bis hinauf nach Finnmarken (25. Juni 1423), und 1443 beklagt sich der dänische König Christoph III. offiziell über einen Überfall auf Island.

Man sieht, die Engländer scheuen weder Weg noch Zeit, um ihre Geschäfte zu fördern.

Daß sie auch nach Grönland kommen, ist zumindest durchaus vorstellbar. Falls sie den »Königsspiegel« gelesen hätten, wüßten sie, daß in Grönland »große und gute Höfe sind«, und der Küstenklatsch in den Hafenstädten wird bestimmt auch davon wissen, daß die Grönländer für den Winter Butter tonnenweise und Schlachtvieh dutzendweise einlagern. Es mag also lohnend sein, sich in diesem Land zum Beispiel mit Proviant kostengünstig oder kostenfrei einzudecken.

Solche Vorstellung wird unterstützt durch eine Aufzeichnung des Dänen Niels Egede im 18. Jahrhundert. Er ist der Sohn des Pastors Hans Egede, der sich 1723 auf Grönland niederläßt, die Eskimo bekehrt und nebenbei nach Überlebenden der Grönländersiedlungen sucht.

Niels Egede hat einen »Angakok«, einen »Zauberer« der Eskimo, ausgefragt – einen Mann der geistigen Oberschicht also. Dieser stammt aus dem Gebiet der heißen Quellen Grönlands am Siglufjord, wo die grönländischen Nonnen die Kranken betreuten, und er erzählt Egede das Folgende:

Eskimogruppen sind auf ihrer Wanderung nach Süden auch zu diesem Fjord gekommen und haben sich mit den Grönländern angefreundet, nachdem diese sie erst nicht in ihrem Land hatten haben wollen. Eines Tages kommen drei kleine Schiffe, deren Besatzung an Land geht, dort plündert und etliche von den »Nordleuten« totschlägt. Die anderen vertreiben die Eindringlinge und erbeuten ein Schiff, während die Eskimo vor Angst in das Land hinein flüchten. Im Jahr darauf kommt eine ganze Flotte der Seeräuber. Sie plündern, erschlagen aus Rache, rauben Vieh und alles Transportable und fahren wieder ab. Eine Gruppe der überlebenden Grönländer packt die letzte Habe in Boote und fährt davon, nachdem sie den Eskimo das Versprechen abgenommen hat, den in der Siedlung Zurückbleibenden zu helfen, falls die Seeräuber abermals angreifen sollten. Im Jahr darauf kommen die Piraten tatsächlich wieder. Die Eskimo ergreifen die Flucht und nehmen einige Frauen und Kinder der Grönländer mit. Als sie im Jahr darauf zu der Siedlung zurückkehren, ist diese völlig verbrannt und zerstört. Die Eskimo ziehen sich wieder landeinwärts zurück, führen die Frauen der

»Nordleute« (insgesamt fünf) und deren Kinder mit sich, verheiraten sich mit den Frauen und leben dann in Frieden. Nach vielen Jahren kommt erneut einer dieser »Schnapphähne, die zu den englischen Freibeutern gehören«, doch beschränken sich die Eindringlinge darauf, mit den Eskimo Geschäfte zu machen, sobald sie sehen, wie groß deren Anzahl ist.

Dieser Bericht berührt angenehm wegen der Menschenfreundlichkeit der Eskimo. Allerdings erscheint es merkwürdig, daß die davonsegelnden Grönländer den Eskimo zuvor das Versprechen abnehmen, den Zurückbleibenden im Notfalle beizustehen: Sie haben doch schon erlebt, wie rasch die Eskimo vor den anrückenden fremden Schiffen die Flucht ergreifen! Wieweit der Bericht auf glaubhafter Überlieferung beruht, ist eine ganz andere Frage. Er kann ebensogut intelligent erfunden sein: Ein Eskimo-Angakok hat sicher soviel Phantasie, um das eigene Volk in ein gutes Licht zu setzen.

Denn zu dieser Zeit, im 18. Jahrhundert, lebt in Grönland noch eine mündliche Tradition, nach der irgendwelche Weißen zurückkommen werden, um irgend etwas nicht näher Überliefertes zu rächen – höchstwahrscheinlich doch die Ausrottung der europäischen Grönländer! In dieser Lage ist es sicher ein Gebot der Klugheit, die Verdienste der Eskimo um die Grönländer des Mittelalters hervorzuheben und irgendwelchen räuberischen Fremden die Schuld an deren Untergang zuzuschieben.

Daß diese Fremden die Engländer sein sollen, wird vermutlich nicht der Angakok erzählt haben, sondern ist eher eine freie Ausdeutung durch Niels Egede. Historisch wäre es jedoch denkbar, obwohl ebenso die Basken in Betracht gezogen werden müßten, die in den Geschäftsmethoden damals keineswegs wählerischer sind als die Engländer.

Sehr großen Wahrscheinlichkeitswert hat die Story nicht:

Die Grönländersiedlungen liegen ja massiert im hintersten Teil der langen Fjorde, in sehr großer Entfernung von der Küste. Ob die relativ großen Schiffe des 15. Jahrhunderts es wagen können, durch die auch sommers mit treibenden Eisbergen bedeckten Fjorde sich dreißig, fünfzig oder noch mehr Kilometer bis zu den von den Grönländern bewohnten Wiesengründen hindurchzuschlängeln? Auf dieser Strecke zwischen hohen Felswänden hindurch, die den Innenfjord schützen und »klimatisieren«, wechselt der Wind ständig, lauern also viele Risiken auf die plumpen, rahbesegelten Schiffe des 15. Jahrhunderts. Wohl aber vermochten die flachgehenden Wikingerschiffe dort zu kreuzen: Notfalls halfen sie sich mit Rudern weiter, machten sich dadurch von der Windrichtung unabhängig und konnten Eisbergen ausweichen. Für die Piratenschiffe jener Zeit sind die Fjorde eher eine Falle.

Das planmäßig am offenen Meer angelegte Herjolfsnes könnte vielleicht ein Angriffsziel gewesen sein. Doch erweckt die durchgehende Belegung seines Friedhofs seit etwa 1350 bis zum mysteriösen Ende vor oder um 1500 gar nicht den Eindruck, das Leben dort sei durch einen Überfall schwerwiegend gestört worden.

Vielleicht hat sich ein derartiger Überfall tatsächlich einmal in irgendeinem der Hauptfjorde der Österbygd ereignet. Doch dann hat er nie mehr als örtliche Folgen gehabt und die Existenzfähigkeit der Tausende von Einwohnern an den zehn Fjorden der Siedlung nicht entscheidend geschwächt.

Das Klima: Deus ex machina?

Wenn man keine menschliche Einwirkung für das Verschwinden der Grönländer aus ihrem Land verantwortlich machen möchte (schon wegen der vehementen Verteidigung der Eskimo durch Fridtjof Nansen) oder vernünftigerweise nicht verantwortlich machen kann (Piraten), dann sucht man die Ursachen dort, wo sie sich nicht so gut nachprüfen lassen: in der Natur. Da bietet sich in einem solchen Land am Rande des ungeheuren Inlandeises fast von selbst das Klima als ständige Bedrohung des Daseins an – genauer gesagt: Klimaveränderungen, die den Menschen dort das Leben unmöglich machen.

Kein Zweifel: Bauern, die in Sichtweite der Gletscher leben und deren Wohl und Wehe von der jährlichen Futterernte für ihre Kühe und Schafe abhängt, sind durch klimatisch bedingte tiefgreifende Umweltveränderungen gefährdet. Diese Klimaveränderung ist das beliebteste Argument der letzten Jahrzehnte: Sie habe den Grönländern nach und nach ihren Viehbestand geraubt und damit allmählich ihre Existenzgrundlage vernichtet, bis die vordringenden Eskimo ihnen den Gnadenstoß versetzten – als Vollstrecker eines unausweichlichen Schicksals jenes ersten Europäerstaates am Rande der Neuen Welt. In diesen Chor stimmen nur einzelne Forscher nicht mit ein, so Dr. Knud Krogh, im übrigen aber zieht sich die Klimatragödie als roter Faden durch alle Erörterungen, die sich mit dem Ende der Europäer auf Grönland hinter dem »dunklen Vorhang« befassen, oft dramatisch überhöht, wie zum Beispiel besonders eindrucksvoll von der englischen Historikerin Dr. Gwyn Jones:

»Der Nordländer, konservativ in seiner europäischen Kleidung bis an das Ende der Siedlung, abhängig von Eisen, verheiratet mit seinen Herden und den schwindenden Weiden, konnte seinen ›Fimbulwinter‹ nicht überleben, dessen Beginn ihm – hätte er es nur gewußt – das Ende seiner Welt ankündigte.« (Der »Fimbulwinter« der nordischen Mythologie leitet das Ende der ganzen Welt ein.)

Eine kräftige Klimaverschlechterung mit weitreichender Abkühlung in den gemäßigten und polaren Zonen der Nordhalbkugel hat sich tatsächlich innerhalb des letzten Jahrtausends abgespielt. Sie wird schon vor dem Ersten Weltkrieg erkannt: keine Klimakatastrophe, doch eine mehrhundertjährige Periode, in der die Alpengletscher bis tief in die Täler vordringen, in der sich die nördlichen Meere abkühlen, wärmeliebende Fische nach Süden ausweichen und die Erträge der Felder Nordeuropas immer schlechter werden.

Wann und wie genau diese »Kleine Eiszeit« angefangen hat, darüber diskutieren Meteorologen, Geologen, Glaziologen und Geophysiker bis heute. Allerdings zeichnen sich in der jüngsten Zeit zunehmend konkrete Ergebnisse ab, vor allem durch die Anwendung moderner naturwissenschaftlicher Methoden zur Rekonstruktion der Klimafaktoren früherer Jahrhunderte und Jahrtausende. Geendet hat die »Kleine Eiszeit« erst im 19. Jahrhundert.

Diese »Kleine Eiszeit« ist es, die Dr. Gwyn Jones in ihrer Schilderung des »Fimbulwinters« anspricht, der über die Grönländer hereinbricht (und die ihren »gutgelaunten, ausdauernden Eskimo« nicht anficht).

Aber brachte sie wirklich das Ende der Grönländer?

Die Vorstellungen von dem Beginn und den tatsächlichen Auswirkungen dieser »Kleinen Eiszeit« sind bisher nur sehr allgemeiner Art. Zwar verweist Dr. Paul Nörlund, Finder der Trachten von Herjolfsnes, auf Berichte über einen Friedhof der Grönländer, der von einem Gletscher zugedeckt worden sein soll, doch ist dieser Friedhof bisher nicht aufgefunden worden. Hier läge eine interessante Parallele zu dem Vordringen von Alpengletschern in die Täler und Dörfer hinein.

Es gibt jedoch ganz konkrete Berichte über Umweltveränderungen in Grönland während der europäischen Besiedelung, die mit Klimaveränderungen zusammenhängen müssen. Die

Eisverhältnisse vor Ostgrönland verschlechtern sich zum Beispiel gut ein Jahrhundert nach der »Landnahme« ganz erheblich. Das Treibeis von Norden dringt im Sommer immer weiter südwärts vor.

Erik der Rote und seine Besucher und Neusiedler können von Island aus nach Grönland noch westwärts segeln (breitengradsparallel, wie es die Wikinger-Navigationstechnik erfordert), dann nach Landsicht südwärts halten und schließlich die Südspitze bei Kap Farewall umrunden. Nur sturmvertriebene Schiffe landen direkt an der Küste Ostgrönlands und werden über Winter an Land gezogen (mehrere Sagas berichten von diesen Überwinterungen).

Doch in den darauffolgenden Jahrhunderten liegt ständig eine riesige Eisbarriere vor der ostgrönländischen Küste. Schon im 12. Jahrhundert weiß das der kluge Vater im »Königsspiegel«, der seinem Sohn eine ausführliche Beschreibung dieses Eisgürtels liefert:

»Sobald man den tiefsten Teil des Ozeans hinter sich hat, trifft man solche Massen von Eis im Meer, wie ich sie sonst nirgendwo auf der Erde ähnlich wüßte. Manchmal sind die Eisfelder so flach, als seien sie auf der Meeresoberfläche gefroren. Sie sind vier bis fünf Ellen stark und reichen vom Land so weit hinaus, daß es eine Reise von vier Tagen oder mehr sein kann, um das Land zu erreichen. Da ist mehr Eis nach Nordost und Nord als nach Süd, Südwest und West. Folglich sollte jeder, der Land erreichen will, die Eisfelder nach Südwest oder West umsegeln, bis er alle Orte, wo Eis zu sehen ist, hinter sich gelassen hat und dann auf Land zu halten kann. Es ist oft geschehen, daß Leute zu früh versucht haben, das Land zu erreichen, und deshalb von den Eisfeldern festgehalten wurden. Einige von den im Eis Gefangenen sind umgekommen, doch andere konnten sich befreien, und von ihnen haben wir verschiedene angetroffen und ihre Informationen und Erzählungen gehört. Alle, die in dem Eis festsaßen, haben die gleiche Möglichkeit zum Entkommen versucht: Sie haben ihre Beiboote auf das Eis gezogen und sie mitgeschleppt, bis sie Land erreichten – doch das Schiff und alle Wertsachen mußten zurückgelassen werden und waren verloren. Einige mußten vier bis fünf Tage auf dem Eis verbringen, bevor sie Land erreichten, einige noch länger.

»Diese Eisfelder haben seltsame Gewohnheiten. Manchmal liegen sie so ruhig wie nur möglich, doch sind sie durch schmale Spalten oder große, fjordartige Öffnungen zerteilt, ein andermal treiben sie mit einer Geschwindigkeit, die so groß ist, daß ein Schiff vor gutem Wind nicht schneller sein kann. Sind sie einmal in Bewegung, so treiben sie ebensooft gegen den Wind wie mit dem Wind. Doch gibt es auch noch Eis anderer Form, das die Grönländer ›Eisberge‹ nennen. Diese erinnern im Aussehen an Felsberge, die aus dem Meer aufragen, aber sie mischen sich nicht mit anderem Eis, sondern schwimmen allein.«

Diese Beschreibung der Eisverhältnisse vor Ostgrönland ist bemerkenswert klar, voll guter Beobachtungen und nützlicher Hinweise für den Seemann – eine Qualitätsleistung des Autors des »Königsspiegels«. Sie zeigt, was den Seefahrer auf dem Grönlandkurs in den späteren Zeiten der europäischen Besiedelung Grönlands erwartet, wenn er seine Geschäftsreisen dorthin unternimmt. Daß diese riesigen Felder von Packeis und Treibeis vor Ostgrönland nicht immer dort waren, zeigt auch der von uns schon oft herangezogene Bericht Ivar Bardarssons.

Er schildert in seiner Einleitung den Seeweg nach Grönland, von Island aus, und bemerkt, es gebe einen »alten Kurs«, der direkt von Island westwärts führt, bis man Grönland erreicht. (Dort, an der Ostküste, segelt man dann südwärts bis zum Kap Farewell, wo man zur Westküste umbiegt.) Doch »heutzutage ist das Eis von Nordosten herunter gekommen«, so daß niemand den »alten Kurs segeln und hoffen kann, daß man wieder etwas von ihm hört«. Man muß den »neuen Kurs« von Island aus gleich nach Südwesten legen und darf nicht mehr westwärts die Ostküste Grönlands ansteuern. Mit Südwestkurs hält man sich von den ostgrönländischen Treibeisfeldern frei und gelangt direkt an die Südspitze Grönlands. Kein Zweifel also: Während der »Lebenszeit« der Grönländer haben Klimaveränderungen zu Vereisung und Treibeisbildung vor dem normalerweise im Sommer eisfreien Ostgrönland geführt.

Dieses Indiz der Klimaverschlechterung ist sogar quantifizierbar. Dr. Lauge Koch (Begleiter des Polarforschers Alfred Wegener auf dessen letzter Expedition) hat 1945 alle verfügbaren Informationen über Dauer und Umfang der Meereisbedeckung rund um Island gesammelt, von der Zeit der Entdeckung Is-

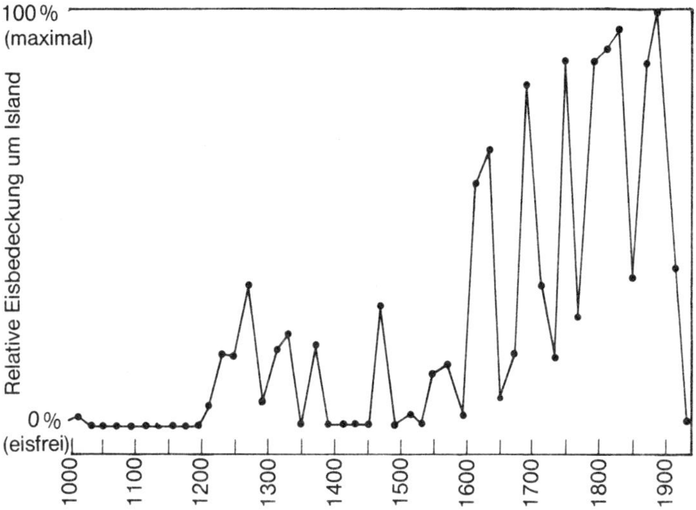

Entwicklung der relativen Eisbedeckung des Meeres rund um Island in der Zeit der Existenz der Grönländersiedlungen.

lands an. Die von ihm angefertigte Kurve zeigt, daß von 860 bis etwa 1200 das Nordmeer ringsum immer eisfrei ist. Von 1200 an beginnt Eisbedeckung, sie nimmt zu bis auf ein Maximum zwischen 1260 und 1400 und nimmt dann bis etwa 1500 wieder ebenso deutlich ab. Erst nach 1500 steigt sie langsam an auf Maxima um 1600 und in den nachfolgenden Jahrhunderten.

Dr. Kochs Datensammlung deckt sich ausgezeichnet mit den Angaben des »Königsspiegels« und unseres Kronzeugen in Sachen Grönland, Ivar Bardarsson: bis ins 12. Jahrhundert kein Eis in dieser Gegend des Nordmeers, danach viel Eis; man muß nach Grönland einen neuen Kurs segeln.

Ganz sicher haben wir es bei jenem Vordringen des ostgrönländischen Treibeises um 1200 mit einem Vorläuferphänomen der »Kleinen Eiszeit« zu tun. Doch nach der Eisbedeckungskurve zu urteilen ist diese Ouvertüre nur ganz bescheiden im Vergleich zu dem Klimasturz, der um 1600 mit voller Wucht einsetzt: Er führt zu Eisbedeckung, die drei- bis fünfmal stärker ist als jene in der Zeit zwischen 1200 und 1400.

Aber gerade diese Eisbedeckungskurve zeigt auch sehr deutlich, wie wenig das Verschwinden der Grönländer mit dem Welt-Klimaphänomen »Kleine Eiszeit« zu tun haben kann. Denn während deren Ouvertüre ihren Höhepunkt erreicht, florieren Öster- und Vesterbygd aufs beste. Zwar fällt in diese Vorläuferperiode der »Kleinen Eiszeit« dann das plötzliche Verschwinden des Lebens aus der Vesterbygd, doch kann man hierfür kaum den Klimasturz verantwortlich machen: Hätte seine Heftigkeit den Untergang der Vesterbygd bewirkt, so wäre die Österbygd nicht von ihm verschont geblieben. Dort ist aber zu jener Zeit überhaupt nichts Ungewöhnliches erkennbar.

Vor allem: Wie die Eisbedeckungskurve anzeigt, wirkt sich die Klimagefahr erst um 1600 bedrohlich aus – jedenfalls hier in den Breiten von Island und Grönland –, und zu dieser Zeit besteht auch die Österbygd längst nur noch aus verlassenen Ruinen. Ähnliches muß man aus anderen, moderneren Klimadaten schließen.

Die jüngsten, direkt aus Südgrönland stammenden Forschungsergebnisse liefert das internationale Forschungsprojekt »GISP« (Greenland Ice Sheet Project = Projekt Grönländisches Eisschild), ein Gemeinschaftsunternehmen unter Leitung der Professoren Willi Dansgaard (Kopenhagen), Hans Oeschger (Bern) und Chester Langway (Buffalo).

Der »Grönländische Eisschild« ist jene Eismasse, die als Inlandeis den Vorposten der Neuen Welt, Grönland, weitgehend bedeckt und wie ein Schild – innen hochgewölbt, nach den Seiten abfallend – auf dem Felsuntergrund lagert. Dieser Schild wächst in die Höhe durch den Jahr für Jahr fallenden Schnee, der sich unter dem Druck des jeweiligen Neuschnees zunächst in »Firn« und dann in Gletschereis verwandelt. Das Gletschereis fließt langsam nach den Seiten ab und stürzt in den Gletscherzungen ins Meer – jetzt als Eisberg.

Die Schicht für Schicht aufgehäufte Eismasse ist ein gewaltiger Datenspeicher mit Daten über die Umwelt, in der die Eislagen jeweils entstanden sind: Sie enthalten Luftblasen und Atmosphärenstaub eingeschlossen und sind selbst Proben des gefrorenen Regens ihres Geburtsjahrs.

Diese Datensammlung versucht man im GISP auszuwerten – zunächst, indem man aus dem Eisschild Bohrproben zutage fördert. Sie werden Meter für Meter ausgewertet und liefern Informationen über die Umweltveränderung während des Hochwachsens der Gletschermasse: über die Entwicklung des Bleigehalts der Luft, die Häufigkeit vulkanischer Großeruptionen (deren Staub bis nach Grönland fliegt und sich auf dem Gletscher sammelt) und über vieles andere mehr.

Aus der Zusammensetzung des Sauerstoffs in den Luftproben zum Beispiel läßt sich die Entwicklung der Lufttemperatur erkennen. Dieser Sauerstoff besteht aus zwei verschiedenen »Sorten« von Atomen, chemisch völlig gleichartig, doch mit etwas verschiedenem Gewicht, den »Isotopen« Sauerstoff 16 und Sauerstoff 18. Deren Anteil am Gesamtsauerstoff ist je nach Lufttemperatur verschieden.

Das Sauerstoffisotopenthermometer aus einer Bohrung in Südgrönland – d. h. in der Nachbarschaft der Grönländersiedlungen – zeigt genau den gleichen Rhythmus der Klimaentwicklung wie die Eisbedeckung des Nordmeers um Island: Nach einer langen Wärmeperiode folgt zwischen 1200 und 1400 eine Zeit der Abkühlung und dann sogar scharfer Abkühlung; danach eine Wiedererwärmung und erst in der zweiten Hälfte des 15. Jahrhunderts eine zunehmende Abkühlung bis in das 16. Jahrhundert hinein – also die »Ouvertüre« der »Kleinen Eiszeit« synchron zum Höhepunkt in den Entwicklungen der Grönländersiedlungen. Der erste Hauptakt aber folgt erst nach deren Erlöschen. Genau der gleiche Klimarhythmus – Vorläufer der »Kleinen Eiszeit« zwischen 1200 und 1400 und die im 16. Jahrhundert einsetzende »Kleine Eiszeit« selbst – läßt sich zum Beispiel auch im Herzen Europas anhand der Gletschervorstöße in den Hochalpen und der Entwicklung der Baum-Jahresringe dort nachweisen.

Nun sind Jahresdurchschnittstemperaturen der Luft (wie sie die Sauerstoffisotopenmethode liefert) sehr allgemeine Angaben: Man kann aus ihnen nicht erkennen, ob sie durch kühle Sommer bei milden Wintern oder warme Sommer bei extrem kalten Wintern oder aber durch noch andere Temperaturabläufe zustande kommen. Diese detaillierten Temperaturabläufe sind für die Existenz von viehzüchtenden Bauern teilweise wichtiger als die Jahresdurchschnittstemperatur.

Das GISP kann auch hier mit den Details helfen.

Bis ins einzelne gehende Angaben über einen interessanten Einzelfaktor des Klimas – nämlich die Sommerwärme – lassen sich neuerdings gewinnen, indem der Umfang der sommerlichen Schneeschmelze unmittelbar auf dem Inlandeis gemessen wird: Im Sommer schmilzt ein Teil der Schneedecke, das Schmelzwasser sickert in die Tiefe und gefriert dort wieder. Man kann das »Schneeschmelzeis« von dem normalen, durch Verdichtung des Schnees entstandenen Gletschereis unterscheiden: Das Schneeschmelzeis enthält z. B. keine Luftblasen.

Diese neue Methode wurde zuerst in großem Umfang angewendet auf Proben der jüngsten Eistiefbohrung (1981 beendet) in Südgrönland, »Dye 3«, der mit 2063 Metern tiefsten Eisbohrung in der Arktis überhaupt. Ihre Auswertung durch eine Gruppe von US-Forschern ergibt folgendes: Von 1300 bis etwa 1350 erlebt Südgrönland eine Kette sehr warmer Sommer, dann bis 1410 kühle Sommer, dann wieder warme Sommer, die sich bis 1510 oder 1520 fortsetzen. Diese Abfolge mündet in eine lange Periode kalter Sommer, mit denen vielleicht die »Kleine Eiszeit« einsetzt.

Man sieht: Die Sommerwärme läuft in einem etwas anderen Takt als die Jahresdurchschnittstemperatur der Luft. Sie zeigt keinen direkten Zusammenhang mit den Ereignissen, die die beiden »Bygde« betreffen, und überhaupt keinen möglichen Einfluß auf das Ende der Österbygd: Während der Periode hinter dem Vorhang des Dunkels und Schweigens, nach 1410, sind die Sommer wärmer als in den Jahrzehnten vorher, normal – wenn auch nicht extrem – warm.

Die Abkühlung, die zur »Kleinen Eiszeit« führt, beginnt auch nach dieser Analyse der Sommertemperatur erst zu einem Zeitpunkt, da die Menschen aus der Österbygd verschwunden sind.

Zwar glauben wir gezeigt zu haben, daß die »Kleine Eiszeit« mit dem Aussterben der Grönländersiedlungen nichts, aber auch gar nichts zu tun haben kann, trotzdem wollen wir noch einen Blick auf die Vegetationsentwicklung dieser Jahrhunderte werfen: In der Pflanzenwelt müßte sich ja ein Klimasturz, der so schwerwiegend wirkt, daß er den Bauern der Grönländersiedlung das Überleben unmöglich macht, erkennen lassen.

Die Pflanzen als lebende Organismen wie der Mensch spiegeln die Veränderungen der Umwelt, von denen auch das Leben des Menschen beeinflußt wird, und dies erst recht in einem Wirtschaftssystem, das auf Futterbau basiert, also auf der Vermehrung natürlicher Wiesen-Pflanzengemeinschaften.

Die Vegetationsentwicklung Grönlands ist in den siebziger Jahren unseres Jahrhunderts nach modernen Methoden durch den dänischen Botaniker Dr. Bent Fredskild analysiert worden, und zwar unter anderem direkt im Zentrum der Österbygd.

Dort befinden sich kleine Seen, Tümpel und Moore, die ähnlich wie das Inlandeis »Daten speichern«.

Über diese Landschaft weht der Wind in jedem Frühjahr und Sommer den Blütenstaub der Bäume, Sträucher, Kräuter und Gräser der nahen und fernen Umgebung. Ein Teil des Blütenstaubs (des »Pollens«) sinkt auf die Wasseroberfläche und von da auf den Grund. So häuft sich dort schichtweise (wie im Eis des Gletschers) eine Dokumentation der Pflanzenwelt dieser Landschaft auf, die auch die Veränderungen erfaßt. Um diese Entwicklung zu rekonstruieren, nimmt man z. B. Bohrproben aus dem Seenboden und zählt Zentimeter um Zentimeter die darin enthaltenen Pollen der verschiedenen Gewächse aus.

Der Blütenstaub von Brattahlid erzählt, daß die seit Jahrtausenden normale Entwicklung der Pflanzenwelt plötzlich unterbrochen wird: Die Birkenwälder verschwinden mit einem Schlag wie auch die Weide und der Wacholder. Wiesenvegetation breitet sich aus. Das ist der Augenblick der »Landnahme«.

Die Isländer sind gelandet. Sie verheizen die Bäume Südgrönlands in ihren Langfeuern und Herden und legen dort, wo sonst Unterholz grünte, Weidegründe an. Während die Einwanderer langsam zu Grönländern werden, erobern auch die von ihnen mitgebrachten Pflanzen-Einwanderer das Land. Sie mögen mit den Schiffen gereist sein, die Vieh transportieren und für das Vieh Heubündel als Futter für die lange Seereise. Wenn die letzten Heuballen an Land gebracht oder die Schiffe ausgefegt werden, wehen auch die Samen von Wiesenpflanzen aus Island, wie Sauerampfer, Schafgarbe, Gänsefingerkraut und Hirtentäschel, umher und werden heimisch. Sie überleben später die Grönländer.

Zu den Gewächsen, die sich mit den Menschen ausbreiten, gehört auch der wilde Strandroggen – jedenfalls eine spezielle

Variante. An sich ist er in Grönland heimisch. Daß ein besonderer Typ sozusagen mit den Grönländern zusammenlebt, dürfte darauf hinweisen, daß diese tatsächlich Strandroggen kultivieren, um aus seinen Ähren Korn für ein wenig Brot zu dreschen.

Nun ist der Einschnitt in das Pflanzenleben Grönlands durch die Einführung der Landwirtschaft so weitgehend, daß er in der Dokumentation der »Pollenspektren« aus den Seen und Mooren kleinere vielleicht klimabedingte Veränderungen der Pflanzenwelt überdeckt. Falls sich jedoch ein sehr schwerer Klimasturz ereignet hätte, müßte er sich (vielleicht durch Auftreten von Pollen fremder arktischer Arten) erkennen lassen. Davon kann aber nicht die Rede sein.

Heimische Pflanzen und Einwandererpflanzen, wie etwa der Sauerampfer, leben nach dem Verschwinden der Grönländer normal weiter, ohne Unterbrechung, Wiesen und Weidegründe werden wieder von Birke, Wacholder und Weide besiedelt. Sonst ereignet sich nichts Neues im Leben dieser Pflanzen. Einen »Fimbulwinter« haben sie nicht erlebt.

Nach diesem Rundblick über die Klimadaten und klimabedingten Umweltveränderungen zur Zeit des Lebens und Aussterbens der Grönländer bleibt nur zusammenzufassen:

Diese viehzüchtenden Bauern-Jäger in Südgrönland haben Klimaschwankungen erlebt (die Ouvertüre der »Kleinen Eiszeit«), die nicht unerheblich gewesen sein mögen. Sie haben diese Umweltveränderungen ohne Schwierigkeiten überstanden, unter anderem dank ihrer Produktionstechnik. Daß sie ihre Wiesen zu bewässern beginnen, ist vielleicht sogar eine Reaktion auf diese Klimaänderung. Als aber die »Kleine Eiszeit« voll einsetzt, lebt bereits niemand mehr auf den Höfen in der Österbygd, dem im 14. Jahrhundert übriggebliebenen Teil der Siedlungen.

Die Rolle des »Deus ex machina« – des im kritischen Augenblick vom Himmel herabschwebenden Gottes im Theater früherer Jahrhunderte, der jede verfahrene Situation in Ordnung bringt, gegen alle Macht und Logik – kann dem Klima in der Tragödie der letzten Europäer auf dem Boden Grönlands nicht zugeschrieben werden – so gern dies viele Forscher möchten.

Hinter dem dunklen Vorhang des Nichtwissens um die Ursachen dieser Tragödie hat das Klima nicht Schicksal gespielt.

Das letzte Kapitel: Glockentrümmer und Kettenpanzer-Fetzen

Jetzt leben einige tausend Einwohner aus Europa schon etliche Jahrhunderte, seit 986, auf dem Boden Südgrönlands. Sie sind keine Europäer mehr, sie sind Grönländer geworden – nach vergeblichen Versuchen, in Nordamerika selbst heimisch zu werden – und haben ein ihrer neuen Heimat angepaßtes Existenzsystem entwickelt. Sie sind auf dem Weg, sich zu einer eigenen Völkerschaft zu entwickeln, mit Ansätzen zu einer kulturellen Eigenentwicklung, soweit diese für eine so kleine Bevölkerungsgruppe möglich ist.

Sie haben es, gemessen an den Verhältnissen in Europa zur selben Zeit, zu relativem Wohlstand gebracht, diese Grönländer am Rande des Inlandeises. Allerdings weist ihr Wirtschaftssystem Schwachstellen auf, bedingt durch den Mangel an »gewachsenem« Holz für Schiffbau und Eisengewinnung. Auch nach Verlust eines kleineren Teilgebietes um 1350 an die vordringenden Eskimo geht es ihnen bis zum Ende des 15. Jahrhunderts nicht wesentlich schlechter als vorher – das weisen die Trachten von Herjolfsnes aus.

Dieses europabürtige Land »Grönland«, nun die »Österbygd« noch allein, mag um 1400 in ihren zehn Hauptfjorden von vielleicht zweieinhalb- oder dreieinhalbtausend Menschen bewohnt sein. Am Ende des 15. Jahrhunderts sind es sicher nicht viel weniger, die auf ihren Höfen wie gewöhnlich wirtschaften. Offenbar leben gleichzeitig schon am Eingang zu den Fjorden kleine Eskimogruppen.

Als in der zweiten Hälfte des 16. Jahrhunderts die Europäer – historisch nachweisbar – Grönland, die Davis-Straße und Neufundland neu entdecken, finden sie von den Tausenden von Männern, Frauen und Kindern, von diesen Bauern, Leibeigenen und Priestern keinen einzigen mehr vor: Sie sind wie weggefegt. Die Verschwundenen haben sich nicht mit den Eskimo vermischt, die bei der Wiederentdeckung überall in den Wohngebieten der Grönländer leben. Sie sind nicht insgesamt durch europäische Piraten massakriert worden. Sie sind keiner Klimakatastrophe zum Opfer gefallen.

Diese Tausende haben sich auch nicht eines Tages auf ihre Schiffe begeben und sind ausgewandert. Erstens besitzen sie keine hochseefähigen Schiffe mehr, um von Grönland aus nach Europa zurückzukehren (ein anderes Ziel können sie nicht haben), und zweitens wäre die Ankunft solcher Auswandererflotte irgendwo im Norden Europas um 1500 mit Sicherheit in der Historie vermerkt worden. Welchen Anlaß hätten sie denn auch gehabt, ihre Heimat zu verlassen, die ihnen seit einem halben Jahrtausend gehört – und das ist, wohlgemerkt, eine ebenso lange Zeit, wie sie seit der Besiedelung der beiden Amerika (seit Kolumbus also) durch Europäer vergangen ist! Schließlich käme doch auch keiner der heutigen Bewohner Amerikas auf die Idee, in Wirklichkeit in Europa zu Hause zu sein, weil sein Land vor einem halben Jahrtausend von den Europäern entdeckt und besiedelt worden war, und würde deshalb einfach nach Europa zurückkehren, wenn er sich in Amerika bedroht fühlt.

Welches Ereignis hat die Tausende so nachhaltig ausgelöscht, daß ihre letzten Generationen fast spurlos verschwunden sind?

Wo Historie, Spekulationen und der »Deus ex machina« Klima keine Antwort geben, ist noch die Archäologie aufgerufen. Diese hat bis heute jedoch so gut wie keine direkten Spuren jenes Endes aufgedeckt. Mag sein, daß in den Archiven des Nationalmuseums von Kopenhagen noch Grabungsergebnisse schlummern. Wären diese aber von erheblicher Bedeutung, so hätte man sie getreu den Prinzipien der internationalen Forschung sicher nicht zurückgehalten.

Vom Standpunkt der Spatenforschung aus gesehen ist es eigentümlich, daß man außer den ganz spärlichen Indizien für eine mögliche Abschwächung der »Wirtschaftskonjunktur« (neuer Hof Brattahlid) oder für soziales Umdenken (weniger

Grabkreuze auf Herjolfsnes, Glockenbronzeformen auf Gardar) so gar nichts Greifbares über das Leben und Sterben in der Endphase findet.

Auch wenn die Ruinen der Grönländerhöfe vielleicht deshalb sich als fundleer erweisen, weil sie von den Eskimo, die das Land der Grönländer einnehmen, ausgeraubt worden sind, so gibt es doch nirgends auf den Friedhöfen Spuren eines Sterbens dieser Tausende. Man findet keine Gräber, in denen Tote in Eile und primitiv von deprimierten Überlebenden unter die Erde gebracht worden sind. Die letzten Toten auf Herjolfsnes sind (sieht man von Indizien für nachlassende Gläubigkeit ab) genauso sorgfältig in die Erde gebettet worden wie die ersten etwa um 1350 dort Begrabenen. Auch Massengräber als Indiz für ein großes Sterben fehlen. Zwar macht der Ausgräber von Herjolfsnes, Dr. Paul Nörlund, in seinem Fundkommentar Andeutungen über die Existenz eines Massengrabs, doch sind sie vage.

Nur von einem einzigen Menschen wissen wir, auf welche Weise er bei dem Ende der Österbygd stirbt. Halbvergangene Reste seines Skeletts hat Mag. C. Leif Vebaek in den Ruinen eines Hofes (Ö 167) gefunden, der einsam an einem der Seen des südgrönländischen Seengebietes (Vatnahverfi) liegt, einer Landschaft mit gletschergeschaffenen Binnenseen (wie Ostholstein oder das Alpenvorland) südlich des Einarsfjords, an dem sich Gardar befindet.

Dieser Mensch – ob Mann oder Frau, läßt sich nicht entscheiden – liegt in dem Gang des großen Hofes mit fünfzehn Räumen. Vielleicht ist er der letzte Überlebende auf dem Hof oder in dem Seenbezirk, doch weshalb er einsam zurückbleibt und keiner mehr da ist, um ihn zu begraben, bleibt rätselhaft. Sind die übrigen vor einem uns unbekannten Unheil geflohen und nie wieder zurückgekehrt?

Die Ausdeuter des Skelettfundes sehen diesen Überlebenden einsam in dem Riesenhof umherwandern, hungernd, verzweifelnd, vielleicht um Hilfe flehend vor den Specksteinkruzifixen, die in einer Kammer zerbrochen am Boden liegen, als der Archäologenspaten diese Tragödie freilegt. Hat der Verzweifelte sie zerstört, als sie sein Flehen nicht erfüllen? Schließlich verhungert er – oder er ist von eindringenden Eskimo erschlagen worden . . . das ist nicht mehr erkennbar.

Ein paar Höfe weiter in dem »Seendistrikt« erlebt man diese Tragödie im kleinsten und doch hautnah. Dort stehen in der Vorratskammer drei große Tonnen für gesäuerte Milch: In einer von ihnen befinden sich die Skelette von mehr als hundert Hausmäusen. Sie sind, als das Leben auf den Grönländerhöfen erlosch, offenbar in diesem einen Faß auf das letzte greifbare Futter gestoßen, sind an ihnen hinaufgeklettert und dann hineingeplumpst, konnten nicht wieder entweichen und verendeten.

Der Fund ist zoologisch interessant: Niemand wußte bis dahin, daß die europäischen Besiedler Grönlands auch ihre grauwolligen Hausmitbewohner unfreiwillig mitgebracht hatten, die sich in Grönland deutlich auch sehr wohl fühlen – sonst würde dort auf einem nicht einmal großen Hof nicht eine solche Schar leben.

Man mag diese kleine Episode mit den winzigen Nagern belächeln. Man kann aber auch erschauern: Sie vermittelt eine Ahnung davon, daß mit den Tierchen jetzt das ganze Land der Grönländer stirbt.

Das Menschenskelett in dem Gang des Hofes Ö 167 erinnert an die Funde aus der Vesterbygd, wo beim Hof V 59 (Niaqussat) Leichen von Grönländern – offenbar im Kampf gefallen, mit Pfeilen im Schädel – auf dem Küchenmüll vermodert sind. Dort in der Vesterbygd sind es ohne jeden Zweifel die »Skraelinge«, die ihr Werk so vollbracht haben, daß es offenbar keine oder nur wenige Überlebende gibt.

Kann es jetzt, in der Österbygd, als die Welt der Grönländer endgültig untergeht, nicht ebenso gewesen sein? Die historische Parallele ist beeindruckend. Direkte archäologische Zeugnisse fehlen bisher, wie angedeutet, denn die Höfe der Österbygd, über deren Freilegung Näheres berichtet worden ist, sind wie leergefegt, und an Fundsachen gibt es nur solche, die vorher, zu »Lebzeiten« der Siedlung, in der Düsternis der Räume in den Boden hineingetreten worden waren.

Neuerdings hat jedoch die Eskimoarchäologie begonnen, erste Indizien für dieses Ende in der Österbygd zu liefern.

Jenes Inventar der Höfe und Kirchen, das die Ausgräber in den Ruinen an Ort und Stelle vergeblich suchen, taucht zunehmend in den Ruinen alter Eskimosiedlungen von ganz Grönland auf. Diese Funde können einiges Wichtige berichten.

Es ist nicht völlig neu, daß in den Eskimosiedlungen sich Dinge finden, die aus dem Besitz der Grönländer stammen müssen. Vor dem Zweiten Weltkrieg wurden die ersten einschlägigen Entdeckungen gemacht, teils mit Staunen registriert, weil die Funde im höchsten Norden Grönlands zutage kommen, weit von den Grönländersiedlungen entfernt, teils mit Freude, weil sie als Zeitmarkierung für das Alter der Eskimoruinen wichtig sind. Man charakterisiert die Eigenentwicklung der Eskimokultur auf Grönland (aus der Kultur der in Thule an Land gegangenen Alaska-Eskimo heraus) zunächst durch diese Funde: die »Inugsuk«-Kultur, nach einem der Fundplätze getauft.

Eine Zeitlang sieht die Eskimoforschung in diesem Kulturgut der Grönländer ein Indiz dafür, daß die Eskimo ihre eigene Kultur auf den technologischen Anregungen dieser Fremdkultur aufbauend weiterentwickelt hätten. Dann wieder glaubt man, mit Nansen, aus diesem Inventar der Eskimohäuser lasse sich ablesen, daß Grönländer und Eskimo sich zu einem neuen Volk vermischt hätten (weshalb also die Grönländer verschwunden seien).

Keine der beiden Hypothesen hält einer modernen Analyse der immer zahlreicheren Funde von Grönländer-Kulturgut in den Eskimohäusern stand. Für den Eskimo sind diese Dinge Kuriosa, Rohstoff – und vielleicht einiges mehr. Das wurde oben schon angedeutet: Nutzbares mischt sich bei diesen Funden mit Überflüssigem, und das technisch gesehen Überflüssige dominiert: Ein Milchsieb aus Holz, die Spinnwirtel, die Schachfiguren, das Gros der Kirchenglockenstücke, die Fetzen von grönländischem Wollköper und von Kettenpanzern sind für den Eskimo zum Teil Souvenirs, wie Dr. Jörgen Meldgaard, Kopenhagen, betont. Sie dienen der Befriedigung seiner enormen Wißbegier.

Wie genau der Eskimo seine großgewachsenen, hellhäutigen Nachbarn aus dem Süden Grönlands beobachtet, demonstrieren zahlreiche, meist aus Holz geschnitzte Puppen, die eindeutig Grönländer in charakteristischer Tracht darstellen. Die Kapuzenüberwürfe des 14. Jahrhunderts, wie sie der Dauerfrostboden von Herjolfsnes in einigen Exemplaren konservierte, hat ein Eskimo für seine Kinder nachgeschnitzt, ebenso die Langrock- und die Kurzrocktrachten aus der Zeit um 1400 und sogar einen Mann mit »Burgunderhut«! Auch dieses wertvolle Zeitdokument aus dem Ende des 15. Jahrhunderts, Lebenszeichen einer von der Welt nicht ganz abgeschnittenen europäischen Kultur, hat ein kunstfertiger Eskimoschnitzer an seinem Träger erblickt! Eine bessere Bestätigung für das lange Überleben der Grönländer auf ihrem Heimatboden ist kaum denkbar.

Daß ein Eskimovater seinen Kindern mit Hilfe der Puppen zeigt, wie diese fremdartigen Menschen aussehen, ist verständlich. Daß er versucht, ihnen ebenso anhand von überkommenen Besitzstücken eine Vorstellung von dem seltsamen Leben dieser Fremden zu geben, die verdorbene Milch essen und fremdartige Tiere winters in ihre Ställe sperren, die riesige Haushöhlen bauen und Metallgeräte und Waffen haben, die der Eskimo nicht kennt, ist dann auch nur natürlich.

Woher aber hat der Eskimovater seine Kollektion?

Sie kann aus den Zeiten stammen, als die beiden Kulturen auf der Nordrsetur zusammentreffen und die Grönländer entdeckt haben, wie merkwürdig die kleinen Menschen bluten, die mit Waffen aus Stein kämpfen. Bei Gelegenheit kann es auch zu Tauschhandel gekommen sein.

Das Gros der Grönländer-Kulturgüter ist aber, wie die Puppen andeuten, mit Sicherheit jünger – und keine Handelsware.

Niemand wird ernsthaft glauben, daß die Eskimo im Austausch für Kleiderfetzen oder für ein Stück Kettenpanzergewebe irgend etwas von Wert bieten. Niemand wird ernsthaft glauben, daß die Grönländer etwas so Kostbares wie eine teuer importierte stählerne Schafschere an die Eskimo verhandeln, daß sie ihre Glocken in Trümmer schlagen und ihre Kettenpanzer zerreißen, um damit Geschäfte mit den Invasoren aus dem Norden zu machen.

Mit deutlicheren Worten: Diese Überreste der materiellen Kultur der Grönländer können keine Handelsware sein und nicht aus den Zeiten des Frühkontakts herrühren. Sie sind Beutegut – entweder mit Gewalt geraubt oder beim Durchgraben der Ruinen nach dem Ende der Grönländer zutage gefördert.

Wenn die Grönländer jedoch nicht auf andere, mysteriöse Art plötzlich ums Leben gekommen sind, so daß die Eskimo den Männern die Kettenpanzer ausziehen und in aller Ruhe die

Kirchenglocken in Stücke schlagen können, müssen sie von den Eskimo getötet worden sein.

Noch prononcierter gesagt: Dieses Grönländer-Kulturgut ist *das* Zeugnis für den Vernichtungskampf der Eskimo gegen die Österbygd, Zeugnis für den »Weltuntergang«, den die Grönländer irgendwann um 1500 erleben.

Nicht alle diese Dinge müssen der Befriedigung von Neugier gedient haben. Sie können auch magische Bedeutung haben:

Die Kirchenglocken, ein so mächtiges Klanginstrument, das weit über die Fjorde ruft zum Dienst an einem fremden Gott oder auch zum Alarm, mag für die Eskimo so etwas wie eine Stimme dieses fremden Gottes sein. Wenn man sich ein Stück davon aneignet, nimmt man vielleicht ein Stück seiner Kraft mit. Möglicherweise sind sie deshalb so weit verbreitet, die Kirchenglockenstücke, von denen man bis heute schon weit über hundert gefunden hat.

Ähnlich mag es mit den Kettenpanzern sein. Sie machen die Träger fast unverwundbar gegen die üblichen Waffen der Eskimo (wie gegen Pfeile und vielleicht auch Wurfharpunen), so daß man genau auf das Gesicht zielen muß, um den gepanzerten Gegner zu töten. (Möglicherweise deshalb stecken Pfeile in den Schädeln der auf dem Müllhaufen des Hofs V 59 gefundenen Grönländer.) Mit einem Stück solchen Panzers bringt man dann ein Stück der Macht der Fremden mit in sein Heim.

Doch diese Überlegung ist heute noch Spekulation: Es mag auch sein, daß derartige Mitbringsel einfach Siegeszeichen sind, Symbole der überlegenen Kraft des Eskimo.

Daß ein Sieg der Eskimo möglich ist, obwohl doch die Grönländer immer noch Tausende von Menschen zählen, darunter einige Hundert waffenfähiger Männer, mag erstaunlich und unglaubwürdig klingen. Doch für diesen Endkampf, von dem das Gros der Beute stammt, tut sich offenbar ganz Eskimo-Grönland zusammen.

Der nördlichste Fund eines Stücks Kettenpanzer stammt von der Ruineninsel im Bezirk Thule. Dort fand 1936 der Kopenhagener Forscher Dr. Erik Holtved erstmals ein Fragment solchen Panzers, der nur aus dem Besitz der Grönländer stammen konnte – zur großen Verblüffung der Wissenschaft: Niemand hatte geahnt, daß die Grönländer damit ausgerüstet gewesen waren. Diese »Trutzwaffe« ist in den historischen Quellen nirgends erwähnt, war vielleicht selbstverständlich.

Inzwischen sind zahlreiche solcher Kettenpanzerfetzen in Eskimosiedlungen entlang den grönländischen Küsten verteilt gefunden worden. Andere haben vielleicht Ausgräber früherer Zeit übersehen, weil diese Fetzen Rostklumpen ähneln.

Man darf natürlich glauben, alle diese Kollektionen hätten ihren Ursprung zum Beispiel darin, daß irgendwelche Eskimohändler in Südgrönland eine Serie Kettenpanzer- und Kirchenglocken-Bruchstücke sowie Wollköper-Fetzen erstanden haben und dann damit auf Verkaufsreise durch ganz Grönland ziehen.

Sehr viel wahrscheinlicher aber ist es, daß diese nutzlosen und doch so bedeutungsschweren Kulturreste Beutestücke der Eskimo aus einem großen Endkampf gegen die Grönländer der Österbygd sind – dem Endkampf, der das Ende der Siedlung bringt.

Irgendwann um oder kurz nach 1500 werden die Eskimo aus ganz Grönland zusammengekommen sein, um diese Siedlung auszulöschen, wie vorher schon die Vesterbygd, und dem Leben der Europäer dort ein Ende gemacht haben. Anlässe gibt es genug: Konkurrenz um die Robbenherden vor den Küsten, Zorn auf die Fremden, die ihre Fjorde gegen die immer weiter in ihr Land einbrechenden Eskimo mit Waffengewalt verteidigen, Blutrache und vieles andere mehr.

Daß die Eskimo nicht durchweg so friedlich sind, wie sie viele Dänen und Dr. Fridtjof Nansen im 20. Jahrhundert sehen, wissen wir. Daß sie zwar als Individualisten leben, jedoch ohne weiteres auch Gemeinschaftsaktionen unternehmen, wenn es ihnen nötig erscheint, ist zum Beispiel aus vielen Sagen (nicht nur denen über das Ende der Grönländer) bekannt. Wer sich nicht einordnet, wer die Mitbewohner der Siedlung mit schlechten Scherzen ärgert, wer zu weit über das Mittelmaß hinausragt oder als arbeitsscheuer Kostgänger die Existenz der anderen gefährdet, der wird eines Tages in stillschweigendem Einverständnis umgebracht, ohne daß man dann noch Worte verliert. Rache wird mit gleicher Konsequenz und manchmal noch mehr Grausamkeit als einst auf dem Europäer-Grönland, auf Island oder in Norwegen geübt.

Sicherlich ist die Österbygd, ist das kleine Grönländervolk

jetzt schon, nach dem Verlust der Vesterbygd, durch fehlenden Handelsverkehr, Mangel an Holz und Eisen wirtschaftlich geschwächt. Das erleichtert den Eskimo ihre Attacke zweifellos sehr. Nur sie können es gewesen sein, die das letzte Kapitel des Kleinstaates der Grönländer schreiben, die wahrscheinlich auf einen Schlag das Leben so auslöschen, daß niemand mehr übrigbleibt, um die Toten zu begraben, und ihre Beute zum Teil mehrere tausend Kilometer nach Norden abtransportieren.

Eine andere Lösung dieses Geheimnisses hinter dem dunklen Vorhang ist heute nicht erkennbar. Eigentümlich, daß die Grönlandforscher im ersten Viertel dieses Jahrhunderts sich kaum scheuten, die damals noch nicht so gut wie heute erkennbaren Fakten auszusprechen, während die moderne Forschung zwar andeutet, was als Ursache auszuschließen ist, sich in vagen Vermutungen ergeht und auf künftige Forschungsergebnisse verweist – sich aber nicht bis zu konkreten Vorstellungen über jenes unausweichliche Ende vorwagt. Man möchte das Ende gern »polykausal« sehen, durch »viele Ursachen bedingt« (deren Unwahrscheinlichkeit wir dargelegt haben), ohne aus den Fakten auch nur eine Arbeitshypothese über das Ende der Grönländer zusammenzustellen.

Deshalb ist das Folgende lediglich ein Versuch, kurzgefaßt zu zeigen: So etwa kann es sich zugetragen haben, als damals – vielleicht innerhalb weniger Wochen – alles Leben in der Österbygd ausgelöscht wird, bis auf das von ein paar Frauen und Kindern, die die Sieger vielleicht am Leben lassen:

Irgendwann sammeln sich die Eskimo von der grönländischen Küste bis zum äußersten Norden, sogar Polareskimo (von der »Nordseite« der Rieseninsel) und kanadische Eskimo (von Ellesmere-Island) sind darunter. Es mag Frühjahr sein – auf den Eisfeldern vor der Küste liegen die großen Sattelrobbenherden, von Neufundland kommend: Sie liefern reichlich Proviant für große Scharen.

Dann wird ein Fjord der Österbygd nach dem andern durchstürmt. Die Angreifer, immer in der Übermacht, treffen die Grönländer noch in den Häusern, an die sie gebunden sind. Denn die Tausende von Bauern und Leibeigenen verteilen sich ja auf zehn miteinander fast nur durch Schiffsrouten verbundene Fjorde – vor allem im Frühjahr, wenn noch hoher Schnee liegt oder die Schmelze begonnen hat und die paar Landpfade, die es geben mag, unpassierbar sind, liegen die Höfe weitgehend isoliert. Die wenigen Schiffe, mit denen die Grönländer entkommen könnten, werden dann von den umherwimmelnden Kajaks abgefangen. (Die Eskimo scheuen sich nicht, mit diesen Kajaks auch große Seeschiffe anzugreifen, wie im 16. Jahrhundert bezeugt.)

So kann Hof für Hof und Fjord nach Fjord immer mit örtlicher Übermacht überwältigt werden. Wo es zu Kämpfen kommt und man die Höfe nicht nachts, nach der in der Vesterbygd bewährten Methode, ausräuchern kann, vermögen die gepanzerten Krieger der Grönländer mit ihren Streitäxten den kleinen Eskimo mit ihren äußerst zielgenauen Fernwaffen kaum etwas anzuhaben: Die großen, weniger beweglichen Krieger stehen, bis die Pfeile oder Harpunen sie treffen. Dann ist es zu Ende. Vielleicht zieht man den Sterbenden noch vor ihrem Tode die Kettenhemden aus, weil man Leichen scheut.

Die Toten bleiben unbeerdigt, die Sieger schauen sich nach Beute um, zertrümmern die »Stimmen des fremden Gottes«, stechen Kühe und Schafe ab und kehren dann eines Tages zurück bis nach Thule und Ellesmere-Island, soweit sie sich nicht in dem neugewonnenen »Lebensraum« ansiedeln.

Im Jahr 1520 berichten die isländischen Annalen, es seien Wrackreste angetrieben, bei denen die Planken mit Seehundstran gedichtet sind, wie das nur auf Grönland üblich sei. (Man darf annehmen, daß die Isländer über die Schiffbautechnik ihrer Nachbarn Bescheid wissen.) Vermutlich sind diese Schiffstrümmer das letzte Lebenszeichen der europäischen Grönländer: Einige von ihnen konnten dem Überfall entkommen. Die Chance, mit den letzten ihrer viel zu kleinen Schiffe den Weg nach Island zu finden, ein paar hundert Kilometer über das Nordmeer, ist freilich lächerlich gering, der Tod in den Wellen ihnen nahezu gewiß. Aber der ist ihnen lieber als der noch gewissere Tod in ihrem eigenen Land. Und so wagen sie den Versuch.

Die See hat ihnen die Rückkehr in die Heimat ihrer Urväter jedoch nicht gegönnt. Die »sturmfrohen Töchter Ägirs« haben die letzten Grönländer zu sich genommen.

Ruf ins Leere

Wann die Grönländer der Österbygd ausgerottet wurden, läßt sich auch nicht mit Hilfe der Wracktrümmer genauer fixieren, denn die sind unter Umständen viele Jahre umhergedriftet. Doch soll sich unter den Trümmern ein Ruder mit Runeninschrift befunden haben, und danach könnte die Driftzeit nicht sehr lang gewesen sein.

Dies denkwürdige Kapitel europäischer Geschichte auf dem Boden der Neuen Welt endet vielleicht kurz vor 1520.

Dann wird es etwas heller über Grönland, es wird vor der Weltöffentlichkeit wiederentdeckt. Doch die europäischen Entdecker finden überall nur Eskimo vor, die die Küsten beherrschen. Merkwürdigerweise nimmt man in Norwegen und in Dänemark zunächst keine Kenntnis von den Beobachtungen der Entdecker. Die Könige in Kopenhagen, die über das vereinigte Reich Dänemark-Norwegen herrschen, besinnen sich mit dem Erstarken ihrer Macht dann aber auf ihre Pflichten und Rechte gegenüber Grönland, allerdings oft gemahnt durch Historiker und Politiker.

Als erster nimmt am 12. April 1568 der dänische König Friedrich II. mit einem offenen Brief Kontakt mit den Grönländern auf. Er begrüßt sie als zu seinem Reich gehörend und sichert ihnen ab nun regelmäßigen Schiffsverkehr zu. Der Brief ist in einer halb altnordischen Sprache abgefaßt, von der die Hofgelehrten vermuten, daß die Grönländer sie verstehen müßten.

Doch nicht einmal das Schiff, das diesen Brief befördern soll, geht ab. Der Nordische siebenjährige Krieg (1563–1570) nimmt die Kräfte in Anspruch.

Ein rundes Jahrzehnt später sieht ein Europäer die Westküste Grönlands wieder, von dem man es historisch genau weiß und der dadurch berühmt wird: der Engländer Sir Martin Frobisher auf seinen Expeditionen 1576 bis 1578.

Als diese Kunde nach Kopenhagen dringt, versucht Friedrich II. noch einmal, seine entschwundenen Untertanen auf Grönland zurückzugewinnen. Mit einem neuen Brief setzt eine Expedition 1579 Segel mit Kurs nach Grönland. Doch keines der beiden Schiffe landet dort. Sie kehren unverrichteterdinge zurück, obwohl eines wenigstens die Küste gesichtet hat.

Die Initiative bleibt bei fremden Entdeckern. Wieder ist es ein Engländer, John Davis, der 1585 einen Seeweg nach Indien und China sucht: die »Nordwestpassage«, d. h. den Weg vom Westatlantik aus westwärts rund um Nordamerika in den Pazifik. Er fährt durch die nach ihm benannte Davis-Straße (zwischen Grönland und Labrador) und geht dort an Land, wo einst die Vesterbygd lag. Hier trifft auch er auf die Eskimo – und auf niemand sonst.

Jetzt wird Grönland immer öfter Ziel von Nordmeer-Reisen, die zum Teil dem Walfang gelten, zum Teil wieder der Nordwestpassage.

1605 versucht erneut ein dänischer König sein Reich um die Grönländersiedlungen zu erweitern: Christian IV., jener berühmte Renaissance-Baukönig, der alle Kriege verliert und obendrein ein Auge: in vorderster Front, nämlich auf seinem Flaggschiff in einer Seeschlacht gegen die Schweden auf der »Kolberger Heide« vor der Küste Ostholsteins. Er sendet mehrere Expeditionen aus mit dem ausdrücklichen Auftrag, die Österbygd zu finden.

Inzwischen jedoch sind die realen Fakten der Grönländer-Zeit so weitgehend vergessen, daß man die Österbygd in Ostgrönland sucht und dort natürlich nicht einmal Spuren von ihr findet.

Mit dieser Annahme segelt auch 1721 der erste Missionar Grönlands, Pastor Hans Egede, auf dem Schiff »Hoffnung« von Bergen ab und läßt sich auf den Außenschären vor der ehemaligen Vesterbygd nieder. Ihm folgt bald ein dänischer Gouverneur: Der dänische König legt wieder seine Hand auf die Insel, deren verschollene Einwohner sich einst – 1261 – seinem norwegischen Vorgänger König Haakon Haakonsson anvertrauten. Die Vergangenheit ist also noch durchaus lebendig. 1737 wird die Insel sogar von dänischen Kriegsschiffen in der »Seeschlacht« vor den Nordrsetur – heute Disko-Bucht – gegen die Holländer verteidigt.

Doch noch immer suchen die Dänen die Österbygd mit den vermeintlich Überlebenden der europäischen Grönländer auf der Ostküste Grönlands. Egede, der dänische Gouverneur im Jahre 1729, und andere starten Expeditionen zur Suche nach jenen Menschen, die vielleicht dort noch als »blonde Eskimo« leben.

Ein letztes Mal versucht es der dänische Marinekapitän Gustav Holm, der die Ostküste bis weit hinauf nach Norden vergeblich absucht und Klarheit darüber schafft, daß die Österbygd dort nicht existiert. Man hat nach den Verschollenen ins Leere gerufen. Vom europäisierten Grönland des Mittelalters existiert nichts mehr als Ruinen und der Name, den einst Erik der Rote seinem Lande gab.

Epilog

Jenes Menetekel, das das mißglückte Vinlandunternehmen einst an die Wand schrieb, ist für die Grönländer späte Wahrheit geworden.

Sie konnten das neugewonnene leere Land nicht länger gegen das Vordringen der »Skraelinge« behaupten. Sie waren eigentlich von Anfang an zum Untergang verurteilt, als mit ihnen auch die Nomaden der nordamerikanischen Jägerkultur dieses Land betraten: Siedlungen von Bauernhöfen, die von der Nutzung großer Landflächen durch Vieh leben müssen, sind zwangsläufig unterlegen gegen schweifende Jägerhorden, die professionelle Kämpfer sein müssen, um zu überleben.

In der modernen Forschung fehlt es nicht an Stimmen, die erwägen, was eigentlich die Grönländer falsch gemacht hätten; wie sie ihr weiteres Überleben hätten absichern können; ob eine andere Sozialstruktur oder eine Umstellung der Wirtschaftsform eine Rettung bedeutet hätten. Es ist aber äußerstenfalls denkbar, daß ihnen eine waffentechnische Überlegenheit, wie sie in Europa um 1500 aufgebaut wurde – Armbrüste, Pulvergeschütze und Gewehre – das Überleben so lange ermöglicht hätte, bis die Wiederentdeckung Grönlands durch Europäer begann. Sicher ist das nicht.

Letztlich war die Endkatastrophe der Grönländersiedlungen schon vorprogrammiert, als die Landnahmeschiffe aus Island in den südgrönländischen Fjorden anlegten und zur gleichen Zeit die ersten Boote der Eskimo den Smith-Sund überquerten. Das Schicksal der Grönländer lief dann mit jener Folgerichtigkeit ab, mit der in den isländischen Sagas die Handlung zwangsläufig zum Tod der Helden führt. Während die Grönländer in Südwestgrönland die erste und florierende europäische Hochkultur auf dem Boden der Neuen Welt aufbauten, um ihr Leben zu leben, zwang die Eskimo der Wille zum Überleben in ihrer Form der Daseinsbewältigung auf den Weg nach Süden in immer neue Jagdgründe: Der Zusammenstoß zwischen bäuerlicher Hochkultur und Jägerkultur war unvermeidlich, der Ausgang dieses Zusammenstoßes konnte nur der Untergang der Hochkultur sein. So sind Landnahme, Blütezeit und Ende der Grönländer eine Art von ethnohistorischem Modellfall.

Die zweite Landnahme der Europäer auf dem Boden der Neuen Welt mit Kolumbus etwa zu dem Zeitpunkt, da der erste Versuch einer Ansiedlung der Europäer gerade scheitert, ist keine Wiederholung der Historie: Diesmal wird der Lauf der Geschichte durch die enorme Überlegenheit der europäischen Hochkultur an Technologie und Menschen bestimmt. Dieser Überlegenheit können die Jägerkulturen der Neuen Welt nicht mehr widerstehen – fünfhundert Jahre nach Erik dem Roten rollt das Rad der Geschichte unaufhaltsam, der Weg in den neuen Kontinent ist frei: Das Gesicht der Erde wird umgestaltet.

Literaturverzeichnis

Die Abkürzungen bedeuten:
NA = Nationalmuseets Arbejdsmark, Kopenhagen.
MoG = Meddelelser om Grönland, Kopenhagen.

Andreasen, C. (1980): Nordbosagder fra Vesterbygden paa Grönland. – Hikuin 6 Moesgaard-Höjbjerg.

– (1981): Langhus – ganghus – centralisieret gaard. – Hikuin 7 Moesgaard-Höjbjerg.

Bandi, H.-G. (1974/75): Metallene Lamellenpanzer der Eskimos. – Folk 16/17. Kopenhagen.

Bardarsson, I. (1930): Det Gamle Grönlands Beskrivelse. – Kopenhagen (Neuherausgabe).

Blom, I. (1973): Kampen om Eirik Raudes Land. – Oslo.

Bruun, D. (1918): The Icelandic Colonization of Greenland. – MoG 57.

Degerböl, M. (1930): Animal Bones from the Norse Ruins at Gardar. – MoG 76.

– (1936): Animal Remains from the West Settlement in Greenland. – MoG 88.

Fischer-Möller, K. (1942): The Medieval Norse Settlements in Greenland: Anthropological Investigations.– MoG 89.

Fredskild, B. (1973): Studies in the vegetational history of Greenland. – MoG 198.

– (1969): Nordboernes landnam under mikroskop. – NA.

Gad, F. (1976): Grönlands Historie. – Kopenhagen.

Glauser, J. (1981): Handschriften als Spiegel isländischer Kulturgeschichte. – In: Neue Zürcher Zeitung Nr. 79.

Herron, M. M. u. a. (1981): The Climatic Signal of Ice Smelt Features in Southern Greenland. – In: Nature.

Holtved, E. (1944): Archeological Investigations in the Thule District. – MoG 90.

Ingstad, A. S. (1977): The Discovery of a Norse Settlement in America. – Oslo.

Jansen, H. (1972): A critical Account of the written and archeological Sources' Evidence concerning the Norse Settlement in Greenland. – MoG 182.

Jones, G. (1964): The Norse Atlantic Saga. – London.

Jonsson, F. (1924): Interpretation of the Runic Inscriptions from Herjolfsnes. – MoG 67.

– Rune Inscriptions from Gardar. – MoG 76.

Jordan, R. (1979): Inugsuk revisited. – Ottawa.

Krogh, K. (1967): Viking Greenland. – Kopenhagen.

– (1974): Kunstvanding – hemmeligheden bag Grönland-bispens hundrede köer. – NA.
– (1981): Om Grönlands middelalderlige Kirkebygninger.
Matthiassen, Th. (1936): The Eskimo Archeology of Julianehaab District. – MoG 118.
– (1958): The Sermermiut Excavations 1958. – MoG 161.
McGovern, Th. (1979): Thule-Norse Interaction in Southwest Greenland. – In: Mercury Series Archeological Survey of Canada. Ottawa.
– (1980): Cows, Harpseals and Churchbells: Adaptation and Extinction in Norse Greenland. – In: Human Ecology 8,3.
– (1981): The Vineland Adventure: A North Atlantic Perspective. – In: North American Archeologist 2 (4).
Meldgaard, J. (1977): Inuit-Nordbo projektet. – NA.
Nielsen, M. (1930): Evidence on the Extraction of Iron in Greenland by the Norsemen. – MoG 76.
– (1936): Evidence of Iron Extraction at Sandnes, in Greenland's West Settlement. – MoG 88.
Nörlund, P. (1924): Buried Norsemen at Herjolfsnes. – MoG 67.
– (1930): Norse Ruins at Gardar. – MoG 76.
Nörlund, P. u. M. Stenberger (1934): Brattahlid. – MoG 88.
– (1967): De gamle Nordbobygder ved verdens Ende. – Kopenhagen.
Redmond, J. R. (1979): Viking Hoaxes in North America. – New York.
Rink, H. (1975): Tales and Traditions of the Eskimo. – Kopenhagen (Neuherausgabe).
Roussel, Aa. (1934): Sandnes and the Neighbouring Farms. – MoG 88.
– (1941): Farms and Churches in the Medieval Norse Settlements of Greenland. – MoG 89.
Vebaek, C. L. (1943): Inland Farms in the Northeast Settlement. – MoG.
– (1964): En Landnamsgaard i Nordbobygderne in Grönland. – In: Naturens Verden. Kopenhagen.

Bildquellennachweis

Werner Neidhardt (Waiblingen) zeichnete nach Vorlagen aus der zitierten wissenschaftlichen Literatur die Abbildungen auf den Seiten 74, 77, 109, 112, 115, 118, 121, 157, 231 sowie die Karten auf den Vorsatzblättern.
Königliche Bibliothek Kopenhagen: S. 14, 51.
Graham-Campbell, James: »The Viking World«. Frances Lincoln, London (1980): S. 21.
Rasmussen, John S., DK-Narssao: Abb. gegenüber S. 128.
Alle übrigen Abbildungen stellte dankenswerterweise das Nationalmuseum Kopenhagen zur Verfügung.

Namen- und Sachregister

Die Grönländersiedlung Vesterbygd in Südgrönland

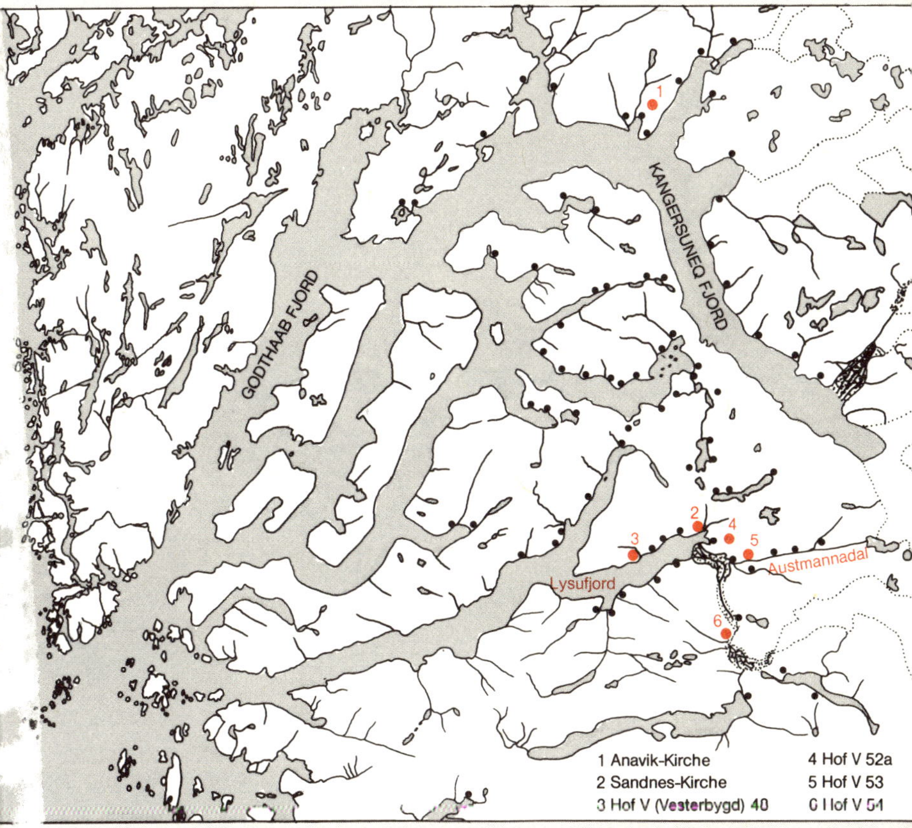

Die hier nicht numerierten kleineren Punkte bezeichnen alle weiteren bekannten Höfe der grönländischen Siedler in der Vesterbygd. Alte grönländische Namen in Rotdruck.

Die Grönländersiedlung

1 Dyrnes-Kirche
2 Solarfjøll-Kirche
3 Brattahlid-Kirche
4 Hvalsey-Kirche
5 Gardar Dom-Kirche
6 Undir Höfda-Kirche
7 Nonnenkloster
8 Vagar-Kirche
9 Mönchskloster
10 Petursvik-Kirche
11 Aros Vik-Kirche
12 Herjolfsnes-Kirche

Die hier nicht numerierten kleineren Punkte bezeichnen alle weiteren bekannten
sind sie als Ö = Österbygd mit fortlaufenden Nummern erfaßt. Alte grönländis